CANOE WORLD 特別編集 合本

バックナンバーの、選りすぐりのハウツー記事を総まとめ！

超入門 パドリングテクニック教書

カヌー、カヤックの専門誌『カヌーワールド』は、常に“入門者”や“初心者”の方々を念頭に置いて誌面を作ってきました。創刊号から多くのページを割いてきたハウツー記事は、その最たるもの。各ジャンルのエキスパートを招き、ビギナーが知っておくべきハウツーをていねいに解説した記事は、読み切りの企画としてはあまりにもったいない、という声も数多くいただいておりました。本誌は、そんなこれまでのハウツー記事を厳選し、1冊にまとめたものです。ぜひ参考にしていただき、安全で心地好いカヌー、カヤックライフをお楽しみください。

『カヌーワールド』編集部

COVER

model / Iria Nagahama
paddling outfit provided by SCOOP-OUT
photo / Katsuhiko Miyazaki

CONTENTS

※本書は『カヌーワールド』（舵社刊）に掲載されたハウツー記事を抜粋して１冊にまとめたもので、エッセイ以外の記事の内容は雑誌掲載時のままです。

Basic Paddling Techniques

第1章

超入門 パドリングテクニック 基礎編

カヤックは、たとえパドルの持ち方など知らなかったとしても、
見よう見まねである程度は乗れてしまうもの。
“前に進む”ということだけで言えば、感覚としては自転車よりも
簡単かもしれない。ただ、基本を知っているかいないかで、
上達のスピードに雲泥の差がつくのもまた事実。
まずはきっちりと基本をマスターし、
あとはマイペースで経験を積んでいくのが王道だ。

ビギナー必見！　永久保存版

パドリングテクニック徹底指南01

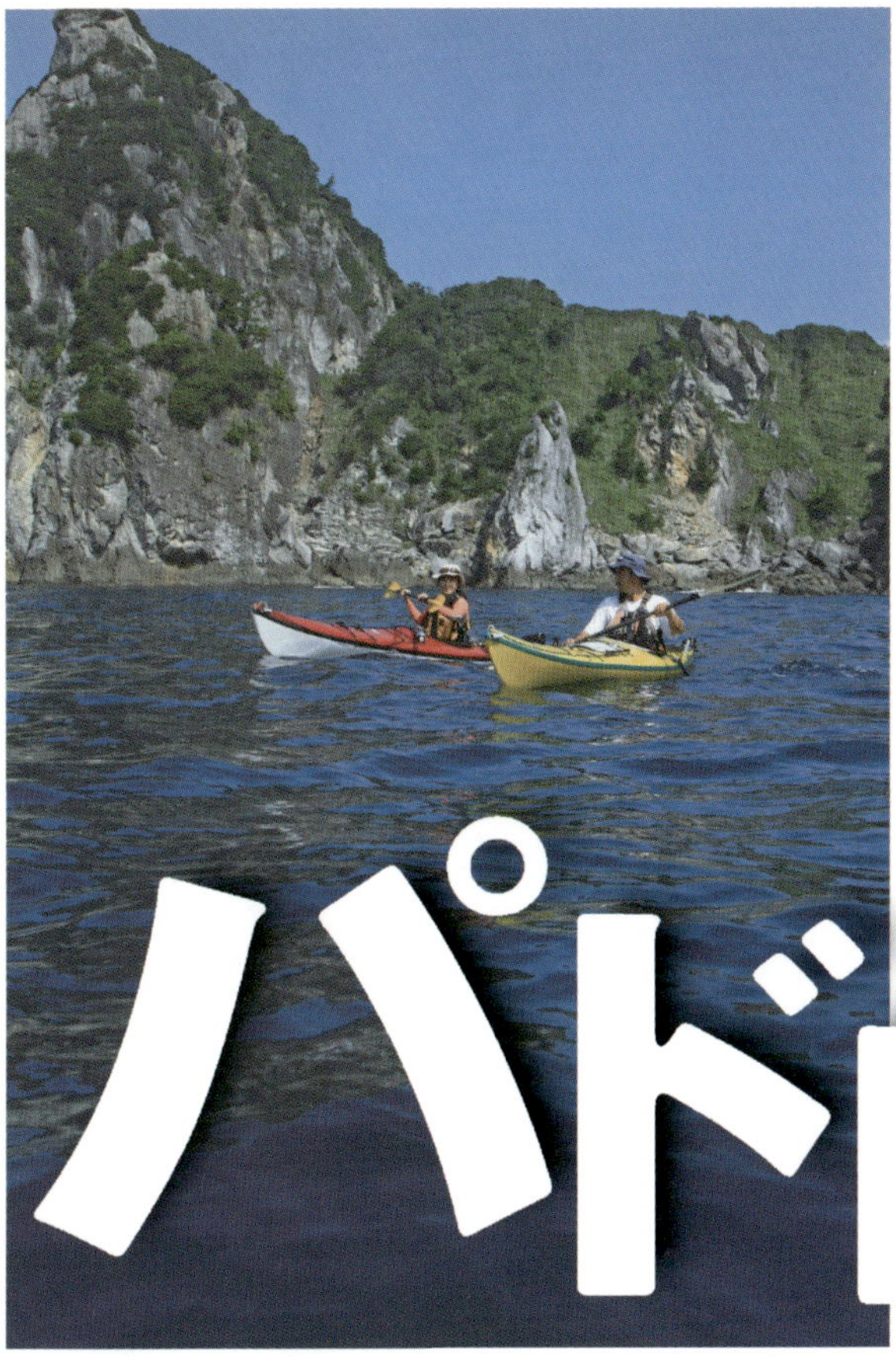

カヤックやカヌーで必要最低限のパドリングテクニックというのは、実はそれほど多くない。「離着岸」「進む」「曲がる」「止まる」「リカバリー」くらいを押さえておけば、まず大丈夫。ここでは、実際に指南役と生徒を迎えてのリアルな解説をメインに、マスターしておくべき基本的なテクニックを、順を追って学んでいくことにする。

シーカヤック編の指南役&生徒

指南役は西伊豆コースタルカヤックス代表、村田泰裕さん。生徒は“釣りドル”としても活躍中のタレント、永浜いりあさん。村田さんは、1997～98年、沖縄・波照間島から北海道・宗谷岬までの日本縦断4,400キロを達成。2003年にはカナダ・クイーンシャーロット諸島無補給一周900キロを成功させているエクスペディションカヤッカーである。

リバーカヤック編の指南役&生徒

指南役はカエルアドベンチャー代表、齋藤秀夫さん。生徒は野澤奈緒子さん。齋藤さんは、栃木県を拠点に、那珂川、鬼怒川、中禅寺湖などをおもなフィールドとして、レベルやタイプに合わせて体系的なプログラムを展開している。JSCA公認カヌー&カヤックインストラクター&トレーナー、自然体験活動推進協議会（CONE）コーディネーター。

パドリングテクニックを学ぶ前に
ウエアリングの
基礎の基礎

**カヤッキングにおけるウエアの基本はレイヤリング（重ね着すること）。
アンダー、ミドル、アウターウエアなど、
水温や気温の状況によって、これらを重ね着して体温を調整する。
水面に近いカヤッキングは、気温と水温の両方が、
なにを着るかを決める重要なファクターとなる。**

［文］西沢あつし［写真］宮崎克彦（本誌）［監修］村田泰裕（西伊豆コースタルカヤックス）

パドリングジャケット下のアンダーシャツは、パタゴニア・メリノウールを着用。ウエット（下のみ）はマーシャス・ロングパンツ、ブーツはアーティスティック・ブーツをチョイス。ブーツの下には遠征で着用し続けても「比較的匂わない」というメリノウール素材のソックスを着用するのが村田流。夏でもブーツのときは薄手のウールソックスを着用している

基本は重ね着。レイヤリングで体温調整

水の上という特殊な環境では、寒いときにはいかに体温を奪われないようにするか、暑いときには紫外線を避けつつ、いかに体温がこもらないようにするかが重要。いろいろな素材のウエアを重ね着すること（レイヤリング）によって、自身の体温を調整していく。

インナーは、濡れても乾きやすいことが第一条件だが、直接肌に触れることも考慮しなくてはいけない。ミドルウエアは、空気を多くため込んで保温に役立つもの。アウターは、風や水は通さない「シェル」と呼ばれる構造を持つもの。これは、袖口もネオプレンが施され、ベルクロなどで縛ることができる。さらに、水温が極端に低い場合は、首回りや袖口などにゴムのガスケットが施してある「ドライタイプ」などのウエアもある。

ハイポサーミアとハイパーサーミア

水の事故というと溺死が多いように見えるが、カヌー、カヤックでは、死亡原因が低体温症（ハイポサーミア）ということも多い。ハイポサーミアは、水に長時間浸かっていたり、濡れた服のまま風に長時間さらされていることなどにより体温が奪われて発症する。

また、これとは逆に、体温が37度以上に上昇してしまう熱中症（ハイパーサーミア）がある。

両方を予防するのにもっとも重要なスキルが、ウエアリングなのだ。

ところで、近年は「速乾性」といえば化学繊維の独壇場だった。だが、肌に合わない人や、長時間身に着けたときに発生する独特の匂いが嫌だ、という人も少なからずいる。そうしたニーズも考慮し、近ごろのアンダーウエアは、自然素材であるウールなどを織り込んだハイブリッド素材も登場し、アレルギー体質の人などもさほど気にしなくてよくなってきている。

ウエアの基本はレイヤリング。重ね着を上手にして体温を調整しよう！

108ページからのシーカヤッキングの指南役、村田泰裕さんのウエアリングは、長距離を漕ぐことを前提としている。PFD（パーソナル・フローティング・デバイス＝ライフジャケット）は、肩を中心とする上半身の動きを妨げることを極力抑えるために、ショルダー部分のベルトが長いもの。そしてアウターは遠征用に特別にオーダーしたものだが、村田さんのポリシーとして「アウターにすべての機能を持たせない」ということもあり、アウターにフードはなく、帽子を着用する。ボトムはカヤック用（用を足せるようにジッパーが前にある）のウエットパンツ。ハット／ノースフェイスClass V Brimmer Hat、PFD／ロータスデザイン・ストレートジャケット、パドリングジャケット／フェニックス・オリジナル（参考品）

素肌に着けるアンダーウエアこそ、着心地にも重点を置きたい。いくら高機能といわれても、肌に合わないとパドリングに集中できない。最近は、女性がさまざまなスポーツを楽しむようになって、アンダーウエアも一気に種類が増えてきた。写真のアンダーウエアは、洗濯100回の実験においても撥水度80点以上（JIS-L1092法）というスグレモノ。また、ショーツやタンクトップの乾きにくいゴム部分は、直接肌に触れないように生地の外側に来るように配置するなど、その芸の細かさもポイントが高い。ファイントラック・フラッドラッシュアクティブスキン ショーツ、フィットブラ（カップ付き）、ブラタンクトップ（カップ付き）①

真夏以外で
比較的水温が
高いときの
基本レイヤリング

01

厳冬期以外で
気温と水温が
低いときの
基本レイヤリング

03

風が強かったり
気温が低いときは
薄手のアウターを
重ね着する

02

帽子
海や湖などでは太陽を遮るものはなにもない。特に首筋は紫外線からしっかり守ることが重要だ。そのほか鼻の頭やほお、耳の先などまでガードできるハットタイプをすすめたい

パドリンググローブ
カヤックに乗るときや下りるときは常にビーチとは限らないし、シャフトと手のひらの擦れも発生する。手の保護のためにグローブはぜひ持っておきたい

パドリングシューズ
サンダルでも、かかとに掛かるストラップがあるなど、簡単に脱げてしまわないものがいい。もちろんカヤック用が向いているが、足首まで隠れるタイプがおすすめ

01 水温が高いときでも、ラッシュガードなど薄手の長袖ウエアを着用したい。水中での保温性は大きく異なってくる。真夏であれば、速乾性の高いロングスリーブTシャツ&サーフパンツなどもある。ただ、つばの広い帽子など、十分な紫外線対策や暑さ対策が必要となる。ウエア／ファイントラック・フラッドラッシュ ラピッドジャケット、ファイントラック・フラッドラッシュ ラピッドタイツ、ファイントラック・ストームゴジュハーフパンツ（以上すべて①）、PFD／MTI・リップタイド、ブーツ／Palm・クォーツブーツ（以上、すべて②）

02 風が強かったり、気温が低いときなどは薄手のアウターシェルを着ることによって、ミドルウエアで蓄えられる保温層を守ることができる。袖の部分にはジャージ素材をベルクロで締めることによって、パドルから伝う水をシャットアウトできる。ボトムもウエストと足首に同様の処理が施されており、水が入りにくい構造になっている。ウエア／MTI・ウルトラスプラッシュトップ、MTI・ウルトラスプラッシュパンツ、PFD／MTI・リップタイド、ブーツ／Palm・クォーツブーツ（以上、すべて②）

03 さらに気温と水温が低くなってくると、より厳重なシェルが必要だ。素材は厚くなって防水性が上がり、首と袖の部分には、より強力に水の浸入を止める仕組みが施される。雨などにも対応できるようフードが付いたタイプもあり、アウターも女性用が登場している。さらに水温が低い場所に行くのであればゴムのガスケットが付いたドライスーツになる。ウエア／Palm・キャスピアン、Palm・アマリスパンツ、PFD／Palm・タウポツアー、ブーツ／Palm・クォーツブーツ（以上、すべて②）

①＝ファイントラック TEL：078-512-2636、②＝高階救命器具 TEL：06-6568-3414

シーカヤックのパドリング 基礎の基礎

ここでは、指南役に西伊豆コースタルカヤックス代表の村田泰裕さん、生徒にカヤックビギナーで“釣りドル”の永浜いりあさんを迎え、水の上を“歩く”ためのもっとも基本的なスキルを学んでいく。このテクニックは、シーカヤックでもリバーカヤックでも、ダブルパドルを使う限りは共通なので、しっかりと身につけよう!

[文]西沢あつし [写真]宮崎克彦(本誌)、西沢あつし [イラスト]テアス
[監修]村田泰裕(西伊豆コースタルカヤックス)

もっとも効率よく漕ぐための土台を作る

パドルの持ち方とシートポジション

カヤックは下半身の使い方が非常に重要。その要となるのが「ニーグリップ」である。また、パドルは表(パワーフェース)と裏(ノンパワーフェース)をしっかり意識しよう。

▼

上:スプレースカートは後ろからはめる。まずスカートの縁をコーミングの後方(自分の後ろ)からしっかりとはめ込んで、前に引っ張る
下:続いてスカートの縁をコーミングのへりに合わせて前へはめていき、最後に前方に伸ばしてバチンとはめる。その際、グラブループ(スカート前方のひも)は必ず外に出しておくこと

手の位置は、頭の上にパドルを水平に置いたとき、ひじが直角になる場所。フェザーパドル(左右のブレードに角度をつけたパドル)の場合は、右手を水平にしてシャフトを握ったときにブレードが垂直になるように握る

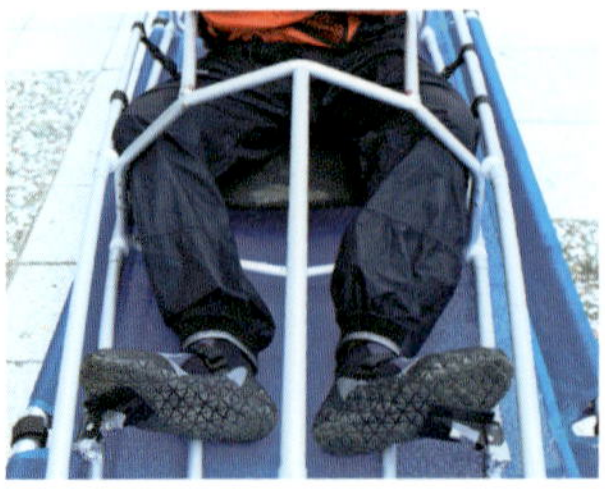

ペダルの位置は、太ももからひざにかけてカヤックの両サイド(両脇)に軽く当たるくらいに調整する。乗艇中は、艇体を内側からひざで押し上げて一体感を得る(ニーグリップ)

カヤックの乗り降りは臨機応変に対処しよう

村田　まず、水の上に出るにはいくつかの方法があるけど、シーカヤック初体験のいりあちゃんはどうだった?

いりあ　最初、目の前にカヤックが置かれたときは、「これはいったいどうやって乗るの?」って戸惑いました。

村田　今回レクチャーした「カヤックをまたいでお尻から乗る」方法は、なぜかハウツー本なんかでもほとんど紹介されてないんだよね。でも、波が立っていない静かな砂浜からの出艇なら、実際これが一番楽で安定した乗り方なんだよ。

いりあ　お尻から乗るって言われて、ああ、それならできそうって納得。とっても簡単でした。

村田　初めてカヤックに乗る人は、立ったまま乗ろうとするんだよね。だから片足を床(ボトム)に置いて、もう片足を地面から離した瞬間にひっくり返っちゃう。場所によっては、パドルを支えにして腰を移動する乗り方もあるけど、それはおいおい覚えればいいよ。

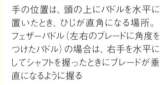

❖ここから始まる最重要テクニック

フォワードストローク

フォワードストロークは、前に進むだけではなく、強力なリカバリースキルでもある。それは、カヤックは、不安定な状態になっても、強力な推力を与えれば復原する力を持つからだ。

01

体をひねって右肩を前方に出すようにして、できるだけカヤックの前にブレードを持っていく。ブレードを水面に差し込んだら、しっかりと水をキャッチする

02

漕いでいるほうと同じ側の足（この場合は右舷側）のペダルを踏み込みながら、体のひねりを使ってブレードを体の脇まで引き寄せる

03

体のほぼ脇までブレードが来たら、水に入っているブレードを外側に持ち上げる。あまり後ろまで漕いでも、推力よりも回転させる力のほうが強くなってしまって効率が悪い

04

フェザリング（左下の「握り手の状態」参照）をしつつ、今度は体をひねりながら左側の肩を十分に前に出し、ブレードを水のなかに差し込んで、しっかりと水をキャッチする

05

右舷を漕ぐときと同様、左舷側のペダルを踏み込みつつ、体のひねりでブレードを体の脇まで引き寄せる。脇に来たらブレードを外側に持ち上げる。以下、リピート

フォワードストロークの悪い例。体が後傾し、ニーグリップもできていない。また、視線も目標方向ではなく、漕いでいるパドル方向を見てしまっている

すべての基本はフォワードストローク

村田　フォワードストロークは最初に習うものだけど、ずっと追求していくべき、もっとも基本で重要なテクニックなんだ。カヤックを前進させるためのフォワードストロークって技術はさ、人がそのへんを普通に歩くのと同じように必要なわけ。いつも自然に歩いていると思うけど、もし余計な力が入っていたら長くは歩けないよね。フォワードストロークも基本的には同じ。自然にできないとね。

いりあ　あっ、それってよくわかります。私も仕事で釣りをしているとき、これって不自然な動きだなって感じているうちは、釣れないことが多いんです。第一、余計な力が入っていると疲れますしね。

村田　あと、初めてパドルを漕ぐ人が戸惑うのが、フェザリングと呼ばれる手首の返し。これはブレードの向きをしっかり見て、水に入れる角度を意識していれば問題ないし、むずかしければアンフェザー（左右のブレードに角度をつけないこと）でも全然いい。そして、漕ぐときは腕の筋肉よりも背を使う。背筋のほうが筋力が強いから、長い間動かすことができるんだ。体のひねりをうまく使うのがコツだね。いりあちゃんは、最初、パドルの位置が高かったけど、低くするようになってからフォームがきれいになったよ。

握り手の状態

漕ぐ側を右側から左側へスイッチするとき、パドルはフェザリング（手首の返し）によってブレードの向きを進行方向に向けることができる。右側を漕いで水面からブレードを抜いたら、右手首を右肩まで引き寄せる。左手はパドルのシャフトを軽く握っている程度。このときシャフトは左手の中で回転する（右手首固定の場合）

右手

左手

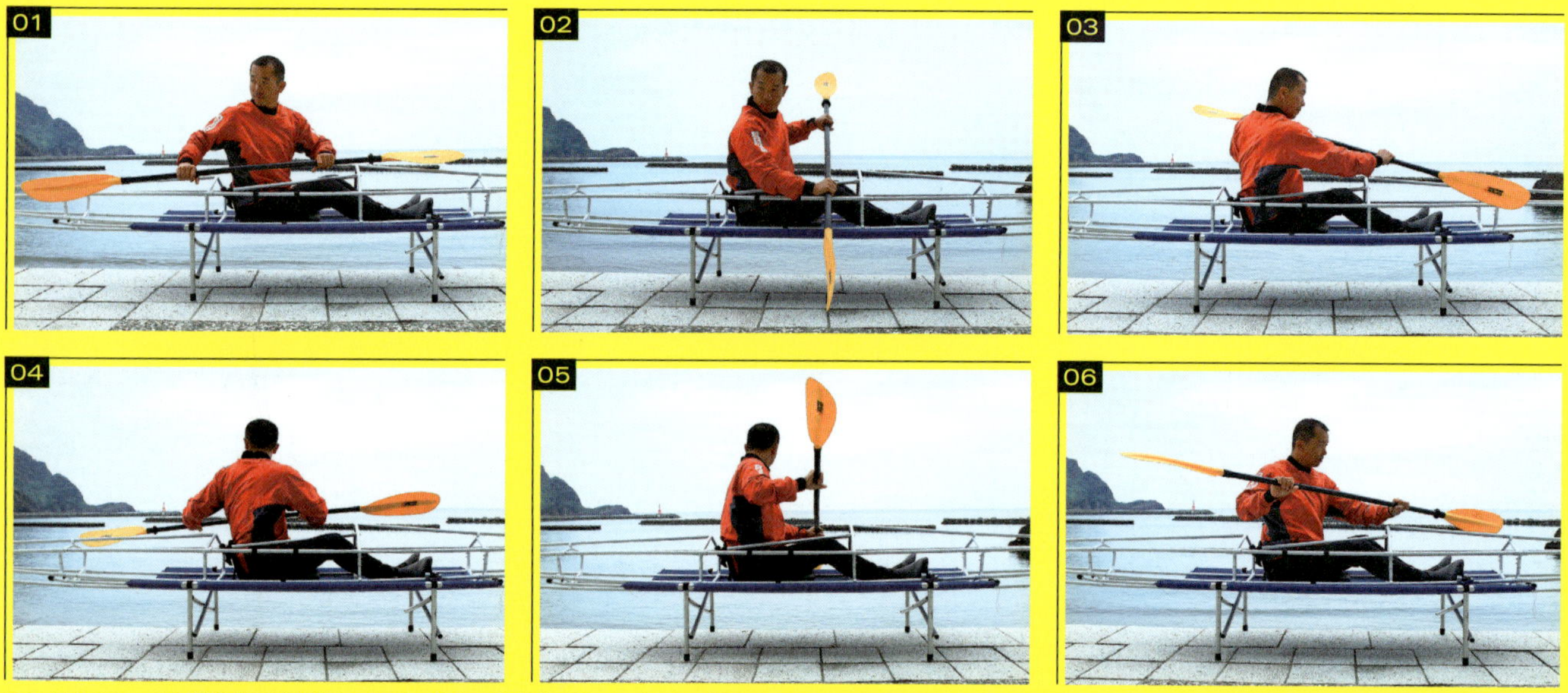

01 体をひねって上半身をほぼ真横まで向け、後方に障害物がないか十分に確認してから、なるべく後方にブレードを入れる
02 上半身を戻す力で水に入っている側のブレードを前方に押し出す。ブレードはフォワードストロークのときほど回転させず、裏面（ノンパワーフェース）を使う
03 不測の事態が起きてもすぐにフォワードストロークやブレースができるように、パドルの持ち手は変えない。ブレードが十分前に出たら、水から引き上げる
04 フェザリングによってブレードが水面と垂直になるように角度を調整しつつ、体をひねってブレードを水面に入れる。フォワードストロークほどパドルを立てる必要はないので、ブレードの向きを目視しながら角度を調整するといい
05 右側と同様に、体をひねりつつブレードの背面（ノンパワーフェース）で水を押し出すようにして推力を得る
06 ブレードが前方までしっかりと出たら、水面から引き上げる。以下、リバースしたいところまでリピートする

ブレードの軌跡

フォワードストローク

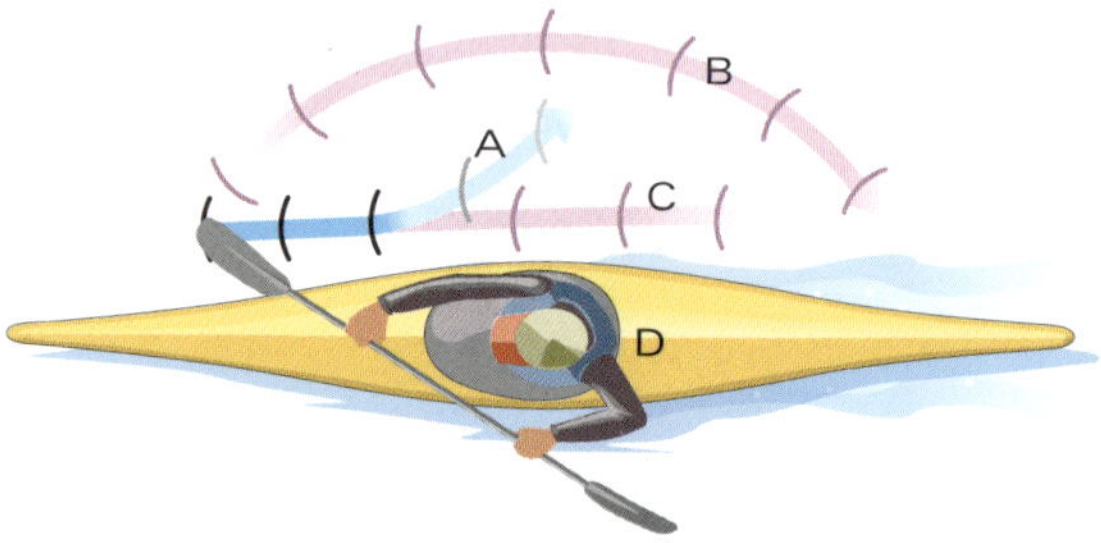

A ブレードは肩から前（体をひねってなるべく前のほう）に出す。ほぼ体の真横まで引いたら、水からブレードを抜いて手首を返し、反対側のブレードを前に出す。左右の動きを上から見るとハの字形になる
B カヤックから遠くを漕げば漕ぐほど曲げようとする力が強く働く
C カヤックのすぐ近くを漕いでも、体の横から後方はカヤックを曲げる力になってしまう
D 体のひねりは、頭頂部から尾てい骨まで一本の軸が通っていることを意識しながらやってみよう

リバースストローク

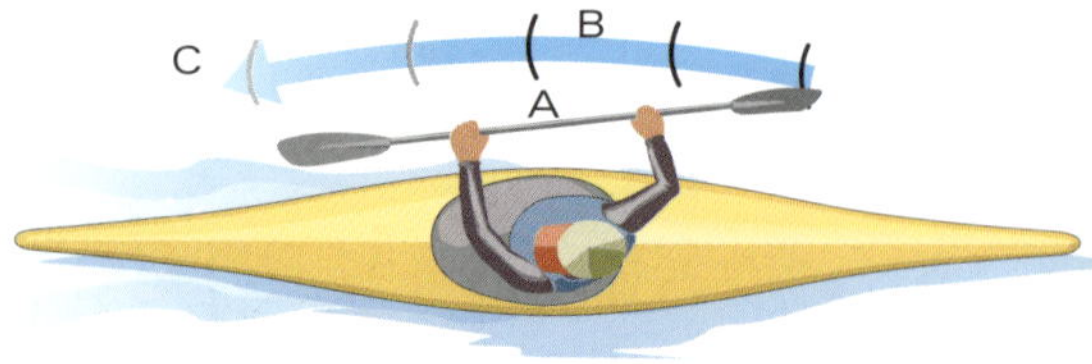

A 体をしっかりとひねって後方確認をしっかりと行う
B フォワードストロークとは違い、パドルはなるべく寝かしてブレードの裏面（ノンパワーフェース）で水を前に押し出すように漕いでいく
C パドルはなるべく長く水面をとらえておくと、バランスを崩しにくい

❖ **パドルの持ち方はそのままで**

リバースストローク

リバース（逆）と名前がついているとおり、後進するテクニック。だが、上陸の順番を待つ間、寄せる波で岸に近づいてしまうことがあり、そんなとき、同じ位置にとどまるためにも使われる。

いりあ　「低くていいよ」と言われてから、楽に漕げるようになったと思います。実際、それまではなんか違和感があったんですけど、楽な漕ぎ方でいいんだって思ってからは、ホッとしたし、うまくいきました。やるぞ！って思うときほど力が入ってしまってダメですね。つい頑張りすぎちゃうというか。

少し怖いリーニングは、楽になるテクニック

村田　リーニングはカヤックを傾けるテクニックだけど、カヤックが進んでいるときに傾けると、その反対の方向に曲がっていくんだ。これを覚えると、前進しながらでも曲がっていけるから、いちいち曲がるために漕がなくてもよくなって、楽になるよ。

いりあ　やっぱりひっくり返ったら怖いなって思っちゃって……。最初はどこまで傾けたらいいのかわからなかったです。

カヤックと一体感を持つことが大事なんだって思いました。
自分が予期しない動きをするときが一番沈しやすいかも

❖ 曲がるためのベーシックテクニック

スイープストローク

スイープとは「掃く」という意味で、言葉どおり、パドルで水面を掃くように漕ぐこと。ブレードが、カヤックから離れた水面を通るほど、カヤックに回転させる力を与えることになる。

01

ニーグリップでしっかりとカヤックをホールドして、曲がりたい方向と逆側にカヤックをリーンさせつつ、リーンさせた側のなるべく前方にブレードを入れる

▼

02

ブレードはなるべく水面近く、カヤックの遠くを漕ぐ。足は漕いでいるほうと同じ側のペダルをしっかりと踏み込む。左に回りたいときは、右側を漕いで、右側のペダルを踏み込む

▼

03

上から見るとブレードの軌跡は半円形になっているはずだ。ブレードが自分の真横から後ろを漕ぐときに、曲がる力が大きく働く

▼

04

後方まで漕ぎきったら、ブレードが垂直になっている状態で水中から引き抜く。必要に応じてリピートする

スイープストロークの動き

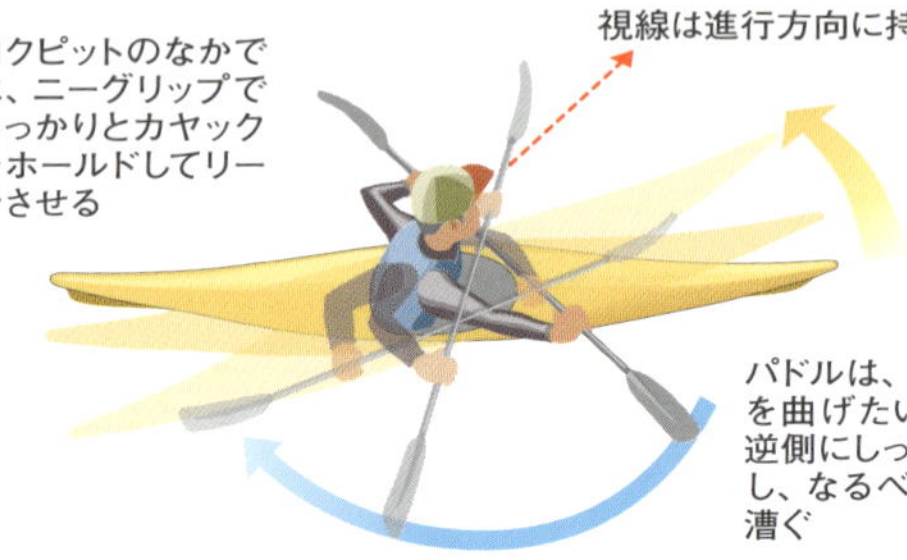
視線は進行方向に持っていく
パドルは、カヤックを曲げたい方向と逆側にしっかりと出し、なるべく遠くを漕ぐ
体の横から後ろのほうが、回転力は強く働く

行きたい方向と逆側を漕ぐと同時にカヤックをリーンさせ（傾け）て、パドルによる推力に、ボトムの形状によって発生する回転力を合わせ、方向転換を行う技術。リーニングのテクニックがしっかりできれば問題ないが、不安な場合は、パドルで水をしっかりとキャッチしてからゆっくりと傾けていってみよう。なお足は、漕いでいるサイドのペダルをしっかりと踏み込むこと

❖ カヤックとの一体化でフィールドが広がる

リーニング

カヤックは上半身の運動だと思われがちだが、実は下半身の使い方がとても重要。どんな状況下でもしっかりしたパドリングを続けるために、上半身を安定させるテクニックだ。

ブレースを入れなくてもこの程度まではリーニング可能。どの程度までリーンできるかはカヤックによるが、たいていはコーミングのサイドが水面にかかるまでは倒せるはずだ

ひざや太ももでカヤックを内側から押し上げて、体との一体感を得る。静水に浮かび、上半身は垂直に保ったまま、へそを中心にカヤックを左右に振ってみるといい

ビギナーにありがちなリーニング。気持ちではカヤックを傾けているつもりだが、ひっくり返る恐怖心から、うまくいっていない。下半身をうまく使って上半身はもっと垂直に

パドリングは基本を押さえ、あとは楽な漕ぎ方でOKなのだ！

村田　カヤックを傾けられるってことは下半身とカヤックが一体化するということで、そうすると水面の状況に合わせてコントロールもしやすくなる。ブレースやロールといったほかのテクニックにもつながっていくし、リーニングはとっても大事なテクニックなんだ。まあ、カヤックに初めて乗って、いきなり傾けろと言われても、やっぱり怖いよね～（笑）。

いりあ　でも、できるようになったら、これはいろいろ便利な技だなあって思いました。

村田　実はリーンしながらのスイープストロークを見ると、その人の技

❖ できるとうれしい平行移動テクニック

ドローストローク

流れがあるところでカヤックを平行に移動させるときに使う。パドルを真横に出してブレードを水面に差し込み、そこを基点としてカヤックを引き寄せる（ドローする）テクニック。

01

ニーグリップでカヤックをホールドし、上体を進みたい方向にひねって、ブレードの裏側を自分のほうに向け、パドルをコクピットの真横のできるだけ遠くの位置の水面に差し込む

▼

02

上手を軽く突き出しつつ、下手は手前に強く引く。最初はパドルがカヤックに当たるまで意識して引き、最後はパドルを90度ひねって、ブレードをカヤックの向きと垂直にしてから抜く

進行方向を変えたいときはスイープストローク。覚えておいてネ

なるほど～、いいこと教わっちゃった！こんな感じ？

傾いた側にパドルを出して、ブレードの背（ノンパワーフェース面）でバチンと水面をたたく。それによってできた一瞬の抵抗力で、カヤックを立て直す

❖ とっさのときのリカバリーはこれ一発

ローブレース

カヤックが傾いて危ないと思ったとき、傾いた側の水面をパドルでたたくことによって体勢を立て直すテクニック。ただたたくだけではなく、下半身を使ってのリカバリーがキモ。

01

カヤックが予期しない方向にいきなり傾いたら、ニーグリップでカヤックをしっかりとホールドするとともに、傾いたほうにすばやくパドルを出す

▼

02

カヤックが傾いても上半身はなるべく垂直を保ちつつ、体重をかけて水面をたたく。その抵抗力が利いているうちに、傾いた側のひざを上に蹴り上げるようにしてカヤックを元に戻す

▼

03

先にカヤックを復原させてから上半身を立て直す。パドルは、水面をたたいたままのブレードの角度で引き抜こうとすると、水の抵抗力で沈してしまう。角度は水面に対して垂直に

量がどの程度かわかるくらいなんだ。それだけいろいろなスキルがミックスされているっていうことなんだけど、うまくやるコツはね――。

いりあ "半ケツ"でしたよね（笑）

村田 そうそう、それがイメージしやすい。ひざでカヤックのデッキをグッと押し上げる。で、反対側は足を伸ばす。すると半ケツになる（笑）。本当は、先にひっくり返る感覚がわかってからリーニングの練習をしたほうがいいんだけどね。どこまで傾けられるかも先にわかるしね。

いりあ いままで、カヤックのなかで足はどうなってるのかなーって思っていたけど、今回ようやくわかりました。でも、足がしびれちゃった（笑）。

カヤックのコントロールのコツは下半身との一体化

村田 カヤックの進行方向を変えるのがスイープストローク。なるべくカヤックの外側を、円を描くように漕ぐわけだけど、自分の真横から後ろにパドルが回ったときに、回転する力が働くんだ。これと、さっきのリーニングを一緒に使えば簡単に曲がれるよ。

いりあ いいこと教わっちゃったって感じ（笑）。それまでは、方向転換する

セルフレスキュー：安全な場所で行うことが条件

01 安全な場所と見極められたら（危険地帯が近い場合は、セルフレスキューを中断してその場所から離れること）、コクピットの横に移動してカヤックをゆっくり元に戻す（戻す行程で大半の水は抜ける）
02 パドルのブレードにパドルフロートを差し込み（膨張式の場合は十分に息を吹き込む）、もう片方のブレードをコクピットのスターン側にある再乗艇用のベルト（ない場合はショックコードなど）に引っ掛ける
03 片手をコーミングに、もう片方の手を、カヤックに固定したブレードに掛け、片足をパドルフロートに引っ掛ける
04 体重を少しパドルフロート側に残しておきながら、カヤックの上に這うように体を持ち上げ、うつぶせのまま、もう片方の足をコクピットに滑り込ませる
05 体を回転させながらパドルフロートに乗せた足を入れる。片手は、アウトリガーとして出したパドルフロートで浮力を得ているパドルのシャフトに置く
06 スプレースカートをコーミングの後方からすばやくはめていき、前を少しだけ開けてビルジポンプを差し込み、残った水を汲み出す。余裕がないときは、そのまま安全な場所に移動する

❖ カヤックはひっくり返るものである

リカバリーテクニック

初心者は、少なくとも経験者とのカヤッキングをすすめたい。数人で海に出れば、片方がサポートにつく「TXレスキュー」を行えるからだ。助ける側と助けられる側は、同じ知識を持っていたい。

ときは、まずカヤックを止めてから向きを変えると思ってましたからね。

村田　キャンプ道具を積んだ重いカヤックを、曲がるたびに止めていたら大変だよ（笑）。カヤックは人力で動くんだから、なるべく進む力を殺さないほうがいいんだ。疲れないようにしなくちゃ。

いりあ　やっぱりそうですよね。

村田　そして、ひっくり返らないようにする基本的なテクニックが、ローブレース。パドルの真裏で水面をバチンとたたき、そのショックで体を支えた瞬間にカヤックの本体を起き上がらせ、それに体を合わせて起こすテクニックだけど、この「水面をたたく」という感覚を早くつかむのがポイントかな。

いりあ　これがむずかしかった。たたいて押すことが感覚的につかめないし、押したときにそのまま沈んでしまうような感じがしました。

村田　初心者は、ちゃんと傾ききらないうちにたたいちゃうから、最初は感覚をつかみにくいかも。それと、パドルを水面から引き上げるときにブレードを水面に対して垂直にしないと、引き上げるときの抵抗で沈しちゃうこともある。

いりあ　カヤックと一体感を持つことは大事なんだなって思いました。自分が予期しない動きをするときが一番びっくりするし、沈しやすいかも。沈したときは「助けられ方」も大事ですよね。

村田　初心者は「レスキューされる」ことのほうが圧倒的に多いわけで、今回もセルフレスキューではなく、TXレスキュー（沈艇を他艇が助ける方法）で「助けられる」感覚を覚えても

沈脱の方法：心配するほどむずかしくない

01 カヤックが沈したら、慌てずにスプレースカートのグラブループを探す。コーミングに沿って手を前方に滑らせれば簡単だ。グラブループをしっかりと握り、前方へ強く引っ張る
02 前が外れれば自然とスプレースカートは外れる。外れたら、両手を体の脇のコーミングに掛けて腰を浮かせる
03 腰からカヤックの外に抜け出る。慌てて足から出ようとしても、ひざが引っ掛かってパニックになるので要注意。体はPFDの浮力で自然と外に出る

01 パドルを持ってカヤックの脇に出る。ここで深呼吸をして落ち着くこと。海上では声は届きにくいので、ホイッスルを鳴らしてパートナーを呼ぶ。レスキューする側は、沈した相手のカヤックのバウ側に速やかにカヤックを寄せる
02 レスキューする側はバウを持ち上げて水を抜く。その際、バウを自分のカヤックのコーミングに乗せるのも可。レスキューされる側は、自艇の後方に回り、スターンを少し沈めて水抜きの補助をしてもいい
03 水が抜けたらカヤックをひっくり返して元に戻す（水出しは、海の状況によっては行わない場合もある）。レスキューされる側はパドルを離さないよう注意すること
04 レスキューする側は、レスキューされる側の反対側に回る。レスキューされる側はパドルを相手に渡し、レスキューする側は双方のパドルを流されない位置に置き、レスキューされる側のカヤックのコーミングをしっかりとつかんで体重を乗せる
05 レスキューされる側はカヤックに這い上がるために、しっかりと自艇の手前のコーミングに手を掛け、息を整えてタイミングを計る
06 双方、掛け声などでタイミングを計って、レスキューされる側はバタ足をして一気にカヤックの上に這い上がる。レスキューする側はPFDの肩の部分のベルトをつかみ、引き上げる
07 レスキューされる側はスターンのほうに頭を向けて、カヤックの上にうつぶせに乗っかる。レスキューする側はレスキューされる側を引き上げつつ、コーミングにしっかりと体重をかけて2艇のカヤックを安定させる
08 レスキューされる側は、レスキューする側を見ながら体を回転させてコクピットに滑り込む。こうすると外側に加重がかかりにくくなり、レスキューする側は、レスキューされる側の体を支えやすくなる
09 スプレースカートを半分はめてから、コクピットに入っている残りの水をビルジポンプなどでかき出す。パドリングに影響がない状態になったら、スプレースカートをすべてはめる。これが終わるまで、レスキューする側はカヤックを支えていること

TX レスキュー：助けられる感覚を身につけよう

01

02

03

04

05

06

07

沈して
救助されるときは
まず落ち着くこと。
深呼吸しましょ！

08

09

いろんな躊躇《ちゅうちょ》は ひっくり返るかも、 という恐怖心。 でも、一回沈すれば 怖いものなし、です！

らうことにしたんだ。ボクらがガイドツーリングをするとき、沈脱したことはあるか、レスキューされたことはあるかというのが、参加者のスキルを判断するうえでのひとつの基準になる。「助けられ方」って、とても重要なことなんだよ。

いりあ　カヤックに乗ったとき、とにかく一番の恐怖が、ひっくり返ったときにスプレースカートが外れるかということだった。だって、はめるときにはすごく強い力がいるじゃないですか。

村田　スプレースカートを外すことだけは、どんなガイドでも手伝えないから、絶対に覚えなければいけないけど、いざひっくり返ってみたら簡単に外れたでしょ？

いりあ　気づいたらあのひも（グラブループ）をつかんでいて、とても簡単に外れました。その瞬間、一番の恐怖が、いとも簡単に消え去ったというか……。

❖ 水の上に出なくちゃ始まらない

エントリー＆ランディング

シーカヤックは、砂浜や、認可されている小さな漁港のスロープなど、さまざまな場所からの出艇が可能だ。波のない場所からのエントリーとランディングの基本がこれだ。

エントリー

01 ビーチから出艇する場合は、テトラポッドの後ろなどで波が小さくなる場所を選ぶ。カヤックは波が来る方向と直角にし、足の着く深さでカヤックを浮かべて両足でまたぐ
02 シートに一気に腰を落としてしまう。重心が低いほど安定するので、足が出ていてもさほどグラつかない。ただ、コーミングを越えて波が入ってくる場所では、この方法はキビシイ
03 コーミングをつかんで安定を保ちながら、片足ずつコクピットに収めていく。コーミングより低い位置に常に重心が来るように心がけよう
04 スプレースカートはコーミングの後ろから前へとはめていく。スプレースカートは、波をかぶる場所に出てしまう前にきちんとはめよう

2人艇（タンデムカヤック）の漕ぎ方

2人乗りの場合、前席はエンジン＆目の役割、後席は舵取りとなる。前席は前方に障害物を見つけたら後席に知らせること。後席はパドリングのピッチを前に合わせて漕ぐこと。息を合わせて漕げば、1人乗りのカヤックよりもずっと速いスピードが出る

ランディング

01 カヤックの向きは、波が砂浜に入る方向と同じにする。波が高い場所では、波が崩れているすぐ後ろ（背の部分）に乗って岸に着けるようにする
02 カヤックがビーチに乗り上げたらすぐにスプレースカートを外し、コーミングをつかんで腰を上げて足を左右に出す
03 カヤックから下りたら、パドルを持ってなるべく早くバウに向かう。波が寄せるところでカヤックが横向きになってしまったら、カヤックにぶつからない海側に下りること
04 カヤックから下りてバウのグラブループを握り、波が来ないところまで引き上げる

村田　スプレースカートを外したら、体が勝手に外に出たでしょ？　ＰＦＤはけっこうな浮力があるから、体が勝手に浮かぶんだ。これで、いりあちゃんの顔色が変わったね。が落ちたというか（笑）。

いりあ　最後の最後に練習したじゃないですか。最後まで残っていると、すごくむずかしくて大変なのかと思うでしょう？　もっと早く、最初にやらせてくれれば度胸がすわったのに！

村田　今回、シーカヤックに乗ってみて、全体的にはどうだった？

いりあ　実際に乗ってみると、見た感じからの印象とずいぶん違っていましたね。いろんなは、結局、ひっくり返ったらどうしようという恐怖心。逆に、それが最初にわかっちゃえば（克服できちゃえば）、怖いものはなくなっちゃう。それがわかったことが、今回の一番の収穫かな（笑）。

リバーカヤックのパドリング

基礎の基礎

リバーカヤックのテクニックでは、指南役にカエルアドベンチャー代表の齋藤秀夫さん、生徒に野澤奈緒子さんを迎え、実践的なスキルを学んでいく。基本的には海で紹介した技術があれば十分なのだが、流れのなかを漕ぎ下るには、流れに逆らうのではなく、ときにはいなし、ときには利用するためのプラスアルファの技術も知っていたほうがいい。

[文] 西沢あつし　[写真] 山岸重彦（本誌）[監修] 齋藤秀夫（カエルアドベンチャー）

リーンの技術があれば川の流れを上手に使える

齋藤　リバーカヤックでもシーカヤックと同じように、前に漕ぐためのフォワードストロークと、曲がるためのスイープストローク、そしてカヤックを傾けるリーンというテクニックがとても重要になるんだ。リーンについては、海以上に重要といえるかもしれないな。

奈緒子　カヤックを傾けるのって、すっごく怖いんです。すぐパタッとひっくり返りそうで（笑）。

齋藤　まずは静かなところで、カヤックを傾けるという感覚を覚えることが重要だね。川では流れに乗るためのピールアウト（ストリームイン）、流れから出るエディーターン（ストリームアウト）ができないと、下ることそのものが安全にできないわけだけど、リーンさえできれば、今日いくつかやったパドルのテクニックを使わなくても大丈夫なんだ。

奈緒子　流れに乗るって、やっぱり

❖重心はコーミングから上にしないこと

川に浮かぼう! 出艇の手順

本流が岸に直接ぶつかっているところからの出艇は、さすがに無理。流れのない瀞《とろ》場《ば》や、エディー（反転流）などからエントリーしよう。

01

02

03

04

01 バウを上流に向け、カヤックと岸に対して90度になるようにパドルを渡す。岸側の手はパドルを上からしっかりと押さえ、もう一方の手はコーミングとパドルを一緒につかみ、パドルの上に重心を乗せる
（※ コーミングの上にシャフトを乗せ、片手でしっかりと上から押さえつけるように固定する。このとき、岸につけているブレードは水平となって地面を押さえている）
02 パドルのシャフト上に置いた腰をずらし、足をコクピットに入れたあと、腰をシートに沈める。シャフトにはしっかりと体重をかけ、カヤックが不用意に動かないようにする
03 漕ぎだす前に、スプレースカートを後ろからしっかりとはめる。このとき、前方のグラブループが外に出ているか、きちんと確認すること
04 慌てずにゆっくりと岸を離れよう。乗降時にカヤックの上に立つのは厳禁だ。腰がシートに落ち着くまではコーミングに手を掛け、コーミングに体重がかかるように心がけよう

❖ 直進性の高いカヤックで使用しよう

ローブレースターン

曲がり方の基本テクニックの一つだが、どうしてもカヤックのスピードを殺すことにもなる。直進性が高くて、荷物を積んだ重いカヤックの場合に使うといい。

01

曲がりたい方向にカヤックをリーンさせて、ローブレースを入れる。最初は、ブレードの角度はなるべく水平にして、スピードは殺さない程度がいい

▼

02

しっかりと水面をブレードで押さえつつ、カヤックのリーンで曲がっていく。急角度に曲がりたい場合は、水面を押さえているブレードに角度を少しつける

▼

03

ブレードの角度が水面に対して垂直になるほどカヤックは急に曲がることになるが、その分スピードは落ちる。自分の曲がりたい角度を見極めつつ、ブレードの角度を決めよう

❖ カヤックのスピードを落とさずに曲がる

バウラダーターン

バウのほうにパドルを入れ、ブレードに流れを当てることによって急角度に曲がるテクニック。エディーから流れに入るきっかけにする際など、なにかと役に立つ。

01

バウラダーターンは、カヤックが進んでいないと曲がる力は働かない。まずフォワードストロークから、曲がりたい側へ1回スイープストロークを入れ、回転のきっかけをつくる

▼

02

曲がりたい方向の前方45度あたりの、カヤックの脇にパドルを差し込む。足はカヤックの内側でしっかりとホールドし、曲がる方向の外側の足を持ち上げる感覚で、カヤックを曲がる側にリーンさせる

▼

03

ブレードを引き寄せる感覚で、体の横にパドルが来たら下手を止め、上手は額近くに持っていく。上手首は、水中のブレードが前に開く位置まで返す。下手の脇は締める

▼

04

カヤックが曲がるスピードと角度が、自分の意図するものになるように、ブレードの角度を調整しながら曲がる。カヤックが、差し込んだパドルを軸にぐるっと回るイメージ

バウラダーターンの失敗例。下手の脇が開いてしまい、ブレードがカヤックから離れている。リーンもできていないので、カヤックはスピードを落とすだけで曲がらない。下手すると肩の脱臼につながるので要注意

ちょっと怖いですね。なんか、えたいの知れない力でカヤックが持っていかれちゃうようで。

齋藤　エディー(川のなかで局所的に流れが緩やかになっているところ。反転流)のなかから流れに入ったとき、「流れに差したパドルのブレードで水をつかむ」という感覚を覚えるといいね。ブレードは自分の手のひらと同じ。ぐっとつかむんだ。流れの力をつかんだパドルは、大きい力を得るんだよ。

奈緒子　流れに入るときは怖さとワクワク感でいっぱい。いざ入っちゃうと、もう頭のなかが真っ白になっちゃうけど。とにかく、水をかぶる感じがとても新鮮でした。

テクニックは複合技。分解して考えてみよう

齋藤　その流れに入るテクニックのひとつにバウラダーターンをやったけど、どうだった?

奈緒子　なんか、やることがいっぱいあって、いざターンしようとすると、もう、いっぱいいっぱいで……。左ターンはタイミングをつかみやすいんです

ターンは手順を分解して考えるといいよ(齋藤)

流れに入るときは
怖さと期待感で
頭のなかは
真っ白。でも、
水をかぶる感じが
とっても新鮮！

❖休んだり上陸するときは本流から離れる

ストリームアウト

本流から外れてエディーに入るのがストリームアウト（エディーターン）。上陸するときはもちろん、ちょっと休みたいときや、先の流れの様子を見たいときなどに必要となる。

01

入りたいエディーを見つけたら、エディーラインを越えるために十分なスピードをつける。本流の流れの強さを考慮し、エディーは早めに目星をつけておこう

▼

02

バウがエディーラインを越える直前に、下流側にスイープストロークを入れて、曲がるきっかけをつくる。次に、上流側にバウラダーを入れる準備をする

▼

03

カヤックがエディーラインを越えてから、上流側にバウラダーターンを入れて、カヤックを回転させる。体は常に上流の方向に向けていること

▼

04

カヤックはエディーのなかで回転させ、バウを上流に向ける。エディーに入ってしまえば、そこから下流に流されることはないので安心だ

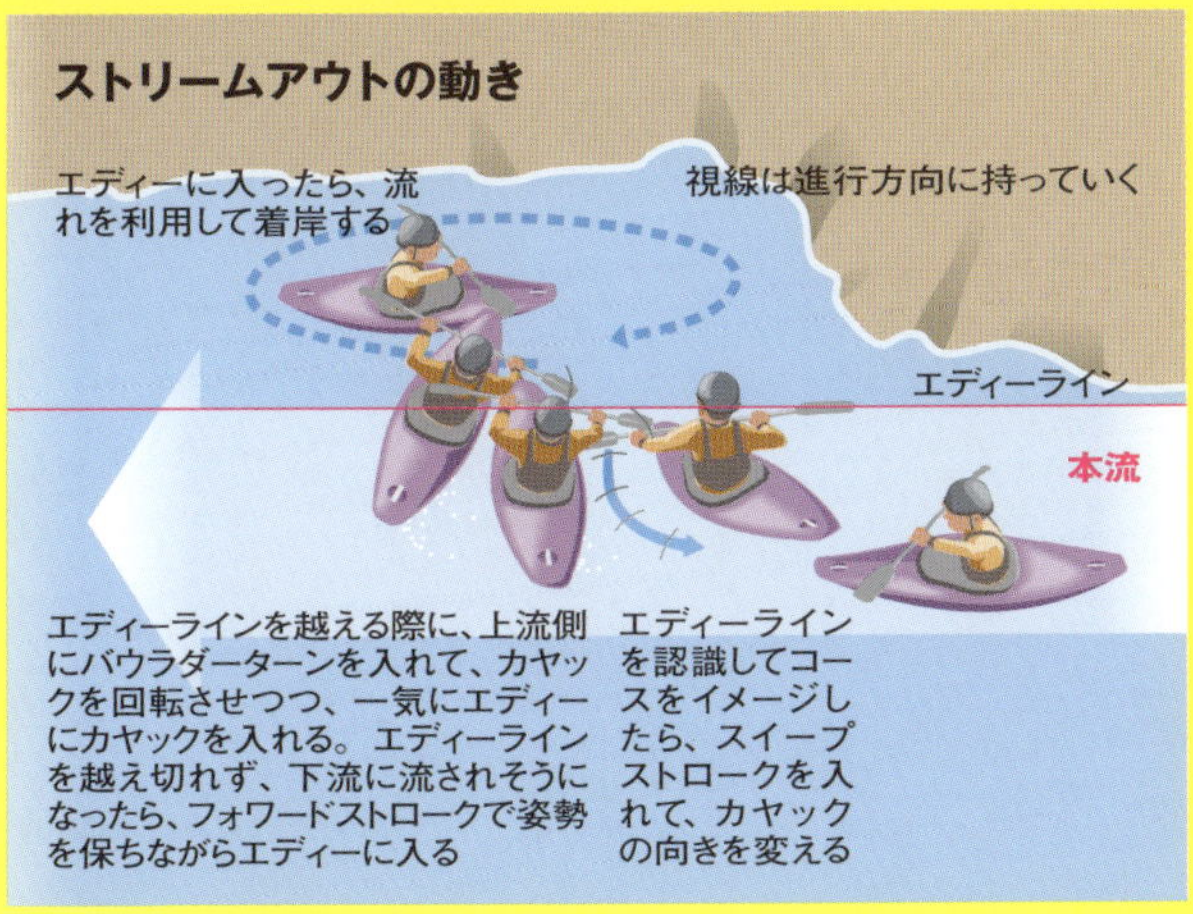
ストリームアウトの動き
エディーに入ったら、流れを利用して着岸する
視線は進行方向に持っていく
エディーライン
本流
エディーラインを越える際に、上流側にバウラダーターンを入れて、カヤックを回転させつつ、一気にエディーにカヤックを入れる。エディーラインを越え切れず、下流に流されそうになったら、フォワードストロークで姿勢を保ちながらエディーに入る
エディーラインを認識してコースをイメージしたら、スイープストロークを入れて、カヤックの向きを変える

❖川の流れの力を上手に使うべし

ストリームイン

ストリームイン（ピールアウト）は、川の本流に入ること。最初は水流を感じて怖いかもしれないが、流れを感じた瞬間に下流側にリーンして、ボトムに流れを当てるのがコツだ。

01

エディーのなかから上流に向かって漕ぎ始める。本流とエディーとの境目（エディーライン）がどこにあるかを意識する。流れが強いほどエディーラインを越えるためにスピードが必要になる

▼

02

十分にエディーラインを越えるスピードがついたら、上流側に強くスイープストロークを入れて、本流でのターンのきっかけをつくる

▼

03

流れを感じたらカヤックを下流側にリーンさせ、流れをボトムに当てる。同時にバウラダーターンを入れる。カヤックは流れの力で自然に下流のほうを向く

▼

04

カヤックが下流のほうを向いたら、そのままフォワードストロークで漕ぎ始めて、カヤックに推力を与える。これでカヤックは安定するはずだ

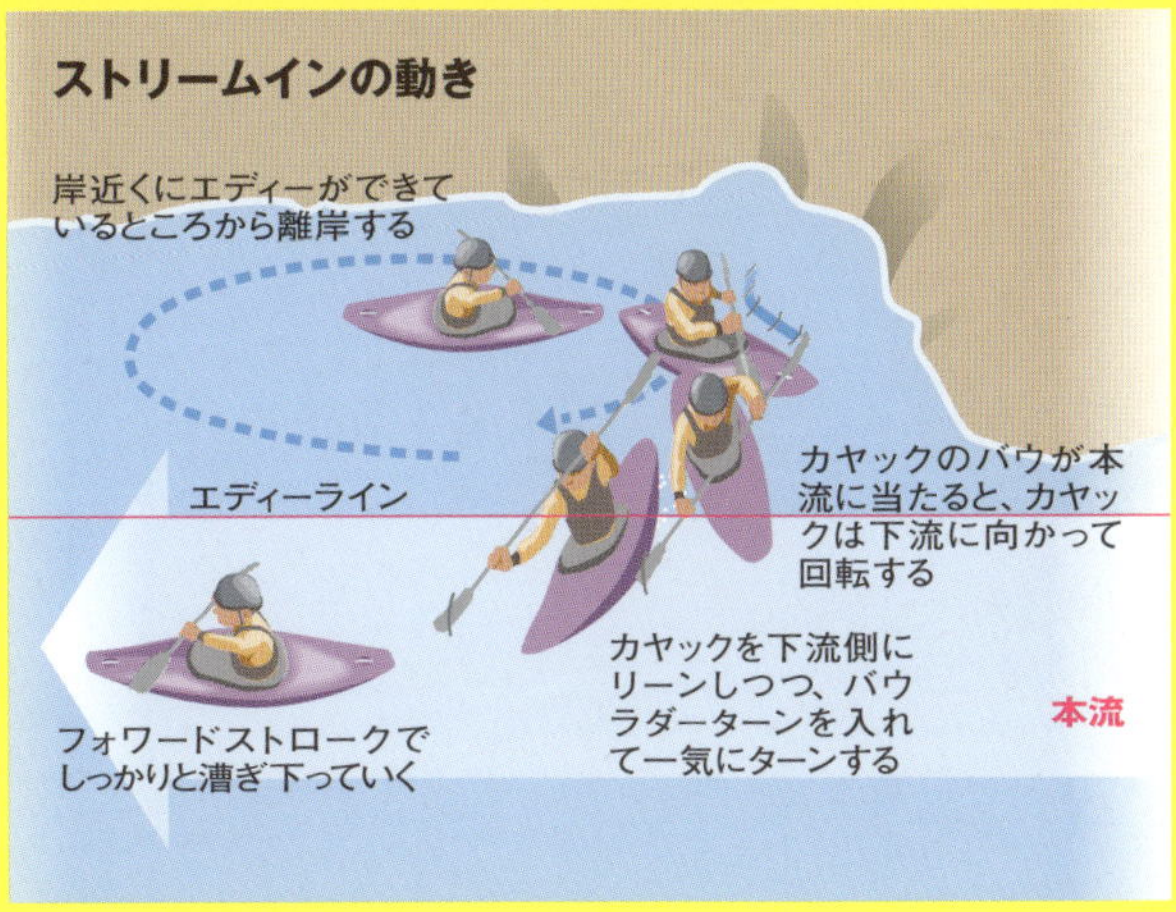
ストリームインの動き
岸近くにエディーができているところから離岸する
エディーライン
カヤックのバウが本流に当たると、カヤックは下流に向かって回転する
カヤックを下流側にリーンしつつ、バウラダーターンを入れて一気にターンする
本流
フォワードストロークでしっかりと漕ぎ下っていく

01
02
03
04

❖流れを考えずして川は渡れない

フェリーグライド

流れのあるなかを真横の対岸に渡るテクニック。その場合、川の流れを考慮して角度をつけて漕ぎ進まなくてはいけない。その進む角度は、経験しながら体で覚えていこう。

01 流れの強さに見当をつけて、上流に向かう形で本流に向かって漕ぎ上がる。最初はほとんどストリームインの要領で構わない
02 本流に入ると、カヤックを回転させようとする力が働くので、目標を確認しつつ徐々に角度をつけ、フォワードストロークで漕ぎ続ける。カヤックは下流側に傾けて、流れをボトムに当てる
03 常に目標を確認しつつ、流れの強さに合わせて上流への角度を微調整しながら漕ぎ進んでいく。川を斜めに横断するようだが、上から見ると真横に移動していることがわかる
04 目標まで漕ぎ渡ったらエディーに入って体勢を整える。フォワードストロークとリーンのテクニックをしっかりと身につけておく必要がある

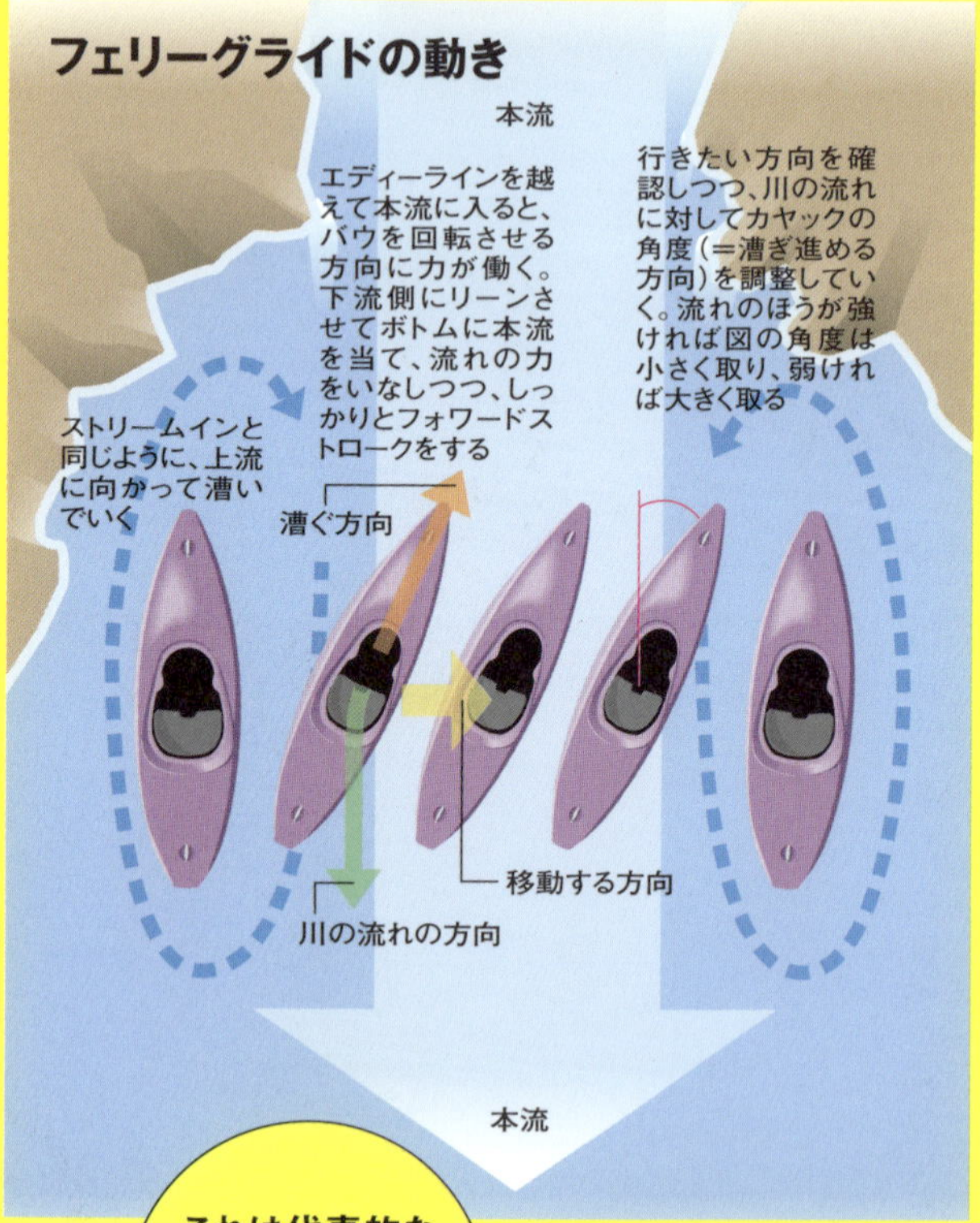
フェリーグライドの動き
本流
エディーラインを越えて本流に入ると、バウを回転させる方向に力が働く。下流側にリーンさせてボトムに本流を当て、流れの力をいなしつつ、しっかりとフォワードストロークをする
行きたい方向を確認しつつ、川の流れに対してカヤックの角度（＝漕ぎ進める方向）を調整していく。流れのほうが強ければ図の角度は小さく取り、弱ければ大きく取る
ストリームインと同じように、上流に向かって漕いでいく
漕ぐ方向
移動する方向
川の流れの方向
本流

これは代表的な失敗例だね。川の流れに対し、漕ぐ方向を考えよう

フェリーグライドの最中、本流のなかで川の流れに負けて、カヤックのバウが川下に向いてしまった失敗例。このときは、斜めに漕ぎ進む角度が大きすぎた

けど、右ターンはパドルが流れをつかむと、ひっくり返りそうで不安です。

齋藤　手順を分解して考えるとわかりやすいんだけど、バウラダーターンは、まず流れにパドルを差して軸を作り、同時に流れに合わせてリーンの角度を決め、その力でカヤックを回転させる複合技なんだ。つまり、その軸を中心とした回転運動になるわけ。

奈緒子　回転運動……。

齋藤　そう。そして、通常、右利きの場合、野球やゴルフのスイングと同様に、体を左にひねる動作はわりと自然にできる。つまり、左側にパドルを差す左ターンのほうが、タイミングがつかみやすいというわけ。最初は、だれでも、左右で得手不得手はあるよ。

奈緒子　特に流れにパドルを差したときに、不得意なほうはよくグラッときますね。

齋藤　パドルは軸なんだから、水面に対して垂直に差して、脇を締める。水流を受けても持っていかれないようにね。そして、体をひねると同時に、行きたい方向に目線を持っていく。基本的に、カヤックは目線が行った方向に向くんだ。ターンを練習する際は、少しオーバーアクション気味にスターンのドレーンコックを見るようにするとか、視線のポイントを明確にすると、うまくいくよ。

奈緒子　なるほど、そういうふうに、具体的にどこを見るか言ってもらえると、わかりやすいですね。

テクニックの一つ、ロールってできなくちゃいけないの？

齋藤　さて、リカバリーテクニックについてだけど、ロール（沈して天地逆になった状態から、沈脱せずに元の状態に戻るテクニック）は、ビギナーの必須テクニックではないな。ただ、で

❖相手が救助しやすい方法とは?

救助される側の手順

初心者の場合、ほとんどは上級者とのパドリングとなるだろう。沈した場合、上手に「レスキューされる」ためにも、その手順は知っておいたほうがいい。

01

沈脱後、レスキューする側が寄ってきたら、バウかスターンを、つかみやすい位置に寄せる。パドルはコクピットに入れる。急流では無理なので、瀞場まで流されてからの動作となる

▼

02

レスキューする側がガイドや上級者なら、「カウテール」という牽引具を装備していることが多い。カヤックのグラブループをカウテールのカラビナ(金属輪)に引っ掛けられるように補助する

▼

03

カヤックを牽引するのは、レスキューする側にとってもかなりの重労働。後ろに回ってバタ足などで推力の補助をする。泳げない場合は両手両足でカヤックに抱きつき、抵抗を減らす

"バンザイ"で危険回避

安全な流れ方

急流のなかで沈脱した場合は、自力で無理なく泳げる瀞場まで、写真のような「ホワイトウオーター(瀬)フローポジション」と呼ばれる姿勢で流れていこう。不用意に歩こうとすると、岩の間に足が挟まったりして非常に危険。足を下流に向けるのは、前方に岩があったら蹴って離れるため。PFDは浮力の大きいものを着用し、ヘルメットも極力着けること。

❖沈しても慌てずに、素早く動こう

セルフレスキュー

最初からいきなりロールができる人なんていない。沈したときの対処法は、頭で理解するだけでなく、一度経験しておこう。まずは沈脱と、その後の対処の仕方から。

01

リバーカヤックのスプレースカートはシーカヤックのそれよりもきついものが多いが、要領は同じ。急流の場合はカヤックを先に流して後ろを流れていく。パドルは離さないこと

▼

02

素早くカヤックを起こしたら、パドルをコクピットに入れて、バウでもスターンでも自分に近いほうのグラブループをつかむ

▼

03

バタ足やカエル足を使って、カヤックを押すか引くかして岸にたどり着く。急流の場合は、両手両足でカヤックに抱きつき、瀞場まで一緒に流れていってしまう方法もある

▼

04

上陸したら、カヤックをひっくり返して水を出す。浅瀬でも、カヤックの浮力を利用し、バウかスターンの手前側を沈めて水を集め、コーミングを下にして一気に持ち上げると水が出る

▼

05

ポリエチレン製のリバーカヤックの場合は、スターンにドレーンプラグがあることが多いので、これを開けて水を出す。水を出し終わったら、しっかりと閉めておくこと

ホワイトウオーター（瀬）を漕ぎ抜けるには、基本的には流れの本流の上を力強くパドリングする。最初からルートを見極められればいいが、迷った場合はエディーを利用してターン、ルートの再確認をする。本流に入ったら漕いで行く進路上に岩がないかどうか（隠れ岩も含む）、落ち込みに乗り越えられないほどの大きな返し波が発生していないかなどを判断しつつ、漕ぎ進めていく。カヤックは推力を与えているときがもっとも安定するので、しっかりとしたフォワードストロークで漕ぎ切ろう（写真の矢印は、正しいルート、×印は、自然の障害物となるホールや隠れ岩など、避けるべき場所を示す）

初めての川を下る際は、自分の目でスカウティング（下見）をしておくことも重要。瀬と瀞場の割合や危険地帯などをきちんと把握しておこう

❖ **全体像を把握してコースを決める**

ルート取り

川を見て正しいルートが、わかるかな（齋藤）
う〜む……（奈緒子）

きたほうが精神的にも肉体的にも余裕はできる。今日、沈脱の練習をしてどうだった?

奈緒子　疲れました……。

齋藤　そう、けっこうエネルギーを使うよね。こうしたロールも含め、いろいろなテクニックを使えるようになると、効率がよくなって、遊べるフィールドもグンと広がっていくと思うよ。それに、カヤックを自分の手足のように使えるほうが楽しいでしょ。

奈緒子　沈脱に関して言えば、ひっくり返ったときはビックリしたけど、一回濡れちゃえばもうさっぱり。怖いものなしって感じで、逆にリラックスして漕げるようにはなりましたね（笑）。

齋藤　ひっくり返ったら、とにかく「冷静になる」ことが大事だね。それに、沈脱したら、川底には危険がいっぱいなので、流れのなかでは絶対に立ち上がらないこと。状況によるけど、ジタバタせずに瀞場まで流されるほうがいい。岸に向かって泳ぐときは、真っすぐに行こうとせずに、下流斜めに向かうこと。岸近くにはエディーがあるから、それに沿って流されていくといいね。流れのなかを泳ぐのは、思ったよりも大変なんだ。

極意は、流れを感じ利用するということ

齋藤　川のパドリングテクニックは、流れに逆らうためのものじゃなくて、流れをうまく利用したり、いなしたりするためのものなんだ。だからパドリングテクニック以上に、川の流れを知る、ということが重要になってくるんだよ。

奈緒子　カヤックがどう動くかわからないから怖い、ということもあり

自然の障害物に注意しよう

ホール
大きい落差で落ち込むところがホール。本流は底を通り、水面近くには、ストッパーと呼ばれる返し波ができる。この間に入ってしまうと脱出は困難。前方に大きな瀬音がしたらスカウティングすること

隠れ岩
水面から出ている岩は一目でわかるが、隠れ岩は、ぬるっとした水面の盛り上がりで確認できる。隠れ岩にカヤックのボトムが乗り上げると、ひっくり返るきっかけになってしまう。避けたほうが無難な障害だ

カヤックごと起き上がるテクニック

シートゥーシー

ロールのテクニックの一つ、シートゥーシー（C to C）は、パドルで水をかいて起き上がるのではなく、カヤックをしっかりとひざでホールドして、腰のひねりを使ってカヤックを起き上がらせる。パドルの動きは、ブレードで発生させる推力や揚力を起き上がらせるきっかけにすぎない。ある程度カヤックが起き上がってきたあとは、カヤックそのものの復原力で元に戻る。そのため、頭は最後まで水のなかに残ることになる。

ますよね。
齋藤　だからビギナーは、なかなか体から緊張が抜けなくてガチガチになっている。基本的なパドリングでも、怖いからパドルを必要以上に強く握るし、下半身も力が入って固まっている。体をひねるための軸がブレないようにすることだけを意識すればいいと思うよ。
奈緒子　たしかに、終わるとホッとして、体中から力が抜けた感じがしました。気をつけなきゃ（笑）。

カナディアンカヌーのパドリング

基礎の基礎

**カナディアンカヌーを操るパドルは、ブレードが片方にしかないシングルパドル。
このシングルパドルは、カヤックのダブルブレードを使ったパドリングとは
少々違ったテクニックが必要になってくる。
ポジションも独特だが、それは必然から生まれた結果だ。**

[文・写真]西沢あつし [監修]高橋博文(カエルアドベンチャー)

必然から生まれた カヌーを 上手に 乗りこなそう

カナディアンカヌーはその名のとおり、カナダで生まれた乗り物。カヤックが狩りの道具であったのと同様、カヌーもまた生きるための道具であった。北米大陸の東にたどり着いたヨーロッパ人が、国土の約25%が湖や河川という自然条件を克服し、自分たちの活動の場を広げていくためのもの。途切れた川や湖の間はそれを担ぎ、あるいは引きずっていけるもの。その必然によって進化してきた乗り物がカヌーなのだ。

よってそのフォルムに加え、シングルパドルを使用するパドリングテクニックなどにもいちいち必然性があるわけで、これを機に、そうしたテクニックをきちんと身につけてほしい。

さて、カナディアンカヌーはパドルの持ち方こそ基本形があるものの、オープンデッキかつ高いシート位置ということもあり、比較的自由にパドリングポジションを取れるのが特徴だ。したがって、最初にもっとも楽なポジションを探してみるのがいいだろう。

パドリングは、カヌーの片側だけを

座る場所は臨機応変に

パドルの持ち方と座り方

グリップを握る手が上手(うわて)、ブレードに近いほうを持つ手が下手(したて)。上下の手の間隔はカヤックのそれより、やや狭め、肩幅くらいが目安

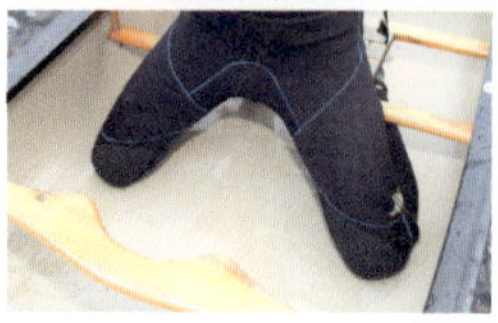

上:グリップの握り方は、手のひらをグリップの上からかぶせるようにして、ゲンコツを作るようにしっかりと握る。なお、下手は軽く握るのがコツ
下:普段はシートに座って漕げばいいが、瀬などの不安定な場所で漕ぐときは、両ひざをボトムについて、おしりを半分だけシートに載せる。重心が下がるしホールドしやすくなるのだ

❖手首にもっとも負担が少ない漕ぎ方

スタープライ

カヤックのフォワードストロークにあたる代表的な漕ぎ方がスターンプライ。漕ぎきったときのブレードを舵に見立てて進行方向と平行にすることによって、直進性を保つ。

01

02

03

04

01 体を前方に倒して、パドルのシャフトはなるべく立てた状態で、バウに近いところの水面にブレードを入れる。しっかりと水をキャッチしよう
02 パドルは、そのままカヌーの近くを、ガンネルと平行になるようにしっかりと手前に引いてくる。腕の力だけでなく、前に出した上体のひねりと後方に引く力も使おう
03 ブレードが体の横を過ぎたら、グリップの親指が上(自分側)になるようにシャフトをひねる。これによってブレードが舵と同じ作用をして、曲がる力が殺される。また、角度を調整することによって、若干なら針路を変えることができる
04 そのままの角度で水の上にブレードを抜いてから、親指が外側になるようにグリップを返しつつ、再び前方にパドルを運ぶ。「ラダーストローク」とも呼ばれる漕ぎ方だ

❖経験しておきたいテクニック

セルフレスキュー

カヌーは、安定性は比較的高いが、いざ沈すると大量の水が入るので大変。沈したときのことを考え、最初は2人で漕ぐようにしよう。

01 沈してしまったら慌てずにカヌーの外側に出て、パドルは流さないように確保する。片方のガンネル部を少し持ち上げて、水没部分を少なくしてから間髪をいれず次の動作に入る
02 掛け声をかけて一気にカヌーを元に戻す。ゆっくり戻すとそれだけ大量の水が入ってしまうのだ。カヌーが元に戻ったら、より経験があるほうが、もう一人の反対側に回る
03 経験のあるほうがガンネルをしっかりとつかんで体重を乗せる。もう一人は水を蹴ってカヌーに這い上がる。乗り込むときは掛け声をかけ、力を入れてもらうタイミングを計るといい
04 今度は、残されたほうがカヌーに乗る。先に上艇した人は、乗り込もうとしている人と反対側に体重をかけてバランスを取る。やはり声を掛けて息を合わせよう
05 ベイラーでカヌーのなかに残っている水をかき出す。水が多く残っていると不安定なままだ。ビルジポンプよりも、大きなペットボトルを加工して作ったもののほうが早く排水できる

❖ひざをボトムに落として練習しよう

スイープストローク

カヌーの向きを変えるときも、カヤックのときと同じようにスイープストロークが基本となる。

01 カヌーを向けたい方向とは逆側にリーンさせ（傾け）、同時にパドルをなるべくバウに近い位置に入れる。曲がりたい方向を見るのが基本だが、最初はブレードの動きを目で追ってもいい
02 大きく円を描くように、なるべく外側を漕ぐ。その際、パドルは寝かせて水面近くを漕いでいく。スイープ（掃く）という名前がついているゆえんだ
03 パドルの位置が自分の真横から後方に回ったときに、大きな回転力が発生する。漕ぎ終わったらブレードが垂直な状態のまま水面から抜く

❖最後はしっかりラダーを利かせよう

リバースストローク

流水のなかでは、その場に止まるためのテクニックにもなるので、しっかりと身につけておきたい。

01 まずは後方をしっかりと確認し、上体をひねるとともに、腕を無理のない範囲でなるべく後方に差し出してブレードの背面から水中に入れる
02 水をしっかりととらえたら、パドルの軌跡をカヌーと平行になるように前に出していく。体をひねる力をうまく利用すること
03 上手の手首を外側にひねり、ブレードがカヌーと平行になるようにする。こうすることでラダーが入った状態となり、漕いだ方向と反対方向へ回転するのを防ぐことができる

漕ぐのが基本。そうするとどうしても、前に進む力とは別に、カヌーを回転させようとする力が生まれてしまう。この動きを補正するために「スターンプライ」や「Jストローク」という漕ぎ方があるのだが、少々複雑なパドルワークが要求される。2人で乗って双方がそれぞれ違うサイドを漕げば、曲がる力は多少打ち消されるが、その場合でもそれぞれがきちんと身につけておいたほうがいいだろう。なお、ビギナーは、カヌーの操作性や沈したときのリカバリーを考えると、最初は2人で漕ぐほうが無難である。

2人乗りで、カヌーの方向を変えたい場合、前後席で同じ技術を使って曲がる必要はない。たとえば急に右に曲がらなくてはいけないとき、両方で左方向にスイープストロークをするよりも、前席は左にスイープストローク、後席は右にリバースストロークを入れたほうが、急角度に曲がることができる（あるいは前席がドローストローク、後席はスイープストロークなど）。ただ、前席がバックストロークなどを多用すると大きなブレーキになってしまうので、なるべく前か横方向に動くテクニックを使おう。

ベイラーはペットボトルを切って自作。ハンドルが付いている焼酎のペットボトルなどがおすすめだ。また、推奨したいのが、写真のような浮力体をカヌーの前後に入れておくこと。こうすると、沈しても水の入る量を少なくできる

技術の向上で、旅をより楽しく

村田泰裕さん

(右)ニュージーランド南島単独遠征のときの一コマ。スタート時の海の様子は、毎回こんな感じ
(上)カナダ・クイーンシャーロット島(ハイダ・グアイ)一周は900キロを単独無補給で。技術や知識が向上すると、カヤックでの旅がより安全で楽しくなります

photo by Yasuhiro Murata

私が初めてカヤックという手漕ぎの舟を知ったのは、ちょうど25年前。カナダに住んでいるころでした。

カナダではカヤックの技術に関することと、遊び方のことを紹介した書籍が本当に沢山ありました。

そのなかでも私がカヤックにもっとも心惹かれたのは、カヤックのなかにキャンプ道具や生活道具を満載した長期にわたる旅でした。

私にとってカヤックを始めるということは、「旅をしたい」ということであったので、ほぼ知識のないままに、折りたたみ式のファルトカヤックを購入。3回ほど練習をして、その夏に約1500キロのカヤックの旅に出発しました(いま考えると、ちょっと無謀だったかも……)。

大自然のなかで見ることのできる野生動物、カヤックの旅を長く続けるための釣りやハンティング、料理のための毎日の焚き火——。約2カ月間の旅でしたが、どれもこれも自分の思い描いていた以上の楽しさがあり、完全にカヤックの魅力にとりつかれていました。

カヤックは、大自然のなかに人力のみで入っていくことのできる最高の手段だと思います。

ただ、いまこうして思い返すと、楽しかった最大の理由は、カヤック(特に水の上)での大きなアクシデントがなかったからです。それは、そのときの自分にとって単なる偶然でしかありませんでした。楽しいことはもちろん大事ですが、楽しさを生み出してくれていることはなんなのか? 旅が無事に終了したと同時にわかってきたことであり、課題にもなっていきました。

それはカヤック操作の技術や、波や風のことを知るためのシーマンシップだったり、霧が出たときにはどうしたら良いか、ナイトパドリングに見える灯台の意味は? などのナビゲーションだったり。

これらの技術や知識が向上することで、もっともっとカヤックでの旅が安全でさらに楽しくなるだろうと思い始めると、自ずとその方面にも貪欲になっていきました。

それから数年後、満を持して(自分では挑戦に値するものでした)行った日本列島縦断4400キロ(波照間島〜宗谷岬)・223日間の旅は、本当に最高のシーカヤックの旅でした。それと同時に、日本は南の熱帯性気候から北の亜寒帯気候までをも経験できる、シーカヤックにとって最高の遊びのフィールドだ!と実感しました。

その後もカナダ・クイーンシャーロット島(ハイダ・グアイ)一周や、ニュージーランドへも出かけましたが、夏になると海パン一つでも漕げ、釣れる魚も豊富、海上でも陸上でも野生動物が楽しませてくれる、こんな素晴らしいフィールドは私たちの住んでいる日本の海だけ、と言っても過言ではないと思っています。

シーカヤックを始めたいと思っている皆さんに、是非この一冊がそのきっかけとなることを祈っています!

村田泰裕
(むらた・やすひろ)

1967年、神奈川県生まれ。西伊豆コースタルカヤックス代表&チーフインストラクター。1997年2人艇による波照間島から千葉県房総まで、翌1998年にソロで千葉県房総から宗谷岬まで、日本列島縦断4,400キロをノンサポートで達成。2003年5月、カナダ・クイーンシャーロット一周900キロを30日で単独完全無補給漕破。

❖ビギナー必見の総力特集！

パドリングテクニック徹底指南02

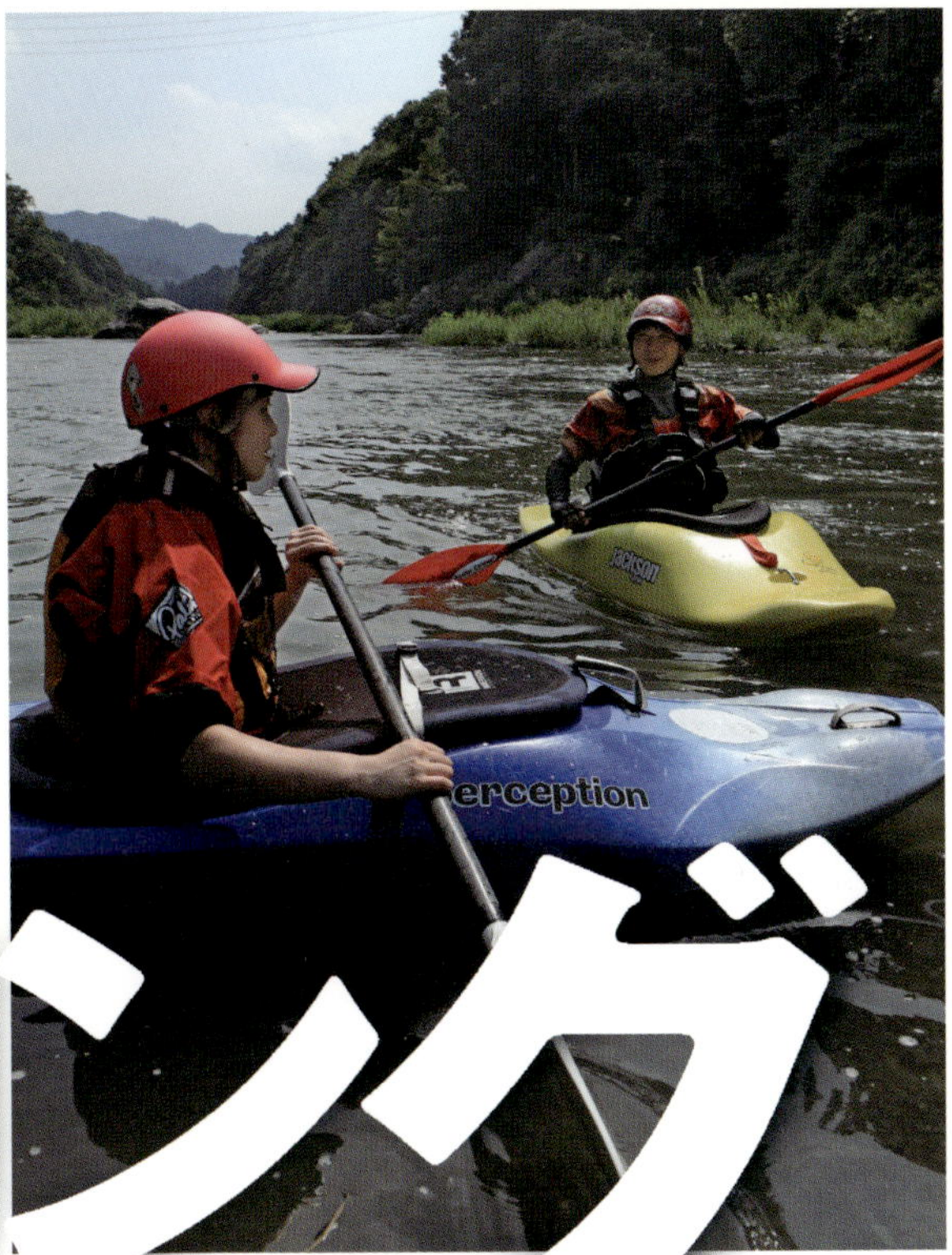

昨年、必要最低限のパドリングテクニックを徹底的に紹介したところ、多くの反響をいただいた。今回はその第2弾として、海と川を舞台に、より実践的なテーマを掲げ、明快なアドバイスを行っていく。指南役と生徒の掛け合いなども、ぜひ参考にしていただきたい。

シーカヤック編
フォワードストロークを究める

シーカヤック編の指南役&生徒

指南役はソルティーズ　パドルスポーツの代表、山本　勉さん。生徒は、“釣りドル”としてもお馴染みのタレント、永浜いりあさん。山本さんは、シーカヤックショップ「エコマリン東京」でインストラクターを務めた後、2005年、アイルランド西海岸シーカヤック単独遠征を敢行。現在も人気のインストラクターとして、忙しい毎日を送る。

リバーカヤック編
ダウンリバーの基本を習得する

リバーカヤック編の指南役&生徒

指南役はグラビティの代表、後藤めぐみさん。生徒は杉本亜梓(あずさ)さん。後藤さんは、フリースタイル競技でアメリカ、ドイツの世界大会出場後、1994年ドイツ開催のプレワールド大会で女子7位を獲得。女性ならではの、力に頼らないしなやかな艇の動かし方を目ざし、スクールを通して日々リバーカヤックの楽しさを伝えている。

シーカヤック編

フォワードストロークを究める

[監修]山本 勉(ソルティーズ パドルスポーツ)
[文・写真]西沢あつし [イラスト]清水廣良
[協力]モンベル

**フォワードストロークは、基本中の基本のテクニック。
しかし、それだけに奥が深く、ビギナーほど悩みどころに事欠かなかったりする。
ここでは、指南役にソルティーズ パドルスポーツ代表の山本 勉さん、
生徒に"釣りドル"の永浜いりあさんを迎え、初心者が陥りやすいフォワードストロークの過ちや
その克服法について解説していく。まずは、基本姿勢&フィッティング。**

調整、位置決めの"ツボ"を押さえよう!
基本姿勢&フィッティング

シートバック(背もたれ)は、基本的には上半身を起こすための補助的な存在。シートに座るときには座面のくぼみにお尻をしっかりと乗せること。シートバックが存在しないタイプのカヤックもある

シートバックにはクッションの付いているものも多いが、メーカーによってはさらに大きなものや、単体で売られているものもある。これは、おもに腰痛対策に考えられたパーツ

シートバックの調整はいろいろなタイプがあるが、写真はシートバックのなかを通っているベルトの長さを調整するタイプ。寄りかかったときにコーミングにシートバックがつかないように調整しよう

ラダー付きのカヤックは、ラダーをセンターに合わせてからフットペダルの調整を行う。ラダーは、カヤック本体の性格(直進性が高いのか、回転性が高いのか)によって、その目的が変わってくる

下半身を安定させればパドリングは楽チン

パドリングは、得てして上半身の運動と思われがち。しかし、動きのある海面で、動きのある上半身を、しっかりと、あるいはしなやかに支える下半身も、上半身同様にパドリングではとても重要な役割を担っている。

まず上半身の姿勢からいうと、カヤックが傾いても常に上半身は垂直を保つようにすることが基本となる。そして、水面の動きによるカヤックの前後左右の傾きは、下半身の動きで吸収するようにする。つまり、ただシートに座っているだけではダメなのである。あるときは受動的に、あるときは能動的にこうした動作が要求されるということを頭に入れておこう。

さらにカヤックの傾きなどを下半身で吸収するためには、カヤックと下半身が一体になっている必要がある。このために行う作業が、いわゆる「フィッティング」と呼ばれるものだ。

通常のツーリングでレンタル艇を使う場合、おもなフィッティングは、フットペダルとシートバック(背もたれ)のベルトの調整くらいしかないが、それでもこの調整がうまくいっていないと、ツーリング中の疲れに大きな影響が出てくる。フットペダルは、足を置いたときにひざを曲げてデッキ内側を

113〜124ページに登場する生徒、永浜いりあさんの着用ウエア類:帽子/スティングレイハット=2,800円、ウエア/アクアボディロングスリーブシャツ W'S=4,500円、パドリングトランクスW'S=4,800円、サポーテック タイツ W'S=8,800円、PFD=リバーランナー 7,900円、ブーツ=パドリングシューズ ロング=5,800円(以上、すべてモンベル TEL:06-6536-5740)

フットペダルはしっかり調整しよう

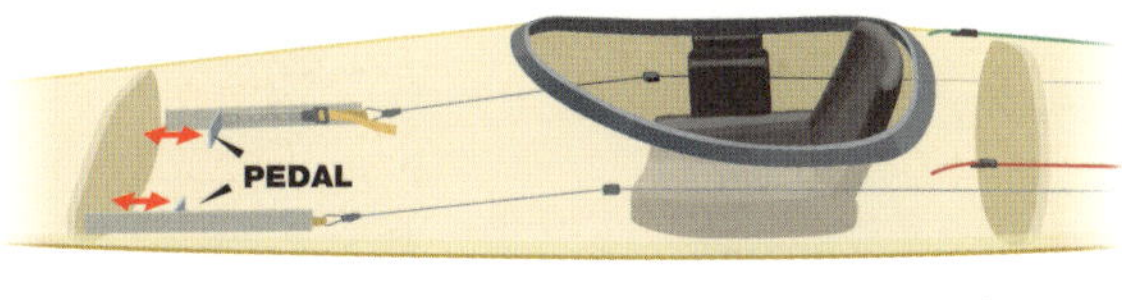

フットペダル全体がサイドステーとともに動き、ラダーを動かすタイプの仕組み。前後方向に動くフットペダルのサイドステーにはベルトが固定されていて、このベルトにラダーにつながるワイヤがセットされている。フットペダルの位置は、ラダーをセンターにしてからベルトで調整する

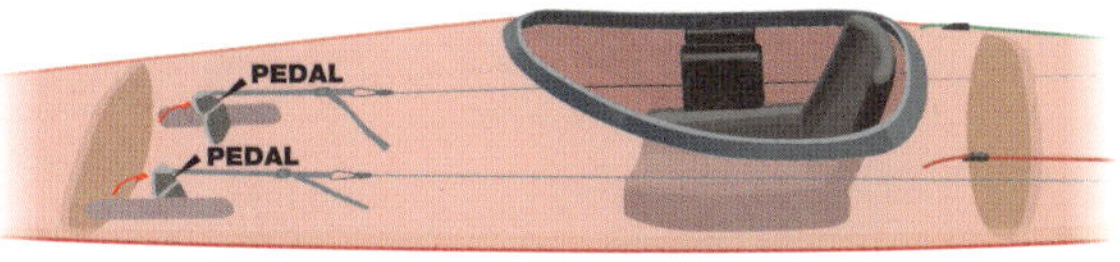

フットペダルが上下に分かれ、足先でラダーを動かすタイプの仕組み。下部部分のペダルは、デッキ内部に固定されたフレームの穴にロックして固定し、ラダーにつながるワイヤには上部のペダルのベルトのみつながっている。ラダーを制御するワイヤの長さは、下部のフットペダルの位置を決めてからベルトで調整する

初心者がラダー位置を調整するときは、経験者に手伝ってもらって合わせるようにしよう。いい加減な位置にしてしまうと、海上で修正することはむずかしい

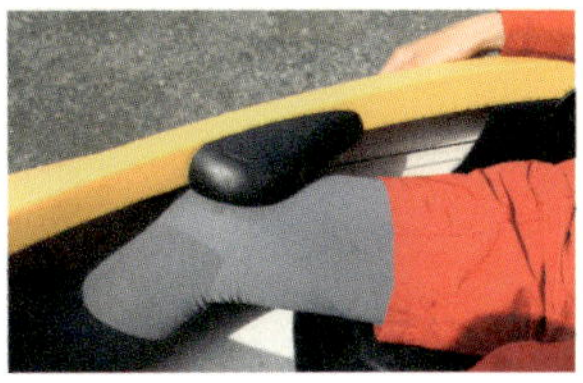

サイブレイスはひざの上側でグリップするが、ないカヤックもあり、その場合は足を開いたときに、ひざ上があたるデッキ内側部分を押さえることによってグリップする

最近主流となりつつある、かかと部分は固定され、足先だけでラダーの操作をするフットペダル。これだと、ラダーを動かしてもパドリングフォームは崩れない

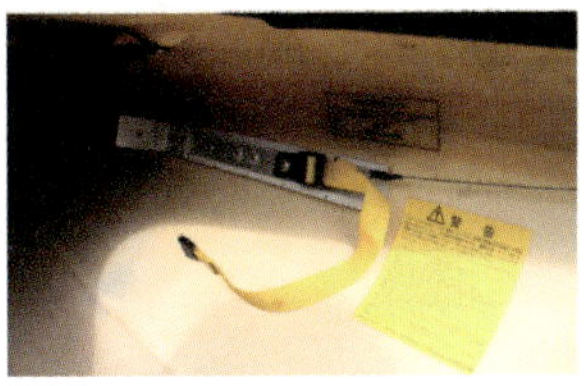

フットペダル。写真は、ペダル全体がスライドすることによってラダーを動かすタイプ。構造は簡単だが、片方のペダルを踏み込んでパドリングするとフォームが崩れてしまうので注意しよう

体の中心線、つまり背骨はカヤックの中心線（キール）と直交するようにしよう。さらに、カヤックが傾いたときにも、上半身は垂直のままになるように

パドリング時における理想的なポジション&姿勢

快適なパドリングは、正確なポジションから生まれる。正確なポジションを取ると姿勢がよくなり、より効率的なパドリングフォームを取ることができる。足を乗せるフットペダル、ひざの上（太もも）をあてるサイブレイス、お尻（骨盤）を乗せるシートが、下半身とカヤックを一体化させるための接点だ。なお、実際のパドリングでは、力の入れ加減と同様に、抜き加減も大切になってくる

押さえることができる（ニーグリップができる）位置に固定する。また、シートバックは、上半身がわずかに前傾する程度に調整しよう。なお、どうしても体に合わない場合は、インストラクターやガイドに相談すること。意外にあるのが、ペダルを一番手前にしたのに足が届かない、またはその逆のパターン。あまり体に合わない状態で漕ぎ出すと、早々に疲れが出るばかりか、安全に影響が出る可能性もあるから注意したい。

自分のカヤックであれば、さらにサイグリップ（ひざがあたるところ）やシートの脇（腰の両サイドがあたる）などにフォーム材を入れてフィッティングを行うこともできる。またサーフゾーンで波乗りをするとか、川のホワイトウオーターをガンガン攻める場合は、かなりタイト（カヤックから上半身が生えているのではないか、くらいにキッチリと）にフィッティングする場合もあるが、普通のツーリングではあまりきつくフィッティングをすると、足腰にしびれが出てしまうこともあるので注意しよう。通常は、無理のない程度にフィッティングしたあと、途中で上がった浜で調整を行うのがいいだろう。

Q1
バウが右に左に！
真っすぐに
進まないんですけど……

❖ふらつかないで行きたい方向に直進！

最初に真っすぐに漕ぐ極意を体得すべし

教わったとおりにパドリングしたつもりでも、
なぜかカヤックが真っすぐ進まない、という経験はないだろうか？
曲がってもパドリングやラダーなどで修正できるとは思うけれど、
リカバリーは、やっぱり無駄なエネルギー。
その力は余裕を持って漕ぐために取っておこう。

正しいフォワードストローク 1

01

基本の姿勢は、まずシートにしっかりと座り、座骨を立てて背筋を伸ばす。上半身をやや前傾させ、その後、肩の力を抜く。続いて水に入れるブレード側の肩を、上半身をひねることによってしっかり前に出す。さらにカヤックのすぐ脇の、なるべく前方の水面にブレードを差し込む

02

ブレードをしっかりと水中に入れ、引き手側のフットペダルをしっかりと足で踏み込む。このとき、上半身のひねりによってパドルを引き寄せる。パドルシャフトは腕で引くのではなく、上半身のひねりに腕がついてくるイメージ

03

自分の体のほぼ横を過ぎたあたりでブレードを水中から引き上げる（フィニッシュ）。あまり後方まで引いても、ブレードが水を逃がしてしまうので推進力にはならない。ブレードが出たら手首を返して（フェザリング）次の動作に入る

真っすぐに進まない例 1 ×

01

上半身をひねるのではなく、前に倒すことによってブレードを前方に出そうとしているために、近くにブレードが落ちてしまっている。さらに、ブレードもしっかり水中に入っていない

02

ブレードがしっかり沈んでおらず、水の表面をかいてしまっている。また、ストロークではひじが曲がりすぎていてパドルに体重が乗っていない。全体的に推進力が弱くなっていることがわかる

03

フェザリングを意識しすぎてパドルを持つ上腕が上がりすぎている。また、体がブレードを入れる側に倒れてしまっている。これだと重心が左右に振れてしまい、カヤックを曲げる力が働いてしまう

04

ほとんど手だけで漕いでいるためにパドルの可動範囲が狭く、ブレードが水面を漕ぐ範囲も狭くなってしまっている。ひと漕ぎあたり進む距離も少なくなってしまう

昨年、初めてシーカヤックに挑戦した"釣りドル"の永浜いりあちゃん。今回は、フォワードストロークを究めるべく、指南役の山本勉さんのもとを訪れたわけだが、さて、実際のレクチャーはどんな内容だったのだろうか？

正しい姿勢を理解し、明確なイメージを持つ

いりあ　今回は「フォワードストロークを究める」ということで、実際に海上でいろいろと教わりました。まずは"基本の姿勢"が大事でしたよね？

山本　そう。どんなスポーツでも同じだと思うけど、基本姿勢が正しくないと正確な運動――パドリングはできないし、正しい姿勢で漕ぐことは、結局、一番効率的で疲れない。カヤックに乗るときの基本の姿勢は、1本の串が頭から背を通って、お尻まで刺さっているようなイメージだね。

いりあ　なるほど〜、一直線に串刺し！

山本　で、フォワードストロークは、まず、その串を軸にして足を踏み込みながら体をツイスト。この動きに腕がついていき、その先にパドルのブレードがあるような感覚かな。大事なことは、頭からお尻まで刺さっている串の軸を、常にずらさない

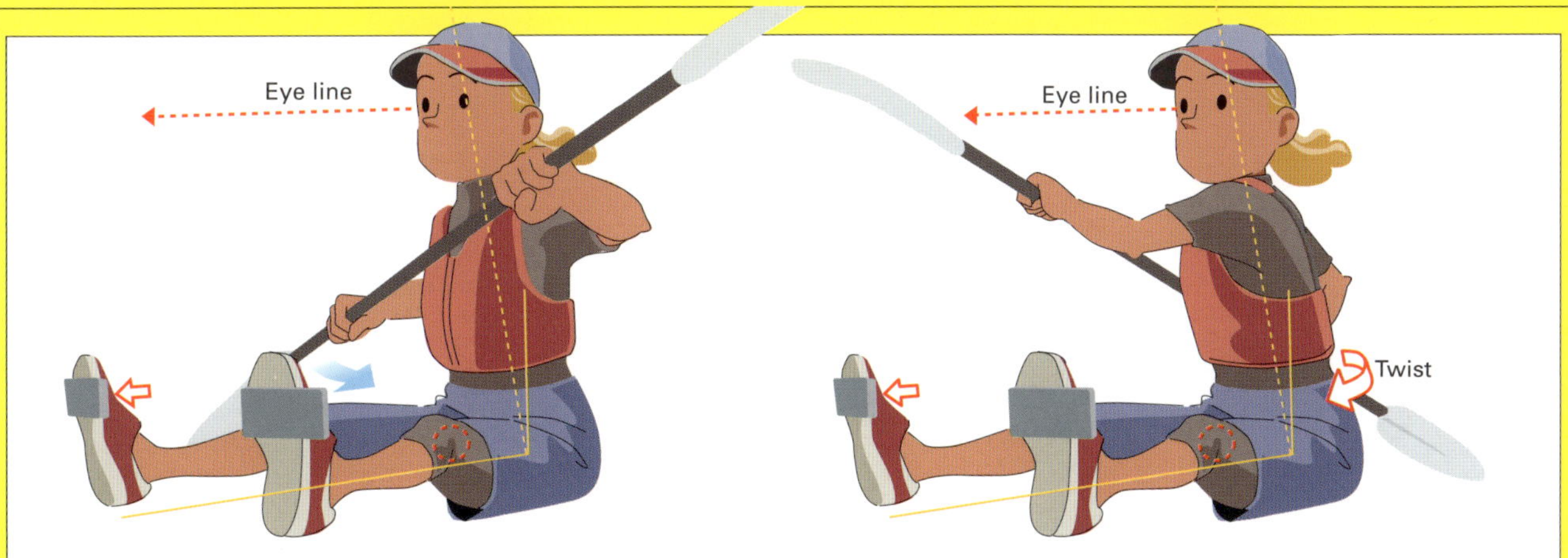

体のひねりと姿勢について

視線は行きたい方向の、なるべく遠くにおく。そして頭頂から尾骨に一本の軸が通ったイメージで。その軸を中心に上半身をひねることで、肩から腕、そしてパドルを連動させて前に出す。水中に入ったブレードは、上半身のひねりで引くという感覚だ。最初は自分の横を漕いでいる人に背中を見せるつもりくらいひねるといいだろう

04

前方に出ている反対側の肩をさらにひねり、ブレードの角度を確認しながら前方水面めがけてパドルを差し込む。頭頂から尾骨に軸が入り、フットブペダルを踏み込んで、この軸を中心に体をひねる感覚だ

05

03と同じように、水面に突き刺したブレードを体のひねりで引き寄せる。ブレードはしっかりと角度を立てて漕ぐこと。正しいフォームでパドリングをすると、ブレードもスムーズに動いてくれるはずだ

06

04のフィニッシュと同じく、あまり後方までパドルを回さないこと。最初のうちは隣を漕ぐカヤッカーに背中を見せるつもりで、意識的に思い切り上半身をひねってみるとうまくいく

A1
フォワードストロークの一連の動作をもう一度チェック！

シャフトを持つ手の位置が左右ずれていたり、狭くなってしまっている例。中心がずれるとカヤックの脇を通るブレードの位置が左右で異なり、針路が曲がってしまう。また、力も入りにくくなる

真っすぐに進まない原因として、水中に入れるブレードの角度が左右で異なっている場合がある。そのまま引いてしまうとブレードがつかむ水の量も異なるので、当然針路は曲がってしまう

こと。軸がずれて体が横方向に傾くと、カヤック本体も傾いて針路が曲がってしまう。また、前後方向にずれると失速してしまうんだ。

いりあ　この軸をずらさないために、最初に正しいポジションを作っておくことが大切なんですね。

山本　そうそう。大切なのは足を踏み込むためのペダル位置と、シートの座面&座面後方の少し立ち上がった縁の部分。ここを基本に体の軸をしっかりと安定させる。逆にシートの背もたれ部分（バックバンド）の調整はルーズでいい。ピッチリと合わせると上半身のツイストの邪魔になったり、下半身がしびれたりするからね。

いりあ　体は、足とお尻の2カ所で安定させればいいんですか？

山本　基本的にはね。でも、これだけだと波などの突然の変化に対応できないから、さらにひざを開いてデッキを内側から押さえるわけ。いわゆる〝ニーグリップ〟だね。ニーグリップって、普段あんまりやらない格好でしょ、キツかった？（笑）

いりあ　そういえば、今回は手よりも足が疲れました〜。

山本　でも、それはニーグリップだけじゃなくて、足の踏み込みを使ったパドリングができている、手漕ぎになっていないという証しかもしれ

Q2
それでも真っすぐに
進まない。
どういうこと !?

❖真っすぐ漕げると疲れも違う！

常に思う方向に直進するためには

疲れてきたり慣れてきたりすると、クセが出たり、
体がそのときの楽な方法を選ぼうとして、基本が崩れてしまう。
すると針路が曲がったりして修正しつつ漕ぐことになり、
周りから遅れて焦って漕ぐ。さらに崩れたフォームで漕ぐから
余計に疲れて……と悪循環になってしまうことも！

真っすぐに進まない例 2 ✕

パドルのブレードはしっかり水をキャッチしているかな？ このように角度が浅かったり深すぎたりすると、水をうまくつかまえきれない。左右の水をつかむバランスが崩れても、直進性が損なわれるのだ。やはり最初のキャッチが重要だ

これはちょっと極端だが、体の中心（お尻の位置）がカヤックの中心になかったり、上半身が傾いていると、重心がずれてカヤックが傾き、針路が曲がってしまう。これではリカバリーしても、すぐに同じことが起こる

ブレードを入れる位置、角度、ストークの力の入れ具合、フィニッシュの位置、ブレードの角度など、左右のバランスが重要なパドリング。このように、知らずに利き手の方に力が強く入っていることもある

A2
体の重心位置、
左右の漕ぐ力の
加減などは適切？

正しいフォワードストローク 2

指南役の山本さんの模範。上半身をきっちりひねってブレードはしっかりと水中に差し込まれている。押し手はほぼ顔の正面で、フィニッシュまで体のひねりとともにシャフトを押し、持っている場所も漕いでいるうちにずれてくることはない

ないね。フォワードストロークは、体の軸を中心にして踏み込んだ足の力を、きちんとブレードの先端まで伝えることが大事なんだ。

いりあ　今回は、漕ぐ前に足の役割と、その使い方をかなりレクチャーしてもらいましたからね。

山本　カヤックって、水の上を滑っていくように見えるけど、漕ぐときの感覚はちょっと違うんだよね。海上でも言ったけど、カヤック本体が大きな粘土の上にあるようにイメージすると、わかりやすいと思う。まず、体をひねりながらパドルのブレードを右舷前方に突き刺す。次に、このひねりの戻す力を使って、粘土の上に乗っかっているカヤックをグイっと手前に引き寄せる感覚を身に付けるとうまくいくよ。

いりあ　そうですね、水を粘土に見立てた説明は、とってもわかりやすかったです。

山本　そして、パドルを粘土に突き刺す位置は、いつも変わらない。この感覚がわかれば、ブレードは常にしっかりと水をつかんでいるわけだし、そこに自分の体重を乗せられるようになる。するとカヤックが傾いたりしても、落ち着いてリカバリーできるようになる。

いりあ　フォワードストロークが上手になると、リカバリーまで上手に

正しい姿勢が一番疲れないんです
力まなくてもオッケー
リラックス、リラックス！
POINT 65°N
SEALS

なるんだ♪

山本　あと、体のひねり、ツイストについてだけど、これは、ちょうどミカンのダンボール箱を、胸の前で抱えながらパドリングするような感じ。胸の前のダンボール箱をつぶさないようにパドリングをしようとすると、どうしても体をひねらないといけないでしょう？ さらにひじの位置も肩より上がることがないから、ブレイスなどのリカバリーが必要になったときに、肩が引っ張られて脱臼などの怪我も起こりにくい。こうしたことから、この架空のダンボール箱を「セーフティーボックス」とも言うんだ。

いりあ　基本のフォームを身に付けるということは、安全面にも大きく影響するんですね。

山本　うん。フォワードストロークを練習するときは、リカバリーのことまで考えたフォームを身に付けたほうがいいと思うよ。

疲れないコツは自分のリズムをつかむ

いりあ　グループでツーリングしていると、私みたいな女性は、つい遅れがちになることがありますよね。根本的に進むスピード自体が遅いというか……。あれって、体力差を

Q3
漕いでも
スピードが出なくて
仲間から遅れて
しまうんです……

❖ツーリングをより楽しむために

みんなから遅れないようにするためには

漕いでいる回数はみんなとそんなに変わらないのに、なぜかどんどん遅れていってしまう。逆に、同じカヤックに乗り、自分とそんなに体格も力も変わらないように見える人が、自分よりもどんどん先に行ってしまう。その差はどこにあるのだろう。

漕いでもスピードが出ない例 ✕

こちらは、ブレードが後方を漕ぎすぎてしまっている例。体より後方を漕ぐと、推進力より回転力のほうが強く働いてしまう。また、反応のいいカヤックだと、回転力に加えて上下動にも影響が出てくるので注意したい

写真のようにパドルが水面近くを漕いでしまっていて、ブレードがしっかりと水中で水をつかんでいないことは、まあある。疲れてくると水の重さが辛くなってきて、知らずにパドルが浮いてきてしまったりするのだ

パドルのシャフトが体に近づきすぎてしまい、体のひねりではなく、腕の曲げ伸ばしで漕いでしまっている（いわゆる手漕ぎ）。また、ブレードも水面にしっかりと入り込まない。これではスピードが出ない

正しいフォワードストローク 3

01

これは、後方から見た模範のフォワードストローク。上半身をひねってパドルを前に出し、バウのすぐ脇に差し込む。パドルのシャフトを握るこぶしの位置と高さ、ひじの位置、背筋が伸びた姿勢をチェック!

02

ブレード全体を水中にしっかりと沈めて、足を踏み込んで体のひねりで漕いでいく。イメージ的には「前方に突き刺したパドルを、体のひねりを使って引き寄せる」というものだ

考えると、しょうがないんですかね。

山本　体力差というのは確かにあるよね。でも、たとえば体重40キロの女性がいたとするでしょう？　この女性が40キロの荷物を手で持つことはツラいかもしれないけど、普段から足では40キロの体重を支えているじゃない？　カヤックを漕ぐときには、手ではなく、この強い足の力を効果的に使えばいいわけ。だから、上手に漕げるようになりさえすれば、そんなに体力差は気にしなくていいと思うよ。

いりあ　華奢《きゃしゃ》な女性のなかにも、漕ぐのが速い人はいますもんね。

山本　それより大事なのは、遅れたからといって、焦って自分の体力以上のパドリングを続けないこと。無理してついていこうとしないで、ガイドなり仲間に、なるべく早く言うことも大切だよ。あと10キロ漕ぐためには、このスピードでしか漕げない、という人がいれば、それに合わせるのがグループカヤッキングの基本だからね。でも、ツアーなら、ガイドが一番後ろの人を常に気にしているから心配はしなくていいよ。

いりあ　私は実際に遅れたことがあって……そのときはちょっと焦って一生懸命漕いだんですけど、余計な力を使って想像以上に疲れちゃって。そのことを、隣を漕いでいる人に伝えたら、やっぱりペースを合わせてくれて、そのあとは気が楽になりました。

A3
手漕ぎになってない？水を確実にキャッチしてる！？

スピード追求のレーシングではパドルを立てる。でも初心者がこうすると、無駄に力を使ってしまったり、グラっと来たときにリカバリーができなかったりする。正面から見て、シャフトの角度は水面から45度くらいでいい

パドルのシャフトを握る手が縮こまり、猫の手のように丸まっている。これも初めてカヤックに乗る人には意外に多い。また、両手の幅が狭く、力がしっかりと入らない。意識的に広め（肩幅）に握ると、体もひねりやすくなる

03

フィニッシュ。水中から出たブレードの角度に注目しよう。また、速さ（ピッチ）より行程（ストローク）を意識することも大切だ。ストロークは、上から見ると若干「ハ」の字型になっている

04

反対側も同様に。上半身をしっかりひねって左右で違う位置、違う深さ、違うストローク（力の入れ具合とブレードが通る軌跡）、違うフィニッシュの位置にならないことが重要だ

山本　コツとしては、自分で漕ぐリズムを作る。いや、楽に漕げるリズムを見つけ出すことかな。「早く漕がなきゃ」と思うと、自分のリズムではなくなるから、疲れが溜まってしまうんだ。

いりあ　余計な力といえば、そんなに大きな力がいらないのに、そのときはパドルをぎゅっと握りしめていましたね。あと、いまにして思えば、それほど大きく（縦に）漕がなくてもよかったみたい。

山本　「ついていかなきゃ」と思うほど、動きが自然に大きくなる、つまり無駄な動きが多くなってくるよね。パドルは軽く握る程度で十分。きちんとツイストができていればブレードが導いてくれる。さっきのセーフティーボックスの話でも言ったけど、あまり手を高く上げる必要もないし。

いりあ　省エネパドリングでいいんですね！

山本　そう。あとはやっぱり慣れかな。最初は、どうしても無駄な力だらけで疲れてしまう。結局、「楽に漕ぐ」ということは、大きな力を出せる筋肉をうまく使うことに尽きると思う。

ラダーの役割ってなに？使った方がいいのかな

いりあ　今回、シーカヤックは自分の思っている方向に進むのがむずかしい

Q4
長距離で手や腰が痛くなったり、異常に疲れるんですけど、どうして？

❖遊びなんだから、つらいのは勘弁！

体が痛くなるには、それなりにわけがある

**パドリングしていると体のどこかが痛くなる——
それには、やはり原因があるわけで、その元を改善する必要がある。
ここでは、ビギナーに多くみられる事例とその解決策を紹介する。
なお、複数でのツーリング中に体の部位に痛みを感じたら、
周りの人に早めに伝えることも忘れずに。**

疲れたり、体が痛くなる例 ×

これは戻しすぎて、逆に“猫手”になってしまっている。パドルの重さに負けて、手首が下に落ちてしまうのだ。これもシャフトを押し出したときに手首に負担がかかり、痛みを感じることがある

フェザリングの際、手首が返りすぎている例。このまま右手を押し出すと手首に大きな負担がかかる。手首に痛みを感じた場合は、アンフェザーで漕いでみよう（上級者はコンディションに合わせて選択する）

体が後傾してしまい、引くほうの腕での手漕ぎになってしまっている。静水をのんびりと短時間パドリングするぶんにはいいが、長時間推力を必要とする場合は、すぐに腕に疲れが溜まり、腰も痛めてしまう

正しいフォワードストローク 4

体のひねりの力が、腕—手首—拳と無理なくパドルのシャフトにかかるようにする。また背筋を軽く伸ばすことにより、無理なく上半身をひねることができ、腰への負担も軽くなる

シャフトを押す方の手は、腕と手首、そしてパドルのシャフトまで一直線にする。こうすると押した力が逃げるような場所（＝無理な負担がかかる場所）が存在しない

山本さんの模範フォーム。上半身はやや前傾し、前に伸ばした引き手は真っすぐ前に伸びている。左手の押し手とともに、手の甲の向きをチェック！

A4
必要以上に手首を返したり体が後傾したりしていない？

と思いました。ラダーを積極的に使ったほうがよかったんですかね？

山本 シーカヤックって、リバーカヤックと違ってもともと直進性は高いんだ。ラダーは、基本的には補助的な装置で、風や潮の影響で針路が保てないようなときに使う。でも、最初のうちは使ったほうが楽だと思うよ。ビギナーは、パドリングの技術だけで針路をリカバリーしていくのはむずかしいし、ラダーを使えばフォワードストロークに集中できるしね。思ったところに簡単に行けるほうが、やっぱりおもしろいでしょ？

いりあ あまり使わないほうが、ベテランぽいものかと（笑）

山本 ボク自身、ラダーは長距離を漕ぐときには必須だよ。コンパスで270度をキープして漕がなければ

正しいフォームを理解したら、あとは場数をいかに踏むか——。これからは私、いっぱい漕ぎます！

いけないときなども、ラダーで針路を合わせて、あとはフォワードストロークに集中していればいいわけだし。ただ、ラダーは壊れることもあるので、「ないと漕げない」というのは、ちょっと困るけどね。

自分で自分は見られないわからないときは聞く

いりあ　教えてもらったことを、まずはきっちりやってみようと思っています。フォームを見てまねしようと思っても、自分がいま、どんなフォームで漕いでいるかわからないですよね。それだったら自分のフォームを見てもらい、修正する個所を教えてもらったほうが上達は早いんじゃないかな。

山本　そうだね、そのためにインストラクターがいるわけだし、そういう機会があったらどんどん聞いてみよう。教えてもらったことを、繰り返し練習することはやっぱり大切だよ。僕のフォームは、周りにいるインストラクターたちとまったく同じものではないけど、基本は一緒。つまり、足の筋肉、腹筋、背筋が連動して生み出した力を、しっかりブレードに伝えるためのフォームという点がね。

いりあ　私、普段は釣り業界をメインに活動しているんですけど、自

Q5
ラダーはあったほうがいいの？ スケグってなんのこと？

❖艇の装備を効果的に使用しよう！

ラダーやスケグの上手な使い方

シーカヤックには、横波や風などの力に対抗して保針性を高めたり、パドリングテクニックだけに頼らずに針路を変えたりするためのラダーやスケグといった装備が付いているモデルがある。特に悪条件のなかでは、これらをうまく使用することによって、より効率的に漕ぐことができようになる。

ラダーの操作方法

このカヤックは、コーミング脇に張られているラインにセットされた留め具のボタンを押し、後方に緩めると自重でラダーが下りるシステム。ラダーの昇降システムはカヤックによって異なるので、レンタル艇などは事前に確認しよう

最初のうちは海の静かなところで、後方を確認しながらラダーを下ろしてみよう。下ろしたらペダルと連動して動くか、動きに引っかかりがないかも確認。また、上陸する前にラダーを上げることも忘れずに

ラダーが下りたら、ブレードが一番下まできちんと下りているか確認しよう。途中で止まっていると舵の利きは当然悪くなる。上陸するときはもちろん、極端に浅いところを漕ぐときも上げておくこと

ラダー＆スケグのタイプ

一般的なフリップアップタイプ（跳ね上げ式）のラダー。使わないときは270度回転して収納部に収まるようになっている。ロック機構はないので、漕いでいるときに障害物にぶつかっても容易に上がる

写真のように本体のキールが強く出ているカヤックは、直進性が強いため、装備されたラダーは針路を変えるための性格が強くなる。逆にキールがなく、回転性の強いタイプは、ラダーで直進性を与えている

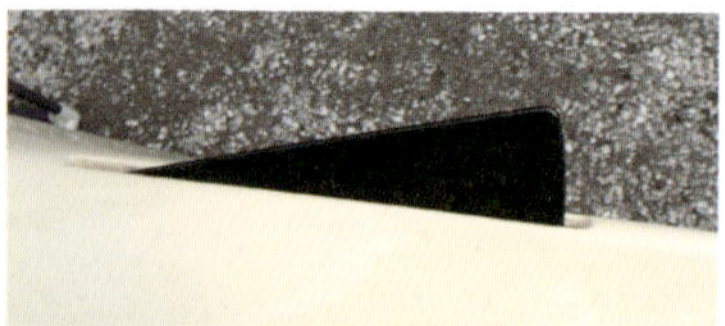

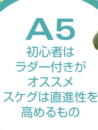

スケグは直進性を高めるための装備。グリーンランドタイプ（小さく細身で機動性の高いタイプ）のカヤックに使われていることが多い。風などでカヤックが回されてしまうときに下ろすと効果がある

A5
初心者はラダー付きがオススメ スケグは直進性を高めるもの

分のキャスト（※ロッドを振ってルアーを投げる動作）は、一番最初に習った人のフォームにすごく似ていると言われたことがあるんですよ。注意されたことを何度も練習しているうちに、結果的にその人に似ちゃったみたいで。

山本　なるほど。それって、一個一個問題を解決していったら、結局、その人のそのフォームに近づいたということじゃない？

いりあ　そうかもしれませんね。フォワードストロークに関しては、これから上手になるためにはどんなことをすればいいですか？

山本　結局、正しいフォームを教わって理解したら、あとはそれをイメージしながらたくさん漕ぐしかないんだけどね（笑）。距離を漕げば、余計な力は自然と落ちてくるものなんだ。

いりあ　やっぱりそうですよね～。場数を踏むと。

山本　そうだね。海での経験を多く積むことだろうね。いろいろな海をとにかく漕いでみる。経験を積むと、次のやりたいと思う目標が見えてくるし、そのために必要なスキル、次の課題などがおのずとわかってくるよ。

いりあ　よ～し、これからはいっぱい漕ぐぞ～！

山本　うん、もう基本はできているから、ぜひとも頑張ってね！

究極のフォワードストローク

レーシングカヤックの漕法を体得する

**決められた距離を、コンマ1秒でも速く漕ぎきるための究極のフォワードストロークが、競技のときのそれ。
普段、競技には縁がない人も少なくないと思うけれど、
無駄をそぎ落とし、スピードを追求した漕ぎ方は、「いざ」というときのために覚えておいても損はない漕ぎ方でもある。**

現役のアスリート、島村健司さんのフォワードストローク。今回は、競技におけるフォワードストロークの"イロハ"を伝授してもらった

平水上でタイムを競う「カヌースプリント」のフォワードストロークは、うねりや風、あるいは複雑な流れのある海上で、リカバリーまでを考慮したそれとは異なり、そのすべてを「速く漕ぐ」ことに特化させた究極のテクニックともいえる。基本的には通常のパドリングと同様、体のひねりでパドリングするわけだが、このひねる力をいかに引き出すかがポイントとなる。こうしたポイントは、当然、通常のパドリングにも大いに参考になる。

使う筋肉は、おもに「ハムストリングス」と呼ばれる太ももの内側にある大腿二頭筋、半腱様筋、半膜様筋の三つを合わせた部位と、前脛骨筋、そして腹筋と背筋となる。意外かもしれないが、腕の筋肉は二の次なのだ。重要なのは、最大限の推力を上半身で得るために、下半身を堅固にすること。この要となるのが骨盤の固定である。

体とカヤックの接点はシートに乗るお尻(骨盤)とストレッチャー(フットレスト)を踏み込むかかとの2点。この2点にテンションをかけるようにして骨盤(体)をカヤックに固定する。競技では、一般のカヤックのように、いわゆるひざによるニーグリップは行わない。

パドリングの詳細は写真説明に譲るが、基本的に、パドルは細身のカヤックのすぐ脇を通るように漕ぐ。これは、パドルの軌跡がカヤックから離れるほど回転力が強く働いてしまうから。結果、パドルは極限まで立てることになる。さらに前方の水面に差し込んだパドルのブレードを支点に、同じ側のかかとをストロークに合わせて踏み込んでいき、蹴る力と体をひねる力によってカヤックを前に押し出していく感覚で漕いで行く。なお、このとき腰の位置がずれると、前に進ませる力が逃げてしまうどころか、逆に後ろに進ませる力になってしまう。

パドルを立て、下半身をしっかり固定　競技のフォワードストローク

キャッチのときは、ブレードの入水角度がポイント。ブレードは外に開き気味にして、上半身を回してなるべくカヤックの前方、艇体のすぐ脇の位置に差し込む

ストロークは、腰と足のかかとでテンションをかけて下半身をしっかり固定したうえで、ブレードと同じ側のかかとをしっかりと踏み込みつつ上半身を回していく

フィニッシュ位置は、ブレードがほぼ体の横。後方はカヤックを曲げる力と上下動させる力になってしまう。ブレードが水面に対して垂直になった状態で水面から上げる

キャッチの前に意識的に同じ側の骨盤を、前に出して準備しておく(自然とひざが上がる)。これができると、ゴルフのスイングにおけるインパクト時と同様、エネルギーの爆発を生みだすことができる

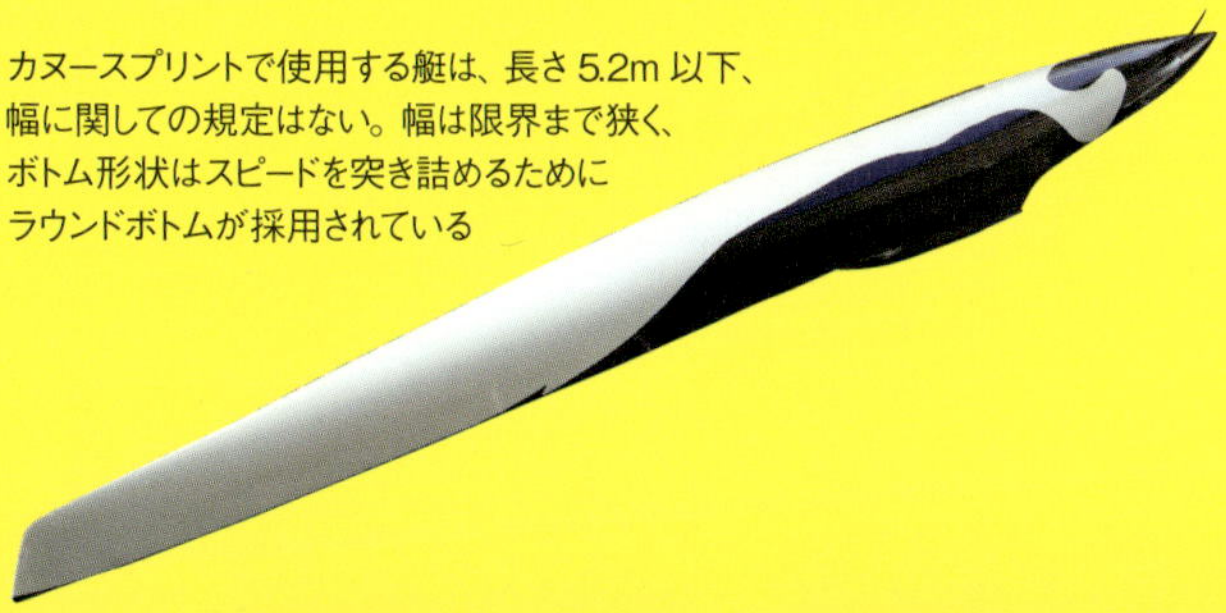

カヌースプリントで使用する艇は、長さ5.2m以下、幅に関しての規定はない。幅は限界まで狭く、ボトム形状はスピードを突き詰めるためにラウンドボトムが採用されている

島村健司(しまむら・けんじ)さん
1974年生まれ。17歳からカヤックを始め、日本選手権K-1クラス1,000mでは1997年、1999年に優勝。世界選手権には10回出場し、15年間ジャパン・ナショナルチームに在籍。2001年からはジャパン・ナショナルチーム選手兼コーチとして出場し、後進の育成にもあたっている。20年近く現役を続けている現在も、将来の夢に「オリンピック金メダリスト」を掲げる

ブレードもスプーンパドルと呼ばれる特殊な形状。大きな力が必要となるので、最初はブレードの小さめのものを選ぼう

競技のフォワードストロークでは、「かかとの踏み込み」が重要ポイントとなるので、ストレッチャー(海外ではフットレストと呼ばれる)は、かかとを当てる部分が大きく取られている

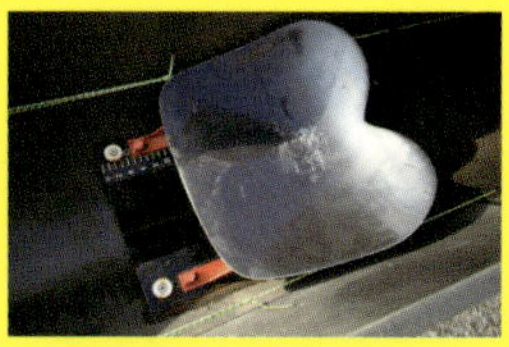

シートの位置も細かく設定できる、いや設定する必要があるのがレーシングカヤック。1センチ単位でシートをロックし、体の位置を決めることが可能になっている

※カヌースプリントの競技において、通常、PFD(ライフジャケット)は着用しておらず(高校生以下の競技では着用)、今回の撮影でも特に着用はしていません

漕ぎ方のオリジナルを究める

トラディショナルパドルでのフォワードストローク

**細い“棒”のようなパドルを使っているシーカヤッカーを見かけたことはないだろうか？
これは、その昔、グリーンランドのエスキモーやアリューシャン諸島のイヌイットが使っていたトラディショナルパドルが原型だ。
「トラディショナル」と言われると、ちょっと腰が引けるかもしれないが、実はとても理にかなったパドルなのだ。**

上：グリーンランドパドルのブレードは、滑らかな１枚の板状。パドル自体にしなりがあるので、ある程度水を逃すことができる仕組みになっている

右：現在は、往時のグリーンランドカヤックもパドルも、そして現在の素材で縫製したカヤックウエアまでも手に入る。それだけ文化の復権が起きているということでもある

アリュートパドル。ブレードの中央が盛り上がっているために硬く、表面積も広くなるので水を捉える量も多い。反面、漕ぐのに強い力がいる

大きくは2タイプあるトラディショナルパドル

カヤックは、もともとグリーンランドのエスキモーやアリューシャン諸島のイヌイットが、狩りや移動のときに使っていた乗り物。そのときに使われていたカヤック（またはそれを模したもの）をトラディショナルカヤックと呼び、パドルをトラディショナルパドルと呼んでいる。さらに、カヤックにグリーンランドタイプとアリューシャンタイプがあるように、トラディショナルパドルの原型も、大きくはグリーンランドパドルとアリュートタイプに分けられる。

これらのパドルの特徴は、現代のパドルにくらべて長さは大きく変わらないが、一本の木から作るためにブレードの幅が狭いこと。さらに、狭い幅でも大きな推力が得られるように、ブレード面積を上下に広げ、シャフト部分が極端に短くなっていること。また、フェザー角のないアンフェザーが通例だ。ここでは二つのトラディショナルパドルのうち、より扱いやすいグリーンランドパドルについて解説する。

省エネが可能となるグリーンランドパドル

自分に合ったグリーンランドパドルの長さは、まず「片手を真上に挙げたときの、地面から手首〜中指の先までの長さ」が目安。また、ツーリング主体の人は「両手を広げた長さ＋ひじから指先までの長さ」が基準と覚えておこう。

グリーンランドパドルと現代のパドルをくらべた場合、ブレードの表面積はほとんど変わらない。ただし、その形状によって、キャッチから徐々に接水面積が広がることになり、最初からいきなり負荷がかかることがないというメリットがある。一連のパドリングを考えると、全体に平均して負荷がかかるので、筋肉にやさしく疲れが少ないのだ。また、基本となるフォワードストロークは、パドリング時のひじの上下動が少なく、体の動きもコンパクトになってエネルギー効率がいい。全体的に省エネパドリングが可能というわけだ。さらに低い位置でパドルを回すフォームなので、風に強いという利点もある。

欠点としては、天然木から作られたパドルの場合、品質にばらつきがで

現代のFRP製シーカヤックに、パドルのみトラディショナルの組み合わせでも全然OK。実際、そうして使っている人も多い

ブレード面と手の甲、二の腕は直角に　グリーンランドパドルの持ち方

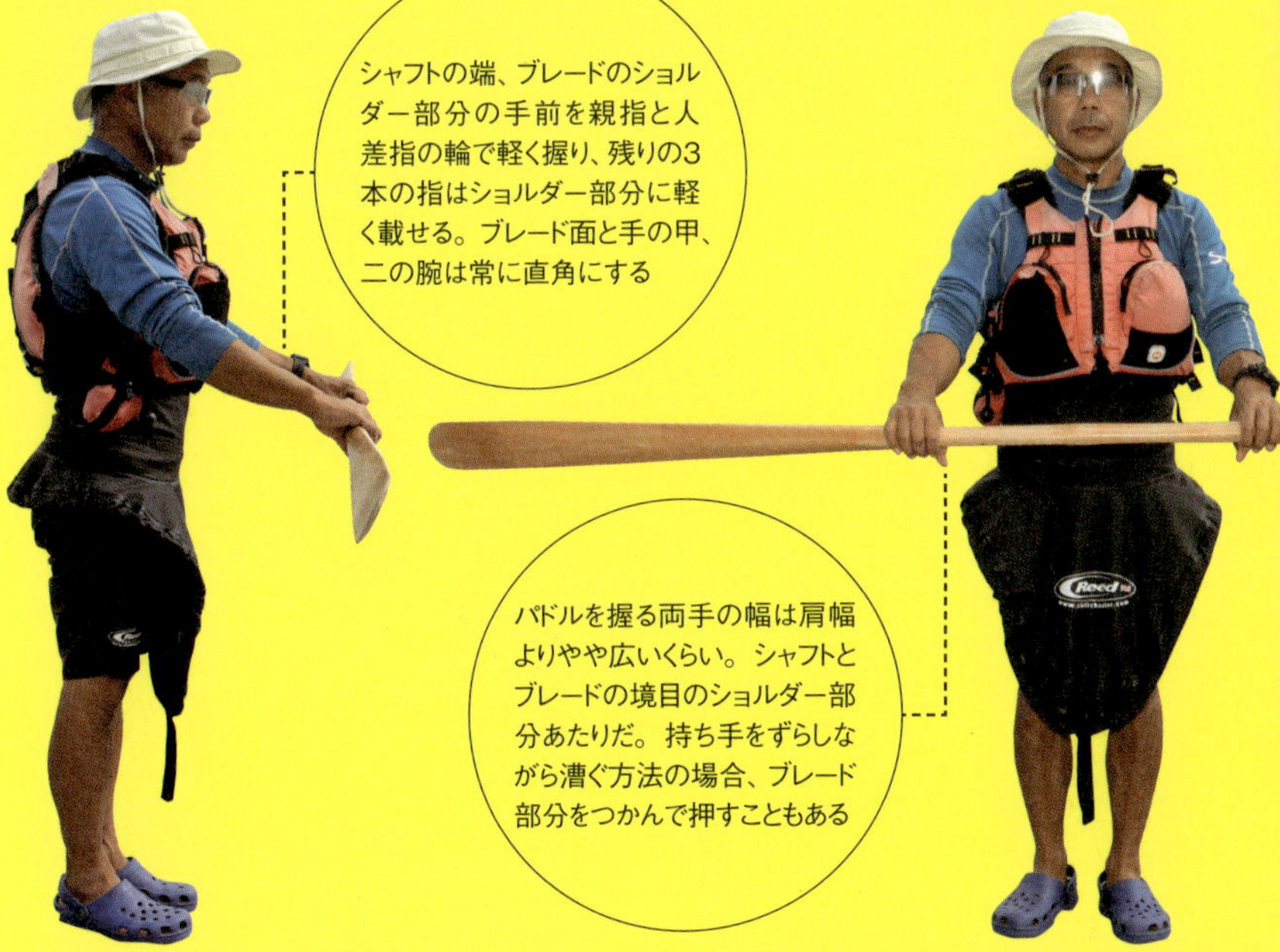

シャフトの端、ブレードのショルダー部分の手前を親指と人差指の輪で軽く握り、残りの3本の指はショルダー部分に軽く載せる。ブレード面と手の甲、二の腕は常に直角にする

パドルを握る両手の幅は肩幅よりやや広いくらい。シャフトとブレードの境目のショルダー部分あたりだ。持ち手をずらしながら漕ぐ方法の場合、ブレード部分をつかんで押すこともある

引き手側も、パドルは手のひら全体で握らず、軽く指で引っ掛けて持つようにする。これによって手首への負担も軽くなるし、より前方の水面をキャッチすることができる

押し手側は、パドルを意識的に握らず、親指とほかの指の間に載せて、指の付け根の部分と手のひらで斜め前に押し下げるようにする

余計な力を極力使わない　トラディショナル・フォワードストローク

01

まずパドルシャフトの中心が、コクピットの上10センチ程度に来るように低めに構え、漕ぎ出すほうのブレードを前方に突き出す。ブレードは、若干前方に傾けて水面に差し込みキャッチ、水中に斜めに食い込ませる。押し手側は、シャフトを握らずに手のひら全体で押す。なお、引き手側のひじはほとんど曲げず、「引っ張られる」ようにして漕ぐ

02

引き手側のブレード上側を少し前傾させてブレードを水に食い込ませるようにしながら、パドルを持つ腕は体のひねりを利用しつつ漕いでいく。押し手側は、肩から反対側の足のつま先方向にレバーを下げるように押していく。水中に入り込んでいくブレードは、フットブレイスを同じ側の足（写真では左足）でしっかり蹴ることで支える

03

フィニッシュは、ブレードをあまり体の後ろ側まで引きずらないように、早めに水面から上げる。フィニッシュ時のブレードは、約45度上を向く。ブレードが沈みきった段階で、引き手を支点に押し手を一気に下げることにより、ブレードはテコの原理で水面から斜め前方に引き上げられる。ブレードが空中に出たら、はじめてひじを曲げるようにしよう

るのと、折れたり腐ったりする可能性があるのでメンテが必須なこと。また、バウデッキが低く、幅の狭いグリーンランドカヤック用のパドルのため、幅の広いカヤックやバウデッキの高いアリュートタイプのカヤックでは漕ぎづらいことなどが挙げられる。

グリーンランドパドルは、単純に普通のパドルのブレードを小さくしてアンフェザーにしたというわけではない。

「グリーンランドパドルが漕ぎにくいという人は、ほぼ（普通のパドルと）同じ漕ぎ方をしようとするんです」とは、今回グリーンランドパドルの漕ぎ方を解説してくれた塩島敏明さんの弁。

ここでは、その希少な漕ぎ方の詳細を、塩島さんの模範演技写真とともに解説してみたので、じっくりと検証していただきたい。

塩島敏明（しおじま・としあき）さん
弓ヶ浜カヌースクール代表。塩島さんの製作するグリーンランドパドルは、本場グリーンランドのカヤッカーも選ぶという逸品。もちろん一般の人も購入することは可能だ。各種スクール、ツアーも実施している
■弓ヶ浜カヌースクール
静岡県賀茂郡南伊豆町下賀茂537-12
TEL：0558-62-4185

リバーカヤック編

ダウンリバーの基本を習得する

ビギナーが川を安全に楽しく下りたいと思ったとき、どんな技術を身につけておけばいいのだろうか。もちろん、最初からロールができなくたっていいのである。ここでは、指南役にグラビティ代表の後藤めぐみさん、生徒に杉本亜梓《あずさ》さんを迎え、ビギナーが最低限知っておきたいダウンリバーのテクニックを、より実践的に解説していく。まずは、その舞台となる川の仕組みから。

［監修］後藤めぐみ（グラビティ）　［文］西沢あつし
［写真］山岸重彦（本誌）　［イラスト］清水廣良
［協力］高階救命器具

中州

中州の左右では流れが異なっている場合が多い。たいていは片方がエスケープルート。可能なら上陸して確かめたい。なお、キャンプツーリングの場合は、ここにテントを張るのは避けること

岩

水面に見えている岩の手前に小さい波ができていれば（ピローウエーブ）、ほぼアンダーカットもないが、早めに回避する。裏はエディーとなり反転流が発生している

図解 流れのなかに岩が出ていれば、後ろ側はエディーと呼ばれる反転流があり、さらにその岩がある程度大きければ、カヤックを止めておけるだけの反転流が期待できる。流れが強ければ返し波とぶつかって波ができることもある

隠れ岩、アップストリームV

川面がヌメっと盛り上がっていれば、下に岩が隠れている。岩の向こう側に返し波ができていることも多い。また後ろがV字型に見える場合は、その頂点部分に注意

エディーライン

流れのなかにある岩の裏側や、入江のような瀞場（とろば）などにできるエディー（反転流）と、本流の境目にできるラインのこと。流れの出口や合流部を通過するときは、直角に横切ること

アンダーカットの岩

水中の部分が大きくえぐれている岩のこと。返し波（ピローウエーブ）がないのでそれとわかるが、流れが水面下にもぐりこんでいるので非常に危険。近づかないこと

図解 写真ではわかりにくいが、アンダーカットをイラストで示すとこのようなイメージである。流れのあたる部分にあいていることが多く、流木などが詰まっている可能性もある。脱出は非常に困難だ

ボイル

一見流れの緩やかな場所に見えても、水流の強さによって上昇流（ボイル）が発生していることもある。境目に入るとバランスを崩すことがあるので注意

倒木

カーブの外側が削られ、生えていた木が倒れている場合がある。水の流れはそのままで、流れてくるものはキャッチしてしまう「ストレーナー」と呼ばれる厄介な障害物のひとつ

立ち木

大雨での増水後には木が流されることもある。流れを返すこともないため、本流上にあるとそのまま突っ込んでしまう可能性もある。早めに回避すること

日本の川はバラエティーに富んだ素晴らしい川

急峻《しゅん》な地形を流れる日本の川は、上流にダムがあることも多く、水の量が人工的にコントロールされていることが少なくない。また、ところどころに堰《せき》があることもあり、こうした人工物と自然物が共存することによって、さまざまな流れが作り出される。それが、スリリングで楽しい流れを作ることもあれば、ときに行く手を阻む障害物になったりもするわけだ。

ビギナーでもベテランでも、いつも忘れてはならないのは、「安全に」遊ぶということ。そのためには、川にはどんな流れがあり、それはどうして起きるのか、という仕組みを知ることはもちろん、まずは絶対的に危険な場所（構造物）やその回避方法についても理解しておかなければならない。

まず、橋桁や消波ブロック、堰堤《えんてい》などの人工物は、生活のためには必要なものだが、水の上を行く者にとっては非常に厄介な障害物だということを覚えておきたい。

また、リバーツーリングに適した川というのは、アユ釣りを楽しめる川であることも多い。釣り師たちとのトラブルを避けるために、大方は6月1日以降の解禁後しばらくは川下り

113～135ページに登場する生徒、杉本亜梓さんの着用ウエア類：ヘルメット／スウィート・ストルッター＝29,400円、ウエア／palm・コブラSS（トップ）＝15,700円、MTI・レイヴンショーツ（ボトム）＝10,290円、PFD＝MTI・リップタイド＝13,440円、ブーツ＝クォーツブーツ＝6,090円（以上、すべて高階救命器具 TEL：06-6568-3414）

護岸
特にカーブの外側に見られるようなテトラポッドで護岸されているところは、隙間に流れが入り込んでいるため、カヤックごと張り付く危険性が高いので要注意だ

隠れ岩と落ち込み（ホール）
水面が丸く盛り上がっているところは隠れ岩。その向こう側は落ち込みがあり、返し波（バックウオッシュ）が発生している。水面の不自然な盛り上がりに注意したい

図解　落ち込みの底を流れる水流が、水面近くにある水を回すことによって、縦方向の渦ができる。カヤックや人など浮力のあるものは、逆流する水と落ち込む水の間に止まってしまい、脱出できなくなる可能性がある

合流部
二つの流れが合わさるところは強いエディーラインが発生していることが多い。流れの速さや流量の違いにより、はっきりとラインが現れている場合はしっかりと乗り越えること

堰堤上流側
写真は明らかな堰堤だが、単純に落ち込みだけの堰堤もある。下流側に水平線が見えたら要注意だ。いずれにせよ、ポーテージする（艇を担いで陸路で障害物を越えていくこと）か、手前をゴール地点とするのが望ましい

堰堤下流側
直線状の落ち込みにできているバックウオッシュは、均一な力で回り続ける脱出不可能なストッパーとなる。過去に死亡事故も発生しているので、無理に乗り越えようとはしないこと

橋脚（下流側）
橋脚があるところは川底も河川改修が行われていることが多く、橋脚の裏側は、全体的にエディーも含めて複雑な流れが発生している障害物と思っていたほうがいい

橋脚（上流側）
特徴をつかんでおけば、橋はツーリングのときに有効なランドマークとなる。周囲に消波ブロックが置かれていたり、倒木類が張り付いていることもあるので注意

スタンディングウエーブ
縦方向に逆の流れができるところがある。流れに落差があるところで、水が落ち込んだところにできるバックウオッシュや、流れが一気に寄せられるところにできるスタンディングウエーブなどがそれだ

図解　流れが狭くなる場所など、流量が一気に増えるところではスタンディングウエーブと呼ばれる波ができる。流量が多ければ先端部は崩れ、サーフと呼ばれる反転流ができる。川で波乗りができる場所だ

を避けたほうが無難だ。さらにヤナなど、魚を獲る仕掛けも、カヤッカーには厄介な代物で、川を下る前にはこうした場所の情報収集もきちんとしておこう。

そのほか、川は水量の増減で様相が大きく変わる。同じところにある瀬が消えたり現れ たりするし、流速の違いで瀬の難易度も変化する。さらに増水後は川底の形や岩の位置が動いて大きく流れを変えたりすることもある。むずかしかった瀬が簡単になったり、その逆のこともある。ちなみに、瀬は初心者にはむずかしい場所であっても、経験者にはスリリングで楽しい場所だったりする。つまり、スキルを得ることによって、同じ川でも遊べるところがどんどん増えていくのである。こうしたことも、川下りの楽しみのひとつだ。

なお、ここに写真とイラストで掲載した川の様相は、あくまでも一義的なものである。瀬ひとつとっても、さまざまな要素の組み合わせと水量の違いで、いくつもの違った流れが出来上がる。逆に言えば、ひとつひとつ因数分解するように、要素となっているそれぞれを理解しておけばいいのだ。

絶え間ない流れのなかでカヤックを漕ぐときに大事なのは、常に行きたい場所を「見る」ということ。視線がずれると、その方向に向かっていってしまうので注意しよう

❖流れのないところを見つける

“止まること”はすべての基本

初心者がダウンリバーを怖いと思ってしまういちばんの原因は、「ひとつの場所にとどまっていられない」ことだろう。川の流れのなかでカヤックを止めておける場所と、そこに行く方法をつかんでおけば、余裕が生まれる。また川の流れには、いくつもの帯＝ベルトがあることを理解しておくと、上達がより早くなる。

川の流れはベルトコンベヤー

川の流れはどこも一定ではなく、いろいろな流れが組み合わさって構成されている。ここではひとつの考え方として、そのひとつひとつの流れを帯＝ベルトとして表現してみた（イラストの「ベルトA～E」）。つまりどのベルトに乗るかで、どこにたどり着くのかが変わってくる。逆に言うと、行きたい場所に向かって流れているベルトコンベヤーに乗ればいいわけだ。このベルトの乗り換えに、スイープストロークやフェリーグライドを使うわけである

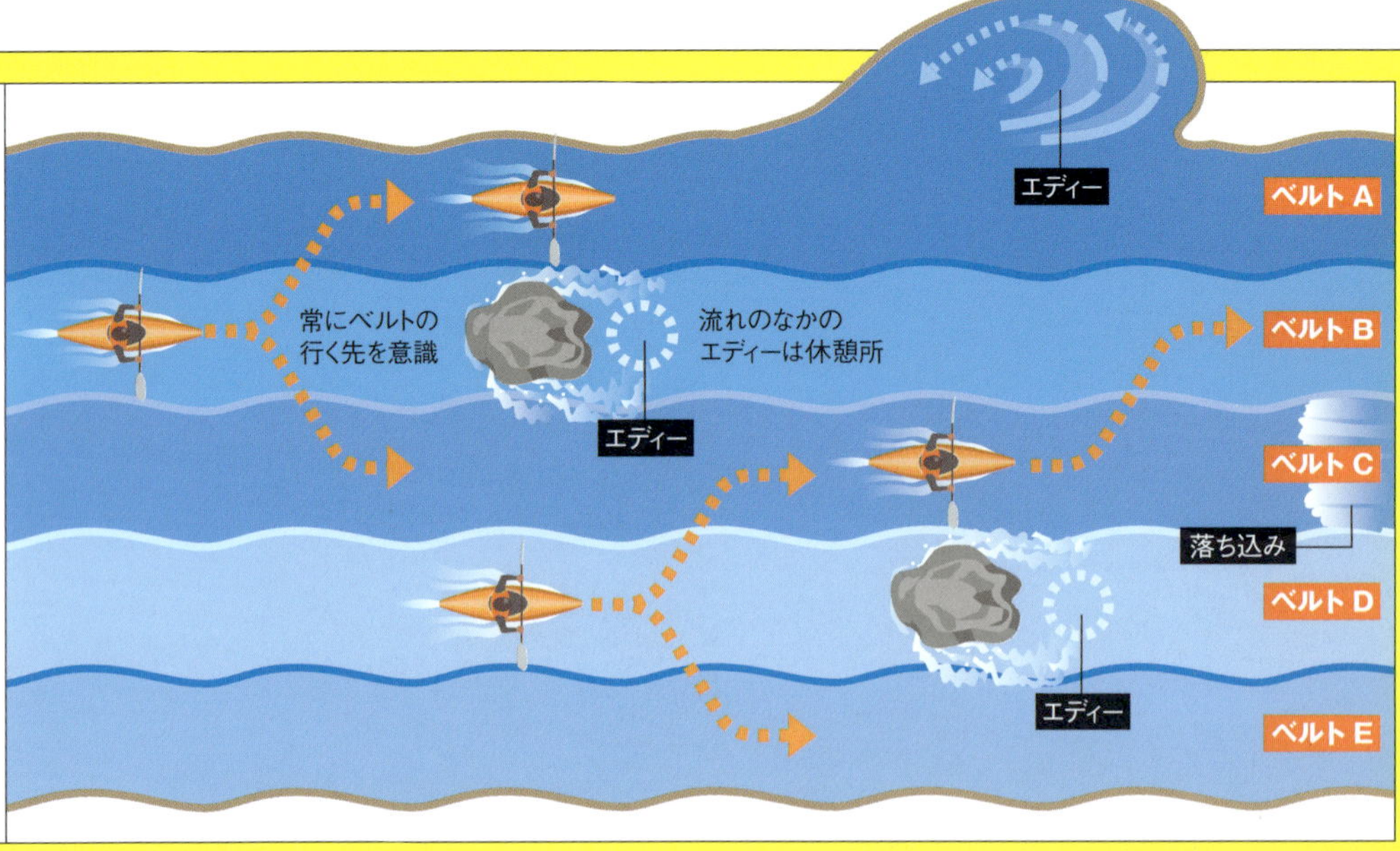

左：流れのなかにある岩の下流部も止まれるポイント。岩の脇に出ているエディーラインを直角にまたいでエディーに入り、カヤックを流れのない位置まで持っていく
右：川岸にある入江にもエディーができている。そのなかで流れが止まっているポイントにカヤックを進ませる。入江の深さによってエディーの大きさも異なる

バックストロークを使えば、流れのなかを一時的に止まってはいられるが、長くは続かない。カヤックでとどまるには、流れの止まっている場所（エディー）に入ってしまうのが、一番確実で体力を使わない方法。さらに、艇の先端（バウ）をエディーの最奥へ向けるようにすると、とどまりやすい

リバーカヤック編では、「シーカヤックの経験はあるが、リバーカヤックは初めて」という杉本亜梓さんが生徒役。指南役の後藤めぐみさんの指導のもと、常に流れがある川での実際のパドリングはいかに？

まずは「止まる」こと、「曲がる」ことを覚える

あずさ　川ってどんどん流されちゃうから、最初は怖いですね。

後藤　私のスクールでは、最初に「止まる」ことと「曲がる」ことを教えます。カヤックといっても乗り物でしょ？ ブレーキやハンドルがない乗り物ってどう？

あずさ　すごく怖いですね。

後藤　川が怖いという人は、要は止まれない、自分の意思とは関係なく流されるから怖い、というイメージを持っています。だから止まり方や曲がり方、行きたいところに行く方法さえわかれば、川が一気に好きになると思いますよ。

あずさ　流れのなかで簡単に止まる方法なんてあるんですか？

後藤　一番確実なのは、流れが止まっているところに入ることですね。

あずさ　流れが止まっているところって、具体的にどんなところ？

後藤　大きく分けて2種類あって、

レーンチェンジの基本テクニック

スイープストロークで曲がる

01

自分が乗っている流れの前方に障害物を発見。曲がりたい方向に視線と身体を向ける。次にブレードでしっかりと水をつかむ。身体の向きを変えるタイミングと、水のキャッチをバラバラにする意識をもとう

02

とらえた水をきっかけにして身体をひねり戻し、艇を進行方向（初めに身体を向けた方向）へと向ける。ストロークの後半までしつこく水をつかまえ続けると、効き目のあるスイープストロークとなる

03

艇の向きを行きたい方向へと変えて障害物を避けられるところまで出たら、さらに行きたい方向（下流）に視線を向け、あらためて方向転換をして下流側に向ける

04

フォワードストロークを加えて乗りたい流れを目指して漕ぎ進んでいく。ストッパーなどがある場合は、カヤックに十分な推進力をつけておく

05

さらに先にある返し波をクリアするために、フォワードストロークを続けていく。連続する瀬を越えるためには、よどみなく次の動きに入る必要がある

❖スイープストローク一発で曲がる

緩やかに障害物を回避する方法

曲がるための基本テクニックはスイープストローク。
なぜなら、推力を殺さずに曲がることができるから。
①行きたい方向に身体を向け
②ブレードをしっかり入れて水をきちんとキャッチ
③大きく身体を回転させてしっかり回す
という3拍子でカヤックを曲げるのだ。

まだ障害物は先のほう。早めにレーンチェンジをして回避しておこう。余裕を持って推力を殺さずにしっかり曲がる。それがスイープストロークだ

あずさちゃんの失敗例 1

慌てて動作がバラバラに

01

障害物を見ていたために、体がそちらの方に向いている（カヤックは身体の向いている方向に進みがち）。ブレードを上げているので、より流されやすくなってしまう

02

身体が障害物を避ける方向へと向いておらず、身体と艇の向きの違いを大きく作れていない。そのため身体のねじり戻しができず、ストロークが小さくなってしまった

03

パドルがしっかり入っていないために、ブレードがきちんと沈められておらず、ブレード面全体で水をつかめていないので、艇を動かす力も小さくなってしまう

04

身体のすぐ横であっさりとパドルを上げてしまい、回りきれなかった。艇を回す力が強いのは、パドルが水中に入った最初と、抜く前の最後の30センチ。後半の回転力をうまく作り出せなかった

流れもうまく利用しよう

ローブレイスで素早く方向転換

01

障害物発見。スイープストロークで艇が回りきらず、流れの乗り換えが間に合わない。こんなときは岩の反射波があっても回避すること

▼

02

曲がりたい側にローブレイスを入れて一気にカヤックの向きを変える。ブレイスはブレーキともなるので、乗っている流れ自体は変わらない

▼

03

お尻（ボトム）を上流側に向けて流れをいなし、岩の左側に逃げる流れにカヤックを乗せる（※川の流れの状況により、右側のときもある）

▼

04

進行方向をしっかりと向いたまま、曲がる側に入れたパドルで艇を動かし続けてバランスを取りつつ、流れに乗って障害物を回避する

❖ローブレイスを上手に使いこなす

すばやく障害物を回避する方法

障害物を早めに発見して回避することができればいいが、発見が遅れてすぐに流れを乗り換えなければならないとき、まずはローブレイスでカヤックの向きを変え、フォワードストローク、バウラダーなどを使って回避するという方法がある。落ちついてパドルを使うことがカギだ。

障害物はすぐそこ! スイープストロークをしても曲がりきらなかったときには、確実に曲がれるローブレイスを使おう。向きを変えたのちに加速して回避する

岸がくぼんでいるところや、流れのなかに岸が張り出している奥の上流側。もうひとつは岩の真裏の部分ですね。まずはその場所にいつでも入れるように、入ったらその場所をキープできるようにすることが必要ですね。

あずさ　たしかに、今日カヤックの上から水面をよく見たら、そういったところは水面が穏やかで流れがなかったですね。

行きたいところをしっかり見ることが大切

後藤　そして、流れが止まっているところに行くために大事なことは、「その場所を見る」ということ。判断も早めにつくし、見ることによって、上半身がそちらの方向に向くので、カヤックの向きが流れによって曲げられたとしても、修正がしやすくなるんです。

あずさ　そういえば私、後藤さんに言われるまで、見ている方向がカヤック（のバウ）と一緒でした。

後藤　初心者は、カヤックが流れで回されると、カヤックの動きと一緒にバウを見てしまうことが多いんです。すると、目線が行きたい方向から外れ、流されているうちにどこに行きたかったのか見失ってしまうんですよ。

流れのなかで確実に曲がるためのテクニック

後藤　あずさちゃんは今日、最初のうちはスイープストロークで曲がるのに苦戦していましたね。

あずさ　流れの速さについていけなくて……。一つ目の岩を避けて、「次どうするんだっけ」と思っているうちに流されてしまいました。

後藤　そう。慌ててしまって、初めはパドルが水をつかむ前に漕ごうとして、自分の思い通りにカヤックが動かせなかったですね。でも、その後は落ち着いて、水をしっかりつかめていたので、カヤックを確実にコントロールできていましたよ。

あずさ　コツはありますか？

後藤　障害物を避けるときは、行きたい方向に身体を向け、水をきちんとキャッチして大きく身体を回転

複合技で障害物をクリア

スイープ&フォワードストロークで

01

身体を進行方向へ向けてスイープストロークに入る。向きを変えることでフェリーグライドと同様に横へ移動する準備ができる

02

フェリーグライドと同じ要領で流れをお尻の下に当てながら、横に移動する力を使って障害物に向かう流れから外れるように艇を動かす

03

カヤックが斜め上流方向へ向いても、視線は常に行きたい方向に向け続ける。さらにこのときはバウラダーで流れとカヤックの角度を調整した

04

岩の脇を流れる水流に乗りながら、フォワードストロークでカヤックに推進力を与える。視線は行きたい方向のままずらさない

05

横移動が完了し、カヤックは岩から距離を保つことができている。岩にぶつからない流れに乗り換えができたら、フォワードストロークでそのまま漕ぎ抜ける

先生の後ろでルートだけでなく漕ぎ方も注目だ

あずさちゃんの失敗例 2

視線、ボトムの向き、キャッチが不適切

流れでカヤックが回されてしまったのと同時に、視線もカヤックのバウ方向に向いてしまった。行き先から視線が外れて目標を見失ってしまった

岩を避けようとして逆の方向、つまりボトムが流れに当たらずデッキが上流側を向いてしまった。艇の縁にあたった流れによって、ますます岩のほうへと押し流されやすくなる

上流側が下がることによって不安定さが増し、パドリングも慌てがち。パドルのキャッチが浅くて動きも小さく、推進力をカヤックに与えられず翻弄されてしまう

する、という動作の組み合わせで曲がっていきます。やはり、どんなときにも慌てないことが大事ですね。

あずさ 水のキャッチの仕方の違いでも、だいぶ変わりますよね。つい動作が早くなって、パチャパチャとやりたくなっちゃうけど。

後藤 そうすると、さらに余裕がなくなっちゃいますね。視界も狭くなりますし。

あずさ もし判断が遅れて、もうすぐそこが岩！ なんて状況になったらどうすればいいんですか？

後藤 落ち着いてボトムを上流側に向け、岩の右か左方向にガツンと漕ぎ抜けるといいです。このとき、岩を凝視したり、岩を避けようとしてボトム側を岩に向けないこと。なによりも、漕ぐ手を止めてしまわないようにすることです。

川の流れによって押されるベクトルと、パドリングによって生まれる推進力のベクトルとの合力によって、進む方向へのベクトルが生まれる。川の地形によって流れの強弱があり、ベクトルは変わるので、常に進行方向を意識する必要がある

❖フェリーグライドは重要スキル

横移動して障害物を回避する方法

川下りのツーリングで一番ポイントとなる技術が、フェリーグライド。流れの強さに合わせて、流れの方向に対するカヤックの角度やストローク、リーン量など、漕ぎながら判断して修正を加えていく。流れを横切って障害物を避けたり、落とされないようにエディーへ入ったり、漕いでいるレーンを変えるときに使う。

フェリーグライドの動き

エディーラインを越えて本流に入ると、バウを回転させる方向に力が働く。下流側にリーンさせてボトムに本流を当て、しっかりとフォワードストロークをする。さらに行きたい方向を確認し、川の流れに対して艇の角度（＝漕ぎ進める方向）を調整する

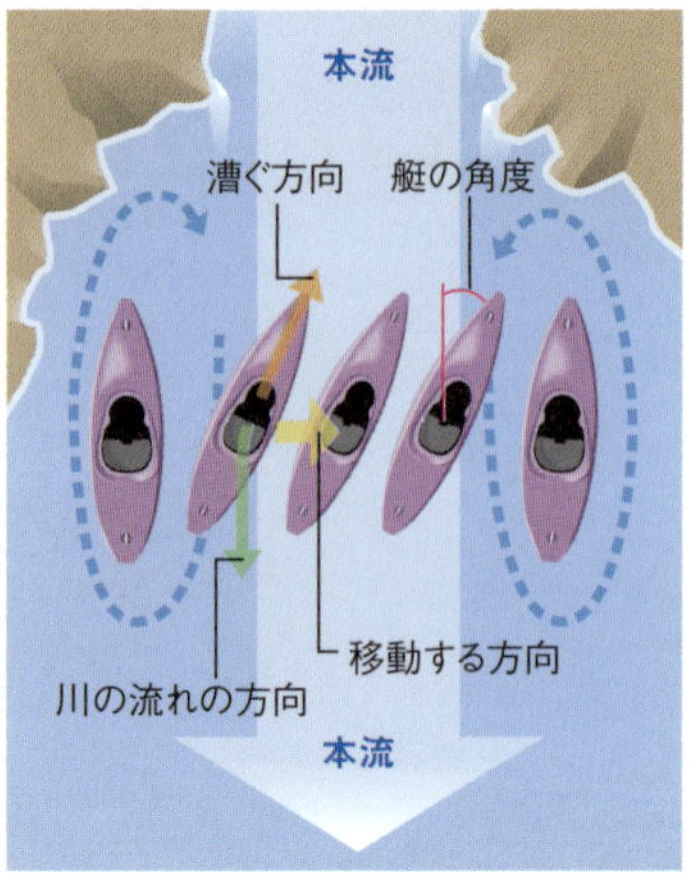

前方に障害物を発見し、ターンをして上流にいったんバウを向け、フェリーグライドで違う流れ（ベルト）に移動してから川下りを続ける。ターンする間に流されることを考慮して、やや上流部で強いしっかりしたスイープストロークを使ってターンする

思ったよりも流れが速くて、エディーへ漕ぎ進むタイミングが遅れてしまった。こんなときはあわてずにスイープストロークでフェリーグライドと同様に斜め上流方向へターン。向きが変わった時点で流されずに横移動し始めるので、エディーへ近づきやすくなる

障害物をずっと見ていると、カヤックはその方向へ進んでいってしまう。また避けようとしてボトムを岩に向けてしまいがちだが、そうすると流れがデッキにあたって沈したり障害物に張り付いてしまうので注意しよう

流れを横切る技術 フェリーグライド

あずさ　カヤックの角度に気をつけて、行きたい場所を意識して見ること、そしてしっかり漕げば、そこまでちゃんと行けるんですね。

後藤　そうですね。あずさちゃんは、艇の角度のコントロールがよくできていましたよ。慣れていない人だと、カヤックが下流向きになったとたん、思わずそのまま下ってしまう。それが恐怖心につながってしまうのでしょうね。

あずさ　カヤックのボトムに当てる水流のことですけど、あれは体の体重移動が重要なんですかね？

後藤　うーん、体重移動というよりも、やっぱり「流れにお尻を当てる」という感覚かなあ。あくまでも体の重心は艇の真ん中近くのまま。体重移動というと、体軸を倒すようなイメージになるけど、上半身は垂直のままですから。

あずさ　ボトムの傾きは、流れの速さに合わせていくという感じでいいんですか？

後藤　水流に押された分だけ押し返すという感じですね。「傾ける」という考え方をしないほうが、お尻がニュートラルになって動きやすくなります。柔らかい腰の動きが重要。水の動きに合わせてお尻が反応で

上流側（写真左）から来る流れを、お尻で受け止めるように当てる。「傾ける」意識をもってしまうと、必要以上にボトムを上げてしまい、接水面積が小さくなってバランスを崩しやすくなる。あくまでも「水にボトム面を合わせる」感覚が大事だ

❖ダウンリバーには欠かせない

リーンを究めるのが上達の近道！

リーンは、一般的には「カヤックを傾ける」と説明されることが多いが、後藤さんは「一枚の板の上に乗った感覚で、流れに対してお尻を当てる」という表現をする。板＝カヤックのボトム面であり、その全体に流れを当てるという感覚だ。流れの強さによってその角度を自然に変えられるようになりたい。

入るときと出るときの違いに注目！

エディーラインの捉え方が“キモ”

流れから出てエディーに入るときは、エディーラインに対して直角に、しっかりとパドリングをしてカヤックに推進力を与えながら一気に越えよう。エディーラインに対してカヤックを平行に近い角度にしてしまうと不安定になる

エディーから出て流れに入るときは、常に斜め上流に向かって漕ぎ進む。エディーラインを越え、必要があれば乗りたい流れまでフェリーグライドで横移動する。行きついたところで艇を進行方向へ向け、ダウンリバーのスタートが切られる

リーンの際の姿勢とカヤックとの関係

傾ける（流れにお尻を当てる）のはヘソから下だけで、へそから上はカヤックの傾きにかかわらず鉛直（地球に対して真っすぐ）を保つようにする。重心は常に真ん中に。ひざを使って持ち上げる感覚だと、体軸が倒れて重心が外に乗り出しやすく、パドリングに必要な真っすぐの体軸を保ちにくいので注意したい。肩の力を抜いて腰の柔軟性を損なわないことも大切だ

艇の傾き
上半身は鉛直を保つ
カヤックの傾きは、
流れの強さに
合わせて自然に行う
肩の力を抜き、
上半身は柔らかく。
腰の柔軟性を
損なわないこと
川の流れ

きるようになるといいですね。スクールでも、カヤックを傾けようとはしない、と教えているんですよ。厚みのあるカヤックではなくて、薄い板に乗っていると思うと、水が艇の裏側に当たるのを感じ取りやすいです。

あずさ　なるほど自然に身を任せる感じですかね？

後藤　頭で考えたり、視覚に頼って判断していると、次の動きにすぐに反応できないことが多いですね。リバーカヤックの〝極意〟は「水の動きを体全体をフルに使って感じること」かな。それと、川の流れのなかを漕いでいくには、いろいろなテクニックが必要だと思われているようだけど、実はシンプルなテクニックの組み合わせなんです。水の動きを感じ、その力をうまく利用して、落ち着いてパドリングすればいい。リバーカヤックは流れのなかにいるからこそ、おもしろいんですよ。

あずさ　今日は、そうした極意やおもしろさを、ほんのちょっとわかった気がします（笑）

世界でも稀な素晴らしき環境で

齋藤秀夫さん

(上)状況に応じて臨機応変に対応できるスキルを身につけると、楽しみや可能性はより一層広がるのがカヌーの世界。カヌーは、この世で最高のそと遊びだと思います
(右)3年前にオープンしたKAERU Adventureの「那珂川ベース」。那珂川エリアがカヌーファンみんなが集えるカヌー場になるように頑張ります!

私は、今年でカヌー歴が30年になります。勤めていた登山用品店で山のガイドをしていた若かりしころ、社長の「おまえ乗ってみろ!」の一言から、それは始まりました。当時は2日間の特訓の後、3日めからインストラクターデビュー、そんな時代でした(笑)。そのころのカヌーの楽しさは、今でも鮮明に記憶に残っています。なんといっても水の上ではすべてが自由で、スリル満点でした。

水の上を思うがままに、〝ミズスマシ〟のように移動できるカヌー。特別な許可や免許もいらず、たとえるなら自転車のような、だれもが気軽に楽しめる乗り物です。海、川、湖、沼など、意外にも私たちの身近にはフィールドがたくさんあり、そこに日常生活では体験できない未知の世界が広がっています。この世界は、状況に応じたスキルを身につければつけるほど、楽しみや可能性が限りなく広がっていきます。

日本は、世界でも稀な、水に恵まれたアイランドです。周囲を海に囲まれ、国土の70パーセント近くが森林であり、安定した流量を誇る河川もたくさんあります。すばらしい国民性が育んできたこうした自然環境は、最高の〝あそび場〟です。昔、あるお客さまがなにげなく、「水遊びが一番贅沢だよな」と言っていたのをよく覚えています。この言葉に、カヌーの魅力は凝縮されていると思います。世界的に見ても、贅沢な環境が日本には広がっているのです。さあ、そんな素晴らしい世界に、ぜひ一歩踏み出してみましょう。

近年は、各地にスクールやガイドサービスを行うアウトフィッターが誕生しています。また、それに伴い、そと遊びや野外教育活動などの情報提供を専門に扱うサイトなども、多数登場しています。カヌーを始める一歩として、こうした情報をもとに、スクールや体験会にエントリーしてみてはいかがでしょうか。いくつか参加しているうちに、きっと自分に合ったジャンルが見つかるはずです。

カヌーは、だれもが楽しむことができる「生涯スポーツ」です。皆さんの一歩からカヌーがもっともっと盛んになって、より一層メジャーになればと思います。よく、「カヌーは、いつどこでやれるの?」と聞かれます。僕はそのたびに、「そうだなぁ、設備の整ったいわゆるカヌー場ってないもんなぁ~」と思います。そう言われないような世界を作りたいですね。いや、必ず作ります! 実は今、那珂川に準備中なんです。栃木県の那須岳山麓を源とする那珂川は、「関東随一の清流」と言われ、カヌーファンにとっては人気のエリア。ここにカヌーファンの要所があったら……。これからも多くのカヌーファンの笑顔を夢見て、まだまだ頑張りたいと思っている昨今です。

齋藤秀夫
(さいとう・ひでお)
1964年、栃木県生まれ。KAERU Adventure(カエルアドベンチャー)代表。栃木県を拠点に、那珂川、鬼怒川、中禅寺湖などをおもなフィールドとして、レベルやタイプに合せて体系的なプログラムを展開している。JSCA公認カヤックインストラクター&トレーナー。自然体験活動推進協議会(CONE)コーディネーター。

Part 1 シーカヤック編

◆ ビギナー必見! 夏季集中講座 ◆

Part 2 フィッシングカヤック編

最新リカバリー&レスキューテクニック

自然を相手に楽しむ遊びは、ときに危険を伴うもの。
ビギナーといえども、海や川でカヤッキングを満喫しようとするのであれば、
危険回避の方法やレスキューのイロハは、やはり心得ておくべき事柄だ。
事前に知識を身につけ、さらに体験しておけば、フィールドでのリスクは大幅に減る。
今回は、シーカヤック、フィッシングカヤック、リバーカヤックの3カテゴリーで想定される
リカバリー&レスキューテクニックを徹底的に解説する。
ビギナーは見逃せない夏季集中講座、いざ開講!

Part 3 リバーカヤック編

シーカヤック編

危険な場所と救助方法

シーカヤックのフィールド、海では、一度出艇してしまうと
すぐに岸に上がるわけにいかない状況が少なくない。
ここでは、南伊豆の「サーフェイス」代表、武田仁志さんを指南役とし、
レスキュー用の装備から始まって、予測できる危険な場所、
レスキューのイロハ、サーフゾーンでの上陸方法までを、みっちり解説する。

[監修] 武田仁志（サーフェイス）
[文・写真] 西沢あつし

指南役は「SURFACE（サーフェイス）」の武田仁志（まさし）さん。
通称マーシー。南伊豆の弓ヶ浜を本拠に、伊豆半島全般から日本全国でツアーを行っている。
冬の間はパウダースノーを求めてバックカントリーに入ることもしばしば
（SURFACE　静岡県賀茂郡南伊豆町湊514-3　TEL & FAX：0558-62-2114　http://www.the-surface.com/）

レスキューなど危険を回避する術《すべ》を習得していれば、シーカヤッキングはもっと楽しくなる

❖ シーカヤックならではの装備類

海のレスキューイクイップメント

沈脱しても、海上での再乗艇を余儀なくされる
シーカヤックにおいて、そうしたことを考慮した
専用の装備類というものがある。
ビルジポンプやパドルフロートなどは、その最たるもの。
常にカヤックに積んでおくことはもちろん、
こうした装備類は、すぐに取り出せるところに収納しておこう。

海ならではの独特の装備類

シーカヤッキングのフィールドは、川のそれとは根本的に異なった特徴がある。それは、いったんひっくり返ってしまったら、岸に上陸することが困難な場合が多いことだ。川は、たいていは瀬とトロ場が繰り返して現れ、瀬で沈（ひっくり返ること）して流されても、次のトロ場で岸に上がれることが少なくない。一方、海は、一度出艇してしまうと、すぐには上陸できない状況が普通である。よって、シーカヤッキングで沈したら、海上で再乗艇するのが基本だ。そのために、装備や方法もシーカヤック独特のものが用意されている。

今回は、伊豆をベースに全国でシーカヤックツアーを行っている、「サーフェイス」のマーシーこと武田仁志《まさし》さんを講師に迎え、海でのレスキュー方法をレクチャーしてもらった。

まず、セルフレスキューで必要となるのがパドルフロート。パドルのブレードにかぶせて、アウトリガーのようにしてカヤックを安定させ、パドルのシャフトに足を掛けてよじ登るための装備だ。パドルフロートには発泡フォームタイプと、空気で膨らますタイプとがある。発泡フォームタイプは、いざというときにすぐに使用できるし、見た目もいいのだが、体重の重い人は十分な浮力を得られないこと

備えあれば憂えなし

レスキューイクイップメントの例

カヤック用のビルジポンプは浮力体が付いている。ビルジスポンジは、吸水性がいいものであれば車の洗車スポンジでもOK。あか汲みは、ペットボトルで自作もできる。このほか、レスキューロープやホイッスルなども用意しておきたい

ビルジポンプやパドルフロート、予備のパドルなどは、すぐ手が届くところに用意しておきたい。落下しないように、スターンに装備されているショックコードに挟み込んでおくスタイルが一般的

❖ 事前に把握し、危険を回避

沈しやすい場所

海は、ただ広くて一本調子なわけではない。
強い風が吹き抜けるポイントがあったり、
ブーマーと呼ばれる危険な場所があったりする。
そうした場所では、いきなりバランスを崩して
沈することも多い。
さらに、漁船や遊漁船にも注意が必要だ。

覚えておいて損はない！

注意すべき場所はこんなところ

風が吹き抜けるところは海面も風によってざわついている。特に岬の突端や、断崖が途切れているところは、風が抜けていきやすい。地形からも判断できるので注意しよう

海面下に隠れている暗礁の上にウネリが達すると、いきなり海面が盛り上がって、ときにはブレークする（白波が立つ）。浅瀬が多いところは要注意だ

堤防によってできた返し波が、沖から寄せてくる波とぶつかって三角波ができる。堤防の切れ目から出てくる漁船やボートなどにも、注意しよう

テトラポッドは、川のなかに設置されているものより危険度は低いかもしれないが、バウが引っ掛かると厄介なことになる。近づかないほうが無難だ

漁船、遊漁船、ダイビング船などの動力船は、こちらから先に避けるほうが無難。波間では、相手からカヤックは見えにくいことを認識しておこう

波や風がなければ、こうした岩礁地帯を縫うように漕いで行くのも楽しい。ただ、岩礁に乗り上げたりすることもあるので、慎重にパドリングしたい

もあるので、大柄の人には、空気で膨らますタイプがオススメ。このタイプは、完全に膨らませるとパドリング時に少々邪魔になるので、出発前に少し膨らませ、いざ使うときは海上で空気を入れて膨らますことになる。

また、「カヤック本体にも、セルフレスキュー用の艤装を装備したものがあるんですよ」と武田さん。例えば、ニンバス・カヤックなどは、デッキ上にブレードを固定するベルトが装備されていて、セルフレスキューの際にパドルを固定しやすい。また、同ベルトはクイックリリース構造が採用され、再乗艇と同時にラインを引くとパドルが外れる仕組みになっている。

さらに、グループレスキューも含めた共通装備となるが、コクピットに残った水を排出するためのビルジポンプも必須アイテム。これは、乗艇した状態でコクピット内の水を外に排出するためのもので、ビルジスポンジと共に持っておこう。余裕があればベイラー（あか汲み）も欲しいが、これは、ペットボトルで自作も可能だ。

川でよく使用されるレスキューロープも、積んでおきたい装備の一つ。自分は、だれかを助けることなんてないから不要、と思うべからず。救助されるとき、相手がロープを持っていなかったり、取り出しにくい場所に入っている場合もあるからだ。ほかに必要

❖ 海上で再乗艇する基本テクニック

セルフレスキュー

**セルフレスキューは、海の上でカヤックに再乗艇する基本テクニック。
より実践的なグループレスキューも、実はこのスキルの多くがベースになる。
特にスプレースカートを外しての沈脱、
カヤックに乗り込むタイミング＆姿勢は身につけておきたい。**

な装備としては、予備のパドル、ホイッスル、携帯電話といったところだろう。

予備のパドルは、分割式のものであればスターンデッキの上に装備することも可能だ。種類については、「普段使用しているパドルと同じものにすべき」と言う人もいるし、「状況によって使い分けるから、違うものがいい（たいていの場合はブレードの大きさが違う）」と言う人もいる。これは、使い勝手も考慮して選択してほしい。

ホイッスルは、ＰＦＤ（ライフジャケット）に装着しておく。風が吹いたりすると、海上では声がほとんど届かない。ホイッスルは、自分の位置を相手に知らせる有効な手段となるので用意しておこう。

携帯電話に関しては、海の緊急電話「118番」（全国各地にある最寄りの管区海上保安本部に接続される）を覚えておくとともに、防水仕様であっても防水ケースに入れておくことを心がけたい（携帯電話の防水規格は真水が前提である）。

もし外洋を航海するのであれば、漂流を想定してシグナルミラーやマーカーなども考えられるが、それはまた別の機会に解説する。

予期できるようにして危険を回避する

指南役の武田さんは言う。「普通に漕いでいれば、よほどクセのあるシーカヤックでもない限り、沈することはほとんどありません。自分にとって〝予期せぬ〟出来事が突然身に降りかかったとき、バランスを崩して沈する。ですから、その〝予期せぬ〟を〝予期できる〟ようにすればいいんです」

具体的には、事前に危険な箇所や状況を把握しておき、その場合、どのようなことが起こるのかを理解しておくことが大切とのこと。もちろん、自然相手の遊びであるから、それでも予期せぬ出来事は起こり得るわけだが、少なくともそうした事柄を理解していれば、リスクは大幅に減るはずだ。

まず、シーカヤックで厄介なのが「突風」だ。シーカヤックはもともと全長が長く、海上に出ている面積も大きい。また、フィールドとなる海上は遮る物が少ないので、意外に風の影響を受ける。パドリングの最中にこうした突風を受けると、空中に上げたほうのブレードに風を受けてバランスを崩してしまうことがけっこうある。

次に、理解しやすいのが「暗礁」。ビギナーのころは、この暗礁に乗り上げて沈、なんてことも少なくないが、もっと怖いのが、「ブーマー」と呼ばれる、突然海面が盛り上がって崩れる場所だ。海底地形がそこだけ盛り上がっているため、寄せたウネリが突然立ち上がって波になるのである。これは、進路を注意深く見て、海面の一部が異様に盛り上がるところを早めに発見していくしかない。

また川と同様、人工物があるところも鬼門となる。「堤防」や「テトラポッド」などがそれで、堤防では三角波が発生し、テトラポッドは波と共にカヤックが吸い込まれて沈することがある。ただ、海の場合は川と

イザというときほど落ち着いて。そのためには事前の練習が大切

乗り込むタイミングをつかもう

一人で行う再乗艇の手順

01

沈したら、まずは落ち着いてスプレースカートを外して沈脱をする。その後、パドルを流さないように確保する。パドルにはリーシュを付けておくといい

▼

02

カヤックを戻すときは素早くひっくり返す。沈してすぐは、コクピットにさほど水は入っていないはず。ゆっくり起こすと大量の水が入ってしまう

▼

03

パドルフロートにパドルのブレードを差し込む（空気で膨らますタイプのものは、この前に、空気を十分に吹き込んで膨らます手順が入る）

04

パドルフロートが付いていないほうのブレードを、コクピットのうしろにあるベルトに通す（ベルトがないタイプのカヤックは、コーミングのうしろの位置に手で固定する）

05

勢いをつけて一気に体を持ち上げ、コクピットから遠いほうの足（この場合は左足）をシャフトに掛ける。足は、フロートには掛けないこと

06

頭をスターン側にして、うつ伏せたまま、先に上げた足（この場合は右足）をコクピットに滑り込ませる

07

体を回転させながらコクピットに滑り込ませる。その際、パドルフロートを付けたパドルは、アウトリガーとして体重をかけられる

08

体が収まったら、水が入ってこないようにスプレースカートを後ろからはめていき、前の部分だけ少し開けておく

09

ビルジポンプをコクピット前部に突っ込み、素早くポンピングして排水する。コクピットに残っている水が多いほど、カヤックは不安定となる

10

ビルジポンプではなく、写真のように大きめのベイラーで排水してもいい。とにかくカヤックが安定するところまで排水すること

11

パドリングができる安定性を確保したら、ビルジポンプをしまい（とりあえずコクピットのなかに入れてしまうのがいいだろう）、スプレースカートを完全に掛ける

12

最後に、アウトリガーにしていたパドルフロートを回収して、安全な場所に退避する

違って一方向に水が流れていることはほとんどないので、荒れているときに好んで近づかなければ、大きな障害になることは少ないだろう。

　そのほか、漁船、遊漁船、ダイビング船などの動力船には注意したい。特に最近は、一部のフィッシングカヤックが観光船の航路で釣りをしたり、定置網などの漁業施設に舫《もや》ってサオを出したりしている状況なども伝え聞く。「ごく限られた人だと思いますが、自分たちの遊び場を守るためにも、そうした行為は自粛すべきですよね」と武田さん。もちろん、こうした行為は論外だ。迷惑行為であるとともに非常に危険な行為でもあるので、いま一度、自身の行いを振り返ろう。

セルフレスキューとグループレスキュー

　さて、レスキューについてであるが、写真で解説しているセルフレスキューをマスターしたからといって、実は、どんな状況下でも身の安全を確保できるわけではない。写真を見ていただければわかるとおり、このレスキュー方法は、ほとんど風や波がない状況下で行われることも多く、実際こうした状況下で沈するパドラーはさほどいないだろう。

両者の役割を理解しよう

手助けする人がいる場合の再乗艇の手順

01

沈脱をしたら、とにかくカヤックとパドルを離さないようにして、レスキューする側を待つ。気が付かなかったら、ホイッスルを吹くなどしてアピールすること

02

レスキューする側は相手に声をかけながら、バウ側に素早く漕ぎ着ける。レスキューされる側も反応すること

03

バウをしっかりと両手で持って、スターンを沈め気味にしつつ、一気にバウを抱えるように持ち上げ、コクピットから水を抜く

04

水を抜くとき、レスキューされる側は、スターン側でカヤックを沈めて水抜きを手伝うのもいい。水が抜けたら、素早くカヤックを元に戻す

❖ 息を合わせて迅速に

グループレスキュー

より実践的なレスキューテクニック、グループレスキュー。
レスキューされる側がコツをつかんでいれば、
レスキューする側も、より迅速な対応をすることが可能だ。
また、直接レスキューに参加しない人も、
周囲の状況変化に注意し、声をかけたりすることも必要だ。

水抜きする際の悪い例

水抜きの際、バウの先端を持つと、滑ってしまうこともある。急に手が離れると、その反動で、レスキューする側がひっくり返ることもある

バウの先端にはトグルがあるが、荒れているところで水抜きをする際、このトグルのヒモを持つのは危険だ

海が荒れていれば、沈したカヤックを引き起こしても、まずコクピットには水がどんどん入ってくる。こうした海象のとき、ソロで出て行くカヤッカーは、最低限、どんな状況下でもロールができる上級カヤッカーであるべきだ。指南役である武田さんも、前提として「沈しそうな海象だと思ったら、『出ない』という判断が重要なんです」と語る。

ただ、セルフレスキューは、やはり身につけておくべきスキルであることに間違いはない。それはなぜか? 実は、海上でカヤックに乗り込む——水中からカヤックによじ登るコツが、このレスキュー方法には詰まっているからだ。

現実的に考えた場合、初心者が単独で海に出ることは少なく、経験者と一緒にパドリングを楽しむことがほとんどだと思う。ということは、沈したときはグループレスキューが主体となり、初心者にとって「レスキューされる」状況のほうが、ずっと多くなるはずだ。

しかし、「レスキューする」側も、経験豊富な上級者やインストラクターなどでなければ、十分なスキルを持っていないかもしれない。こうしたとき、海からカヤックに乗り込むためのコツをセルフレスキューによって身につけていれば、レスキューする側の負担もずっと小さくなる。

05

レスキューする側は、バウとスターンが自分と逆向きになるように相手のカヤックに横着けし、パドルを回収したあと相手のカヤックのコーミングをしっかりとつかむ

コーミングの縁をしっかり持って体重をがっちりかけること。レスキューされる側が海のなかからカヤックに飛び乗るときは、相当な力がかかる

06

相手の飛び乗る力が弱い場合は、PFDを持って引き上げてやる。そのためにもPFDの下側のヒモはしっかりと結んでおく（肋骨の下側に引っ掛ける）

07

レスキューされる側は、まずはスターンに自分の体重がすべて乗るまで体を十分に引き上げ、コクピットに片足を滑り込ませる

08

体を反転させるのは、コクピットに体が半分ほど入ってから。レスキューする側も、最後まで気を抜かず、体重をかけ続ける

09

体を反転させてコクピットに戻る。セルフレスキューと違って水はほとんど抜けているはずだが、再び入っている場合は排水する

10

最後にスプレースカートをしっかりと付けてから、安全なところへ、慌てず急いで避難する。レスキューする側は励ましの声をかけてあげたい

カヤックに乗り込む際の悪い例

これは悪い例。体がカヤックに乗り切る前に、無理やりコクピットに足を入れようとしている。無理な姿勢になり、バランスを崩しやすい

より確実性を高められる

3人でのレスキュー例

さらにもう1艇がレスキューする側に入るときは、レスキューされる側を2艇で挟むのではなく、レスキューする側のサイドに付いて補助する

レスキューしている間にサーフゾーンや岩礁地帯などの危険な場所に近づいている場合は、他艇がバウでプッシュして、その場所から少しでも離れる

グループレスキューにおいては、レスキューされる側は、レスキューする側を、自分が再乗艇するカヤックのアウトリガー代わり、ひっくり返らないような押さえ程度に思っておいたほうがいい。助ける側がインストラクターなどであれば、カヤックに跳び上がるタイミングでPFDをつかんで引き上げてくれるかもしれないが、基本的には自分でコクピットに乗り込むことを念頭に行動しよう。

救助に関わらなくてもメンバー全員で注意を

以前、筆者は風速10メートル、も

海水浴なら楽しい波打ち際。シーカヤックでの上陸は慎重に

❖ やむを得ないときに使うテクニック

サーフでの上陸方法

シーカヤッキングでは、波の立っているサーフゾーンは、十分なスキルを持って「趣味で」入るのでもない限り、なるべく避けて通りたいところ。どうしてもサーフゾーンを経て上陸しなければならないときは、なるべく波の力を受けないようなテクニックを使う。

チャンスは、小さい波が来たとき

上陸の方法の手順

01

波がブレークする直前の場所まで慎重に漕ぎ進み、ときにバックストロークを入れながら、小さい波が来るのをひたすら待つ

▼

02

上陸できそうな波が来たら、まずは波を先に行かせ、波のリップより後ろを全力で漕いでいく。ちょうど波の背に乗っていくような感じだ

▼

03

波が崩れてもどんどん漕ぎ続け、波と一緒に上陸する。すぐ後ろから大きな波が来ている可能性もあるので、すぐにカヤックを引き上げる

間近で見るとよく分かる

サーフゾーンの波の構造

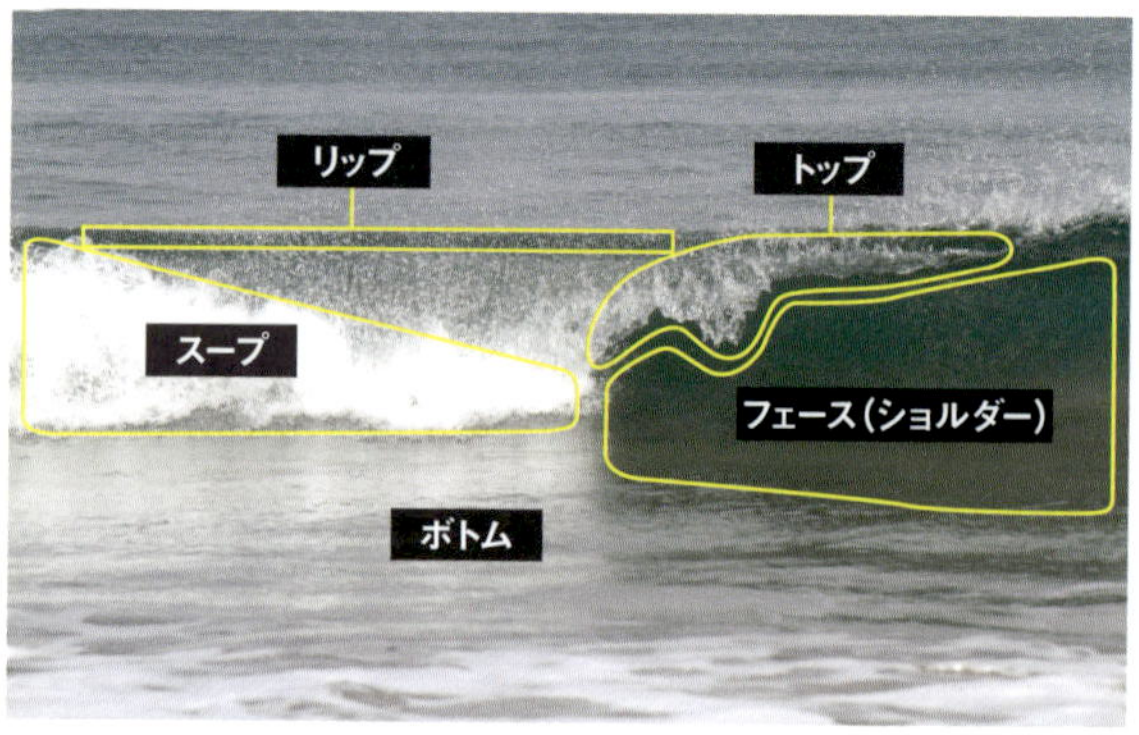

リップは、波が崩れる直前の先端の部分を指す。トップは、波の最上部。フェース（ショルダー）は、崩れる波の手前前面部分で、カヤックでサーフィンをする場合はこの部分に乗る。スープは、波が崩れて泡立っている場所。ボトムは、これから波が押し寄せる平水の部分をいう

う少しでサーフゾーン（砂浜に強い波が打ち寄せて波頭が崩れているような場所）というところでレスキューをしたことがあったが、教科書どおりのやり方で問題なくレスキューをすることができた。しっかりと相手方のカヤックのコーミングをつかんでいれば、カヤックは、かなり安定性が高いもの。ただ、そのときは、双方がしっかりとレスキューの手順を身につけていたからできた、とも言える。セルフレスキューもそうだが、グループレスキューも、仲間内で、遊びででもいいから体験しておくことが大事だろう。

さらに、複数の人数でのツーリングであれば、沈したときにレスキューする側、される側以外のメンバーも十分注意すること。沈する場所は危険なところが多いわけで、レスキューをしている間にも、より危険な場所に近寄っていく可能性は高い。レスキューする側はレスキューされる側に意識を集中させているので、ほかのメンバーは常に周囲の状況を意識し、危険な場所が近づいたら声をかけたり、プッシュするなどして、全員で回避するように心がけたい。

ちなみに、グループでのツーリングでの沈は、精神的にも意外とこたえるものである。もし、あなたがレスキューする側であったら、レスキューされる側の状況は、自身のパドリングスキルを超えている可能性が考えられる。また、沈によって、体力以上に精神的に参っている可能性があるので、まずは、上陸できる場所を探してゆっくりすることを考えよう。そのときは、漕ぎながら元気づける言葉も忘れずに。相手にもよるが、怒鳴るなど、萎縮させるような行為は慎んだほうがいい。ますますパドリングがギクシャクして、再び沈する可能性が高くなる。レスキューされた人は、その後はできる限り自力で安全なところに退避するように努力することが必要だし、それを周りで支えるのもグループツーリングの役目である。

カヤックは波と平行に

波に乗ってしまった場合の上陸手順

01

もし波のフェースに乗ってしまったら、カヤックはたいてい右左どちらかに振られる（傾く）ので、海面に近い側（写真の場合は、向かって右側）にパドルのブレードを突き刺す

02

カヤック本体を内側からしっかりとニーグリップし、パドルで波を上から押さえるように、思い切り体重をかけ、カヤックを波と平行にしていく

03

そのまま波の力とバランスを取りながら、岸まで一気に流されてしまう。浜に着いたら、パドラーは海側に下りてカヤックを引き上げる

波の影響が少ないところをねらう

サーフゾーンからの出艇手順

01

まずはどこが最も波の影響を受けにくい場所か、十分に下見（スカウティング）を行う。ヘルメットもしっかりとかぶりたい

02

出艇するときも、精神的に余裕を持って、小さい波が来るタイミングを計る。最初は、波が崩れてスープになったところをねらっていく

03

波が崩れるところを避けながら沖に向かう。波のフェースを受け止めることになったら、しっかりとニーグリップをして前かがみになり、波の抵抗を極力少なくする

カヤックが先、人は後

沈してしまった場合

もしサーフゾーンで沈してしまったら、とにかくカヤックを先に行かせること。波を受けたカヤックにぶつかれば、大ケガをする危険がある

上級者から合図を送る

ハンドサイン

サーフゾーンでは上級者が先に上がり、上陸するタイミングを計ってあげる。「止まる」「行く」くらいのハンドサインは、事前に決めておこう

サーフゾーンは要注意 上陸するときは慎重に

通常のシーカヤックツーリングでは、砂浜に強い波が打ち寄せて波頭が崩れているような場所、いわゆるサーフゾーンは、なるべく避けるべきである。全長5メートルはあるシーカヤックが受ける波の力は、相当に強い。

それでもサーフゾーンでの上陸を余儀なくされた場合は、基本的に波を先にやり過ごし、その背に乗って岸までたどり着く方法を取る。ただ困ったことに、たいていの場合、近くに行くまで、サーフの高さがわかりにくい。「知らない場所であれば、慎重に波が崩れる場所の直前まで漕ぎ進み、上陸できるレベルの波かどうかを見極めるしかない」のが正直なところ。ただ、波はすべて同じ大きさではなく、何回かに一回は、とても小さい波が来るので、そのチャンスをねらって上陸する（逆に、何回かに一回は大きな波も来る）。また、こうしたことが予想されるときには、ヘルメットも用意しておきたいところである。

さらに、サーフゾーンでの上陸では、上級者は先に上陸するのが基本だ。上級者が先に行くことによって、上陸するコースを確認する。上級者は、上陸したら後続にサインを送る。

フィッシングカヤック編

シットオントップの再乗艇

フィッシングカヤック(シットオントップカヤック)に関しては、海上での危険回避術などはシーカヤックに準ずるとして、おもに沈《ちん》(転覆、落水)した際の再乗艇について見てみよう。また、釣りをするためにさまざまな艤装をするのが流行しているが、安全面から見たこれらの艤装の考え方にも言及する。

[監修]中村 了　[文]水野一彦　[写真]山下雄一郎

指南役は、カヤックフィッシング専門ショップ「くらげ商店」代表の中村 了(なかむら・さとる)さん。釣具店店長を務めていた7～8年前からカヤックによる釣りを実践。現在はカヤックフィッシング用品の輸入販売や開発、ガイドサービス、安全講習などを手がけ、「ナカムラ軍曹」として各メディアでも活躍中
(くらげ商店　店舗＝神奈川県大和市西鶴間6-2-1 TEL：046-283-1573　webショップ＝http://www.kurageshop.jp/)

釣り道具満載、艤装バリバリのフィッシングカヤックは、沈してしまったときに多少面倒なことになる。道具の流失や、釣りイトが絡む可能性なども頭に入れておきたい

手軽に始められるカヤックフィッシングだが、海というフィールドを十分に理解するとともに、パドリングや沈起こしなど、カヤッカーとしての技術をおろそかにしてはならない

沈すると起こしにくいシットオントップ

カヤックフィッシングによく使われるシットオントップタイプのカヤックは、横幅が広くて安定性が高く、沈しにくいのが特長だ。ただし、沈しにくいということは、もし沈した場合には起こしにくいということでもある。

また、カヤックフィッシングではロッドホルダーやクーラーボックス、魚探など、艇に釣りのための艤装が施されていることが少なくない。これらの艤装は、沈した艇を起こす際の障害となることが考えられる。

そしてもう一点。「釣り」が第一目的であるカヤックフィッシング愛好家は、シーカヤッカーのようにパドリングや沈起こしの技術を重視していない人が多い。中村さんは、はっきりと「釣り人は、漕ぐのはヘタクソ」と言う。実際に、カヤックから入るのではなく釣りから入ってくる人が多いので仕方がないが、自覚しておくべき点だろう。

さて、これらの点を踏まえて、フィッシングカヤックのレスキューテクニック(セルフレスキュー)を見ていこう。

まず、沈したときの再乗艇の方法。シットオントップタイプのカヤックは、裏返しになっても水が入ることはないから、浮力は十分にある。慌てずに艇につかまろう。ただし、水が入らないぶん、風があると流されやすいので、艇と自分をリーシュでつないでおくべきだ。

裏返しになった艇を起こすには、艇のサイドにつかまって反対舷のグリップやロープをつかみ、体重をかけて起こす。艇によっては船底のスカッパー(排水口)などに手を掛けられるところがあるが、横幅が広く、安定の良い艇ほど、一度裏返るとなかなか起こせない。「安定性が高く、沈はしないから大丈夫」ではなく、実際に自分の艇で沈起こしを体験しておくことをおすすめする。

艇が起きたらバウを風上に向け、サイドから乗り込む。舷をつかんだ状態でバタ足をし、その勢いで乗り込む方法もあるが、中村さんによると、これができない人が結構いるそうだ。そこで中村さんは、途中ま

沈すると風に流されやすいシットオントップカヤックでは、艇と人、艇とパドルを結ぶリーシュは必需品。ほかにも装備品の流失を防ぐためにリーシュを多用するが、沈した際など絡むと危険なので、手探りでも外すことができ、緊急時には壊れて外れるようなタイプがおすすめ

体の中心を艇の中心に持っていく

シットオントップへの再乗艇

01

起こした艇のサイドにつかまる。艇が自分のほうに流されてきてしまう場合は、反対舷側に回り込む

02

バタ足をして上半身を艇に乗せる。自分の体の中心を艇の中心に持っていくイメージ

03

ヘソの辺り（PFD の下の部分）を艇の船べりに引っ掛ける。その際、艇を大きく傾けても大丈夫

04

そのまま頭を下げて上半身を艇に預ければ、体が艇上に乗る。ここで、ひと呼吸おいて落ち着こう

05

体をひねり、乗艇姿勢に戻る

06

お尻をシートに持っていくイメージで

07

お尻がシートに乗れば、ひと安心

08

一度艇にまたがるようにしてもよい。パドルはリーシュで艇とつないでおこう

安定の良い艇では反対側の船べりをつかむ

沈（転覆）した艇の引き起こし

01

艇のサイドから船底につかまる。船底にスカッパー（排水口）などがあれば、艇によってはそこに手を掛け、この状態から引き起こすこともできる

02

安定性の高い艇の場合は、反対側の船べりをつかんで引き起こす必要がある。バタ足をして船底の上に体を乗せる

03

反対側の船べりにあるグリップやロープなどをつかむ

04

グリップをつかんだまま体を水中に落とせば、艇が起き上がってくる

05

カヤックを引き起こす際は、下敷きになって頭をぶつけないように注意！

引き起こし完了。流失物などの状況を確認し、再乗艇する

艇を引き起こす際の悪い例

体が仰向けになり、足が艇の反対側に出るような体勢だと、カヤックを回転させる力（モーメント）が弱くて、引き起こすことができない

流失を防ぐためにリーシュを付けていたプライヤーが、沈した際にアマモに絡まって取れなくなってしまっていた。こういったトラブルが重なると、危険な状態に陥る可能性もある

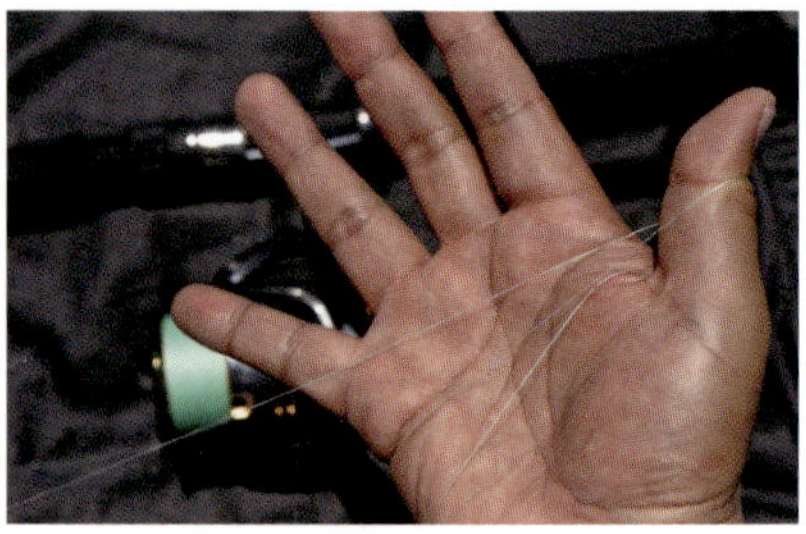

釣りイトは強くて細いPEラインが主流。沈したときに首や手に巻き付いたら非常に危険だ。万が一のときのためにPEラインを切るものを身に着けておく必要もあるだろう

意外に多いのが、カヤック運搬中の事故。艇をカートップする際には、キャリアへの固定はもちろん、必ず前後をロープなどで車体に結ぶこと。中村さんは4カ所（前後＋キャリア２カ所）をそれぞれ独立して固定し、万が一１カ所が緩んでも、大きなトラブルにならないようにしている

ではバタ足を使うが、乗り込むときは自分のヘソの辺りを支点にし、頭を下げて上半身を艇に預けるようにして乗り込む方法を推奨している。

「自分が着ているPFDの下に艇の船べりを入れるようにするのがコツ。要は、自分の中心と艇の中心を合わせてやるんです。そのときは艇を大きく傾けていい。安定の良いシットオントップは大丈夫ですから」

長い旗ザオは考えもの PEラインにも注意

今回の取材では、実際にフル艤装に近い形のカヤックで、中村さんに沈起こしを実践していただいた。中村さんは以前、沈したときに釣りザオがアマモに引っ掛かり、なかなか起こせなかった経験があるとのことで、あえてアマモが密生する浅場でやってみた。

非力な同乗者を先に引き上げる

タンデム時の再乗艇

２人乗りで沈した場合、同乗者が再乗艇できなければ（実際に、腕力のない女性は再乗艇できない人が多いという）、フォローして先に再乗艇させる。写真のように、反対舷から艇を乗り越えて相手のPFD（肩の部分）をつかみ、そのまま自分が水中に落ちるようにして相手を引き上げる

後ろから波を受けて反対側へドボン

再乗艇の失敗例

サイドからの再乗艇時、上半身を艇に乗せたはいいが、その状態で後ろから波を受けて、写真のように頭から反対側へ落ちてしまうケースがあるので注意。再乗艇する前には波や風の状況を見て、できれば艇のバウを風上（波が来るほう）に向けておくと失敗は少ない

フィッシングカヤックで沈すると、沈起こしをしても、写真のように釣り道具などが散乱する。流失させたくないものはリーシュなどで艇につないでおくが、状況によっては、流失してしまったほうが人や艇の安全のためには良い場合もある。非常時を想定して艤装や装備を考えることも大切

浅場で沈した場合、ロッドラックに立てた釣りザオや長い旗ザオなどが海底に刺さったり、藻に絡まったりして、なかなか沈起こしができないケースもある。沈したら、慌てずに、こういった状況を確認して対処する必要がある

結果は「なーんだ、つまんねえ！（笑）」と中村さんが拍子抜けするほど、釣りザオに絡むアマモは少なかった。釣りザオにラインとルアーがセットされていなかったのも関係していたかもしれない。それでも、リーシュ付きのプライヤーがアマモに絡み、アンカーのように艇が固定されてしまっていた。

「これ、パニクってたら気づかずに、漕いでも進まねえ！ってことになってるしね。あと、ルアーも散乱するし。ルアーのフックが自分に引っ掛かって、もう片方のフックが艇のどっかに引っ掛かって、身動きが取れなくて助けて！ってなっちゃった人も結構いるから」

そして、怖いのは釣りイトだ。特にPEラインは細くて強く、手や首に巻き付いたら大変なことになる。中村さんは沈した際に釣りイトが絡んだ経験はないそうだが、万が一絡んだときのために常にロープナイフ（普通のナイフを携行していると警察などに注意されるため）を身に着けるようにしている。

また、沈したときのことを考えると、目印として立てる旗ザオも、「あまり長いものは良くないのでは」と言う。

「もちろん、できるだけ長いほうがいいんですよ。俺も昔はすごく長くしてた。でも一度、波打ち際でブローチングしたときに波に旗ザオが巻かれて、えらい目に遭ったことがあるんです。それからいろいろ考えて、これぐらいの長さかなって。沖で釣りしてると雷も怖いしね」

さらに、艤装の取り付けは、あえてガチガチに固定はせず、ある程度の力がかかると壊れて流失するようにしている。ただし、こういった艤装については、人によって条件も考え方も違うので、他人に強制はしたくないとのこと。

「それに、こうしなさいああしなさいっていうのは一番つまんないんでね。どっちかっていうと、ああでもねえこうでもねえって手探りしながら進化していくのがカヤックフィッシングの面白さだと思うし、自分も実際にそうやってきたから」

今回は、波の穏やかなところだったので、以前に沈を経験したときよりもかなり余裕を持ってできた、と中村さん。やはり、判断を誤らないためには、まず落ち着くことが大切なようだ。沈をすると艤装や釣り道具などが散乱してしまうフィッシングカヤックの場合、特にこの点が重要なのだろう。

「ナカムラ軍曹」の事故の教訓

「118番は、ためらわないこと」

本記事の指南役を務めていただいた中村さんは、今年4月に、カヤックフィッシング中にダウンバーストを受けて沈し、海上保安庁に救助されている。カヤックフィッシングを楽しむ人たちの参考になればと、ブログ（http://nakamuragunsou.at.webry.info/）上で、そのてんまつを公開しているが、その経験から、以下のような反省点を挙げている。

● **帰着判断の遅れ** ―― 風が出てきたので同行者は先に帰ったが、体感の風はあまり強くなかったため、夕まづめの釣りを優先させてしまった。

● **ダウンバーストを予測できなかった** ―― 帰着に向かい、岸近くを航行中、突然のダウンバースト（吹き下ろし）で沈。山の陰になっていたため風はそれほど強いと思っておらず、また岸近くではダウンバーストは発生しないと考えていた。

● **再乗艇に手間取った** ―― 風下にサラシ磯が迫っており、焦っていた。再乗艇の訓練はやはり必要。

● **ドライスーツに浸水** ―― チャックの閉め忘れで浸水したため、ルアーフックで足先のラテックス部分に穴を開けて排水した。ウエーダーの場合、最初の沈では再乗艇できるが、そこで水が入って、排水できないと２回目は難しいのでは、とのこと。

● **海上保安庁への連絡をためらわない** ―― 同行者に電話連絡し、状況を伝える。その同行者の判断で海上保安庁の救助を要請（118番）。中村さんは保安庁の救助は必要なく、磯渡し船のチャーターを考えていたそうだが、後で振り返ると同行者の判断が正解だった。

● **移動を試みて再度沈** ―― 冷えた体を動かすために沖出しして再アタックを試みたが沈。体力を大きく低下させ、保安庁の捜索も難しくしてしまう「一番やってはいけないこと」と反省。

結果として、早い段階で海上保安庁に連絡していたことが功を奏し、無事に救助された。また、防水の携帯電話を持っていたことや、PFDにフラッシュライトを装着していたこと（艇のフラッシュライトは流失）は、救助のために役に立ったと振り返っている。

中村さんのPFD。海上保安庁による救助は、暗くなった時間帯だったため、フラッシュライトを身に着けていたのは「救助されたのに褒められた」という。完全防水の携帯電話も、位置確認の連絡のために非常に役に立った。リーシュや釣りイトなどが絡んだときのためにロープナイフも装着している

リバーカヤック編

危険回避とレスキュー

リバーカヤック編では、指南役にカヌーインストラクターの小倉陽一さんを迎え、より実践的に、危険回避ではホールの克服方法を、レスキューテクニックでは沈脱からロープレスキューの方法などを詳しく解説する。また、リカバリーのスキルとしてロールも網羅しているので、ぜひ参考にしていただきたい。

［監修］小倉陽一（ブループラネットカヤックス）
［文・写真］西沢あつし

今回の指南役はブループラネットカヤックス代表、小倉陽一さん。
20歳のときにファルトボートを手にし、23歳のときにホワイトウオーターカヤックを始める。
全日本選手権優勝のほか、フリースタイルカヤック世界大会は5度出場
（ブループラネットカヤックス　埼玉県秩父郡長瀞町長瀞 947-1 カヌービレッジ内　TEL：080-5003-3660）

liquidlogic
より実践的な、川下りのときの危険回避やレスキューのイロハを解説していきます

❖ ホールはサイドから抜けよう

避けられないホールの克服

川下りをしていると、例えば川幅いっぱいに落ち込みがあったり、ホールにはまってしまうことだって、ないとはいえない。そんなときは慌てず騒がず、川の流れを上手に利用し、カヤックの推力を落とさずに乗り切るべし。ホールは、通常はサイドから脱出しよう。

ホールは推力をつけて乗り切るべし！

前号（VOL02）では、リバーツーリングにおける危険な箇所とその避け方について解説したが、比較的急流が多い日本の川において、実際には、そうやすやすと回避できる場所ばかりとは限らない。

なかでも、大きな障害物となるのがホール。ホールとは、流れに落ち込みがあり、その先に返し波（バックウオッシュ）ができているところを指す。今回は、レスキューテクニックの前に、まずホールの回避方法を紹介する。

ホールは、落ち込みが大きく、水量が多いほど、返し波が大きくて強いものとなる。一般的に、ホールに入ってしまうことがわかったら、しっかりとフォワードストロークを行い、返し波に負けないようにして乗り切るしかない。この返し波の力に負けてしまうと、押し戻され、カヤックはたいてい横向きになってしまう。

ホール内で、流れに対してカヤックが横向きになってしまったらどうするか。ここで思い出してほしいのが、前号で解説した「上流からの流れの強さに対し、お尻でボトムに角度をつけて押し付ける」という話。お尻の下（ボトム）に流れを入れてしまえば、バランスを取ることができるはずだ。さらに、反対側の返し波に対しては、パドルのブレードを入れて補助

出られなくても落ち着いて

ホールにハマった際の姿勢

○

ホールにはまると、カヤックはたいてい横向きになってしまう。こうなったら、カヤックのボトムを上流側に見せて、流れてくる水をカヤックの下に通してしまうこと。あと、体重を真ん中に乗せ、外に逃げないこと

×

これは悪い例。パドルが肩より上に上がってしまうと、脱臼やケガの原因となって危険。また、慌てて上流側にカヤックを倒すと、流れてくる水がデッキに当たり、あっという間に沈する

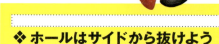

川幅いっぱいのホールはどうする？

ショルダーをねらってホールを抜ける

川幅いっぱいにホールがあり、どうしも避けられない場合は、返し波に押し戻されない力で漕ぎ抜ける。とにかく、しっかりとフォワードストロークをしてカヤックに推進力をつけること。自然の地形にあるホールでは、返し波の弱いところができるので、そこを突破する。写真のようにV字形に返し波ができている場合は、写真手前側の波（「ショルダー」と呼ばれる）がそうだ。また、波にぶつかる面積が最小限になるように、返し波のラインに対して直角に突入して漕ぎ抜けるのがポイント。可能であれば手前で上陸し、スカウティング（下見）をしてコースとタイミングをイメージしてから突入しよう。また写真のように手前にエディーがある場合は、いったん入り、タイミングとコース、気持ちを整えてから突入する

正面突破が避けられない場合

体を前傾させるのがポイント

ホールの返し波の正面にぶつからなければならないときは、返し波の力を存分に受けることになるので、それまでにしっかりとしたフォワードストロークでカヤックをスピードに乗せること。波の音を聞くとどうしても体がすくみがちで、漕ぎが小さくなってしまうが、ここぞとばかりブレードをしっかりと水面に差し込み、推進力を発生させる。そして波の直前では体を前傾させ、波頭の部分をキャッチして力強く漕ぎ抜けよう。後傾になると、スターンが流れの力を受けてバウが立ち上がってしまうので注意しよう。なお、人工の堰などでできるホールは、返し波の力が一様で、沈したときに脱出が非常に困難である。これは地図に記されているので、あらかじめ回避することが可能。無理せず、いったん河原に上陸し、カヤックを担いで陸路で迂回しよう

的にバランスを保つ。このとき、デッキを上流側に倒すと、流れの力でカヤックは簡単にひっくり返されてしまうので注意しよう。

こうして、いったん体勢を立て直すことができれば、ホールからの脱出点は必ずあるものだ。今回は、指南役の小倉陽一さんによる「ホールの横に漕ぎ出る方法」を写真で紹介しているので、ぜひ参考にしていただきたい。

次に、川幅いっぱいにホールがあり、とにかく突入するしかないような状況のときはどうするか。

こんなときは、「比較的返し波が弱いところを探し、そのなかのショルダー（波が崩れていないところ）をねらって対角線で抜けます。そのショルダーもなければ、あとは真っすぐに漕ぎ抜けるしかないですね」と小倉さん。

ホールの最大の難関である返し波に対しては、やはりフォワードストロー

捕まっても抜け出せる！

ホールの脱出方法

01

ホールの下流側にできる返し波は「バックウオッシュ」といい、海岸に寄せてくる波と同じ構造。つかまったら、ボトムを上流側に見せ（デッキを波側に倒す）、ブレースでバランスを取る

▼

02

下流に漕ぎ抜けようと試みても、バックウオッシュに押し戻されて、脱け出ることができない。通常はサイドから脱出を試みる

▼

03

自然の流れのなかにあるホールであれば、流れの強さは一様ではない。流れの抜けている箇所を探そう。ここでは左岸へと漕ぎ進んだ

▼

04

ホールでフォワードストロークを漕ぐには姿勢が大事。パドルに体重がかかるような体勢では、パドルを動かせない。重心はボートの真ん中

▼

05

ホールの端までできたら、横の下流へと流れている水をつかみ、ボートをホールから引き出す。通常の流れに乗れたら、ダウンリバーを再開する

流れには逆らわない

安全な流され方

01

沈脱して川のなかを流されていくときの姿勢。泳ぐ力より流れの力のほうが強いと思ったら、無理をせず、足を下流に向けて、泳げるところまで流される。左が下流側になる

02

実際の流れのなかではこのような姿勢で。通常の流れであればPFDの浮力で十分に浮くので、足を前方に出しつつ、頭を上げて、障害物がないか見張りながら流されること

03

前方に岩などの障害物を見つけたら、基本的には回避していくが、ぶつかることが確実となったら、足を上げてキックして回避する

04

上流に真っすぐ蹴っても再び障害物にぶつかるし、下手をすると障害物に張り付くことになってしまうので、「コースを変える」という意識で障害物をキックしよう

クで推力をつけ、とにかく直角に横切る。さらにこのとき、「体は前傾にする」こと。「体を後ろに傾けると、スターンが流れの力を受けてバウが立ち上がってしまうので注意が必要」だ。

とにかく初心者にとって、ホールは障害物でしかないが、そうした危険箇所の水の流れ方と強さを知り、うまくいなしたり利用したりすることができるようになれば、川下りはより楽しくなってくる。

ただ、人工物によってホールができているところ、つまり堰などは、いったん捕まると脱出困難なことが多く、非常に危険だ。このような場所は、マップで事前に情報を得ることが可能なので、積極的に回避するようにしよう。

沈脱！ 流れを利用して流れから抜け出そう

カヤックが沈《ちん》（ひっくり返ること）すると、どうしても慌ててしまう。どこに流されるかわからないし、どんな危険が待っているかもわからない。だからこそ冷静になることが必要だ。

まず大前提として、瀬の多い川でダウンリバーをするときは、ヘルメットと浮力の大きいPFD（ライフジャケッ

❖ 体験しておくと慌てない

沈脱＆レスキュー

流れのなかでの沈脱は、安全を確保するために編み出された定番の方法がある。これを覚えておくとともに、上級者と一緒に川下りをする機会があれば、緩やかな流れのなかでわざと沈して、沈脱やカヤック用のウエアでの泳ぎを体験しておくことが望ましい。

沈脱は、とにかく慌てない。流されるときは川の流れに逆らわないこと

慌てず、頭を上げない

沈脱の基本

01

スプレースカートの先端のグラブをつかみ、前方に真っすぐ引く。これは、仲間やガイドは手伝えないので、自分でやらなければならない。そして、なるべく頭は低くすることが大切だ

02

先端が外れればスプレースカートは簡単に外れる。体もPFDの浮力で浮き始めるが、慌ててカヤックから体を引き抜こうと思わないこと。とにかく落ち着く

03

体の両サイドのコーミングをしっかりとつかんで、カヤックを押し出すようにして腰から抜け出す。足から抜け出そうとしても、コーミングが邪魔になって出られないので注意

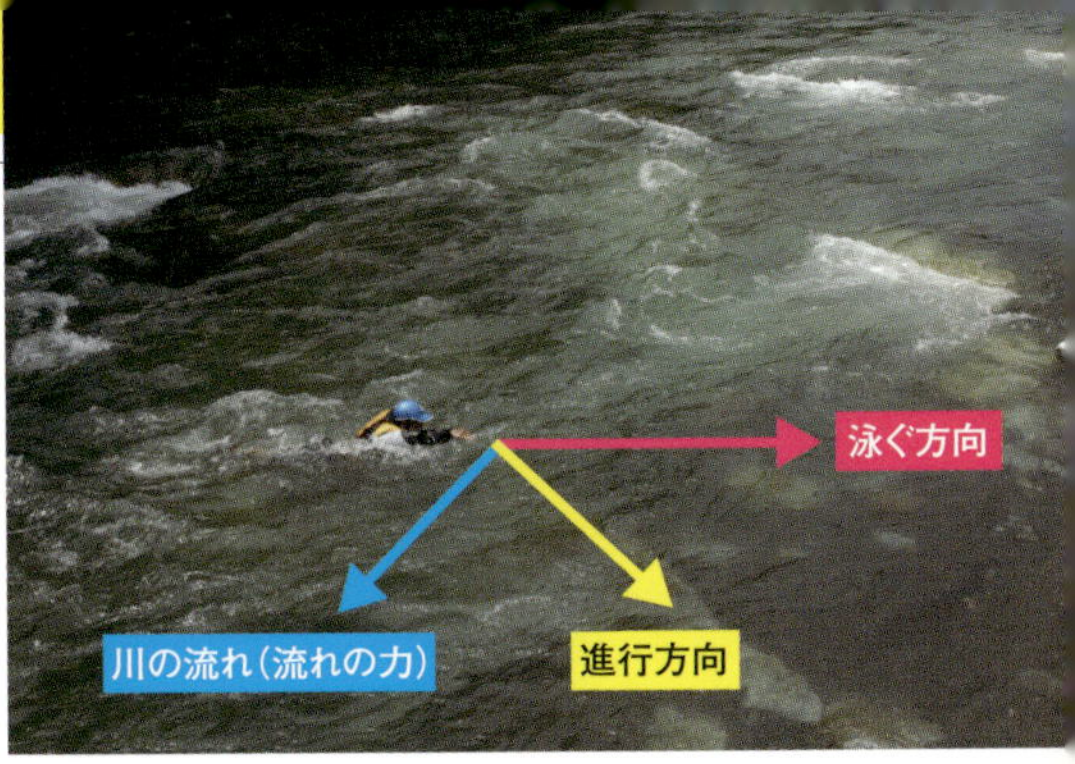

トロ場になるか、泳げるくらいに流れが弱くなったら、岸に向かって泳いでいく。その際、フェリーグライドの要領で、流れに角度をつけて泳ぐこと

双方の役割を覚えておこう

グループレスキュー

01

周囲に危険な様子がなければ、相手に声をかけつつ、沈脱したパドラーのレスキューに向かう。助けられる側は、いきなりカヤックにつかまらず、助ける側の準備ができるまで待つこと

▼

02

助ける側は、沈脱したパドラーをスターンの端につかまらせ、上陸しやすい岸まで運んでいく。助けられる側は、余力があれば、バタ足などをしてカヤックに推力を与えるといい

▼

03

カヤックがパドラーから離れて流されてしまったら、回収に向かう。ひっくり返ったカヤックは、無理に起こそうとせず、そのままサイドをカヤックで押していくと楽

カヤックとパドルは確保

セルフレスキュー

01

沈したら、まずなんであれ慌てない。次に、流れのなかで川底に頭をぶつけないように頭を低くする。そして、ロールをまだ身につけていなければ、すみやかに沈脱の動作に移ろう

▼

02

沈脱した場所が、カヤックやパドルを持っていても危険でないところであれば、まずはこれを確保して、一緒に岸まで泳いで持っていく。このとき、カヤックは無理に起こす必要はない

▼

03

カヤックを流れのなかで引き起こすと、一気に内部に水が入り、岸で引き上げるときに大変な思いをするので注意。ひっくり返ったままであれば、そのままの状態で岸で水抜きができる

▼

04

カヤックを水のなかで引き起こさなければ浸水も少ないので排水も楽!

岸で水抜きをする際は、バウ側から引き上げるとよい。バウはスターンより多くの水がたまり、重くなるからだ。一人で水抜きをする場合は、片方を少し高めの岩などに乗せ、反対側を持ち、上げ下げしてコーミングから水を出す

エディーラインは“壁”になる

アグレッシブスイミング

01

岸近くに強いエディーラインがある場合は、流れの壁があるのと同じで、押し戻されてしまうことが多い。それを乗り越えるための技術が必要になる

▼

02

エディーラインを越えるときは、そこに壁があることを想像して、直前から体を横方向にぐるりと一回転させながら乗り越えるとうまくいく

▼

03

体を回転させながらエディーに入ってしまえば、カヤック同様、簡単に岸に行き着くことができる。上陸できたら、まず体に異常がないかチェックしよう

ト)を着用すること。そして沈したら、頭を低くすると同時に「ロール」(脱艇せずにリカバリーすること)か「沈脱」(脱艇すること)に入る。ロールについてはあとで述べることにして、まずは沈脱から。

沈したら、まず初めに水中でスプレースカートを外す。スプレースカートが外れたら、とにかく腰から抜け出すこと。足からはまず抜け出せない。シーカヤックに比べ、フィッティングがきつめのリバーカヤックではなおさらだ。

いったん脱艇してしまえば、自分の体はPFDの浮力で浮く。その後は、トロ場であればカヤックとパドルを確保し、岸まで泳ぐ。瀬や強い流れのなかであれば、カヤックの回収は仲間に任せ、とりあえず安全な場所まで流れていく。

川を流れていく際は、頭を最優先に守ることが基本だ。具体的には、足を下流に向け、仰向けの状態で流されていくことになる。浅いからといって、むやみに立ち上がるのは危険である。足が岩の間に挟まれ、強い流れに体だけが持っていかれて(フットエントラップメント)、骨折してしまうことも起こり得るからだ。

脱艇して川のなかを泳ぐことになっても、PFDを着ていればまず沈むことはない。ただ、慣れていないと、意外に思いどおりに泳げなかったり

ロープは初めてだと思った方向に飛ばないもの。事前に練習しておこう

❖ 初心者は"助けられ方"が大事

ロープレスキュー

難度の高い激流を下るときは、上級者が先に下り、下流部で沈脱したパドラーを待ち構えることがある。そこでは、ロープを投げてつかまらせる「ロープレスキュー」が行われるので、助けられる側もその手順をあらかじめ知っておいたほうがいい。ロープのつかまり方によってはケガをする恐れもあるからだ。

救助する人と救助される人は意思疎通を

ロープを使ったレスキュー手順

01

レスキューする側は、ロープを投げて相手がつかまったときバランスを崩さないように、足場のしっかりしたところを見つけておく。ロープには、相手の重量に加え、川の流れの抵抗がかかる

02

自分の存在をアピール!
助ける人に声をかける

レスキューする側は、相手に声をかけるなどし、相手に自分の存在を認識させる。助けられる側も、相手を認めたら手を上げるなどして、しっかりとコミュニケーションを図ること

03

ロープの端から2メートルほどのところをしっかりと持って、ロープが収納されているバッグを、流れてくる相手に投げる。慣れていない人はアンダースローのほうがうまくいく。事前に練習しておきたい

04

流れてくる相手の下流側をロープが横切るように投げる。バッグ自体の着水位置は、救助者を通り越した向こう側が望ましい。救助者がつかみやすい位置にバッグではなくロープが着水するようにすること

05

相手がロープをつかんだら、無理に引き寄せようとせず、流れを利用して、自分が支点になるようにエディーに相手を誘導する

06

助けられる側の正しい姿勢。ロープをつかんだら、すぐにロープを肩口に持っていき、足から流れるようにする。ロープは抱え込むようにしっかりと脇を締め、両手でつかむこと（頭の方向に救助者がいる）

✕

救助者がバッグをつかむと、内部に収納されているロープがどんどん出てしまう。また、腕が上がってしまうと肩を脱臼する恐れがある

ロープを手や腕に巻き付けていると、いざというときにリリースできず、水圧で川底に押し付けられたり、骨折や脱臼などをする場合もあるので注意したい

万一のときにロープが出ないなんて最悪!収納にも気を配ろう

バッグにロープを収納するときは、きれいに畳んで入れるのではなく、上から順に押し込むように入れる。このほうが、投げるときにロープが絡まないからだ。背中から肩に回し、バッグを両手で開きながら親指と人さし指で少しずつバッグに押し込んでいくと、やりやすい

するので、できれば機会を作り、ダウンリバーの格好のまま川のなかを泳いでみるのもいいと思う。

さて次は、流されているカヤッカーを、ロープを使って助けるロープレスキューについてであるが、ビギナーはおそらく、助けるよりも、助けられることのほうが多いだろう。

まず、助けられる側は、助ける側とのコンタクト&コミュニケーションをしっかり取ることだ。これができると、ロープを投げる側もタイミングを計りやすくなる。

ロープが投げられたら、不測の事態に備え、助けられる側は手や腕にロープを結び付けないこと。さらにロープをつかむときは、手だけでなく、肩や体の一部を支点として利用することが大切だ。原則的に、ロープを持った手は肩から上に上げ

ヒップスナップが“キモ”

スイープロールの基本

01

起き上がる側にパドルを持ってくる、いわゆる「セット」の状態。パドルはカヤックと平行にする。そして、しっかりと水面から出ていることがポイントだ

02

バウ側のブレードに角度をつけ、スターンに向けて水面に円を描くように漕ぐ。ブレードの角度は、動く方向に対して揚力が発生する角度

03

その揚力をきっかけに、ヒップスナップ（腰の返し）によってカヤック本体を先に起こし始める。パドルのブレードは水中に沈まないように

04

カヤックがある程度まで起きれば、その復原力によってカヤックそのものが起きてくれる。それに合わせて最後に体も起こす

05

この段階では、まだ完全に体は起き上がってはいない。しかしパドルがスターンにまで達してしまっているので、今度はバウに向けてスカーリング（スライス）をかける。そうすると、合わせて上半身も起きていく

06

ブレードの角度をバウ側に開いてスカーリングをすることにより、その揚力でさらに確実に起き上がれる。またブレードを前に持っていくので、すぐ次のアクションに入れる

07

上半身もほぼ完全に起き上がった。右のブレードは水面を押さえる形でフィニッシュ。ブレードの動きに合わせて上半身も前傾姿勢に入っていく

08

上半身と合わせてパドルが完全に前に来ているので、次のアクションですぐにフォワードストロークに移ることができる

❖ ロールで川遊びはさらに楽しく

ケガをしないロール

ロールの際に肩を傷めないためには、
①腕を体より後ろに持っていかない
②腕は軽く曲げ、真っすぐ伸ばしきらない
ことが大切。ここでは「安全」という視点に立ち、スイープロールの基本を紹介する。

ることは避ける。これは、肩の脱臼を防ぐためである。

ロールができれば川下りの楽しさ倍増！

「あのクルッと起き上がる技、できる?」

カヤックをやっていると人に言ったとき、こうした質問をされることは、意外に多い。クルッと起き上がる、つまりロールは、カヤックに乗らない人にとっては特別な技として認識されている節があり、またビギナーも、初めは同様に思っている人が少なくなかったりする。

しかし、現在のリバーカヤックにおいて、ロールを身につけるためのメソッドというのはしっかりと確立されていて、普段教える立場にある小倉さんいわく、「1日も練習すれば、起き上がれるようになります」とのこと。むずかしく考えることはなにもないのだ。第一、瀬が連続する川でいちいち沈脱していたのでは、川下りの楽しみも半減してしまうしね。

ロールにはいくつかの種類があるが、「ベースとなる部分はどれも同じ。僕のオススメはスイープロールですね」とは小倉さん。そして、どんなロールであっても、ヒップスナップ（腰の返し）でカヤックを起こす、というのが基本である。

ヒップスナップの感覚を身につける練習方法。岩やほかのカヤックのバウにつかまり、ひっくり返したカヤック本体を、腰の動きで起こす。上半身を最後に引き起こす感覚もわかるはずだ

SPECIAL MESSAGE 03

親愛なるビギナーへ

漕ぎだせば、冒険が始まる

後藤めぐみさん

photo by Megumi Goto

（右）カヤック歴は20年以上になりますが、いまだにカヤックに乗るとワクワクします。川から眺める景色は、文字通り別世界です

（上）こちらは18年ほど前、御岳渓谷で開催されたスラロームの草レースに出場したときのもの。うまくいったときの達成感は病みつきになります

カヤックは不思議な乗り物です。会社勤めをしていた二十数年前の休日、荒川の下流でカヤックの初心者体験で初めて乗ってから、いまだにワクワクする乗り物のままです。私がずっと飽きずに漕いできたのには、いろんな理由があります。

なによりもまず、日常をたちまち忘れさせてくれる存在だったこと。水面近くに目線があって、周りも水。こんな状況ってそうそうありません。川から眺める景色は、まるで別世界で新鮮でした。街に近い川でも水の上へ漕ぎ出せば、そこには自然がいっぱいあることに気づきます。

わたしは多摩川中流の稲田堤がけっこう好きだったのですが、そこは街が近くにあるのに、さまざまな水辺の鳥や魚、また木々や草花など、いろんな種類の生き物がいます。普段の生活では目に入らないだけで、水の上へ出てみるとたくさん見られます。季節によっても風景はまったく違っていて、水辺にポツンと咲く桜の下へ行ったり、水面いっぱいに散らばった紅葉した葉っぱの中を漕ぎ進むのもおもしろいです。

そして不安定な乗り物であるのも、カヤックの魅力のひとつです。特に流れの中で乗るリバーカヤックは、動いている水の上にいるわけなので、グラグラするし、落差のあるところでは波が立ってデコボコしています。そこで不安定な乗り物に乗るわけですから、バランスをとるだけでも一生懸命にならざるを得ないのです。

流れが急で白い波が立つような瀬を下るときには、行き先に向かって一心にボートを動かすので、日ごろの小さな悩みごとなんて吹き飛んでしまいます。わたしも初心者のころはたくさんひっくり返って流されましたが、それはそれで楽しい思い出です。うまくできないからこそ、やる気が出ちゃうんですよね。

ちょっと難しい強い流れを横切る（フェリーグライド）などをいっぱい練習しました。できなかったことが、ちょっとしたきっかけでラクできるようになる瞬間があって、それがまた続ける原動力になります。

流れのない静かなところでは、パドルを動かすたびに耳に入る水の音や、ブレードでつかまえる水の手応え、漂うフワフワした感じ。流れの緩やかなところでは、次々に変わる景色だったり、ゆったりと流される心地よさ、流速によって変化する水の音。流れの急なところでは、瞬時の判断力やドキドキ感、うまく下れたときの達成感など――。リバーカヤックはいろんな楽しみ方があります。

最近は街の中でも乗れるツアーも増えてきました。興味をもった「今」が始めどき。勇気をもって漕ぎだすだけで、小さな冒険が始まりますよ。

後藤めぐみ
（ごとう・めぐみ）

多摩川上流の御岳を拠点とするリバーカヤックスクール、グラビティ代表。フリースタイル競技でアメリカ、ドイツの世界大会出場後、1994年のドイツ開催のプレワールド大会で7位を獲得。女性ならではなの、力に頼らないしなやかなパドリングを目指し、スクールを通してダウンリバーや瀬遊びの愉しさを伝えている。

❖ 完全保存版 動画でも配信！

沈脱せずに
楽々
リカバリー

ロール徹底マスター

ある一定レベル以上のカヤッキングをしようと思ったとき、
沈脱しないでリカバリーするテクニックである「ロール」は、
どうしても避けて通れないスキルとなってくる。
もちろん、ロールができなくたって、楽しくカヤックで遊べるわけだけど、
どうせなら早めに覚えて、遊びの幅を広げてみるのも悪くない。
というわけで今回は、カエルアドベンチャー代表の齋藤秀夫さんをインストラクターに迎え、
水上&水中の詳細な分解写真を撮影。
さらに、段階を踏んだその練習方法まで、徹底的に紹介する。

［監修］齋藤秀夫（カエルアドベンチャー）　［文］西沢あつし　［写真］山岸重彦（本誌）　［イラスト］清水廣良

ロールができれば世界が広がる

ロールと練習方法

ロールは、ビギナーには高度なテクニックに見えるかもしれないが、その動きを分解していくと、ほかのテクニックの延長線上にあることがわかる。まずはプールや平水面などで、じっくりと練習するといい。

カヤックで沈したとき、瞬時に起き上がってくるテクニックのことを一般的にエスキモーロール（ロール）といっているが、これは、カヤックを使って漁をしていた極北の民が、海で沈したときのリカバリーテクニックとして使っていたことから付いた名称である。彼らが生活の糧を海に求め、その道具としてカヤックという乗り物を創った段階で、自然にエスキモーロールも生まれたと思われる。なぜなら、氷の浮かぶ冷たい海で、いちいち沈脱、再乗艇ということはできないから。つまりフォワードストロークと同列の必須のテクニックだったのだ。

しかし、いまのカヤッキングでは、どうも「別格」の技術になってしまったように思える。カヤックを楽しんでしばらく経つと、この「ロール」が踏み絵のように立ちはだかることを感じるパドラーも多いだろう。「できたほうがいいか」と問われれば、それは間違いなく、できたほうがいい。しかし、「できなければ、フィールドに出られないか？」という問いに対しては、ノーである。ロールができなくてもカヤッキングはできる。その場合、フィールドに出るか出ないかの判断力が、より重要となってくる。そしてロールができれば、その「フィールドに出ない」という判断の基準を、大きく上げることができることは確かだ。

このロール、基本は「ヒップスナップ」に尽きる。足と膝、腰を使ってしっかりとカヤックをホールドし、波や流れに合わせてしなやかな動きができないと、このヒップスナップはできない。さらに、例えば後ろのページで紹介している「C to C」というテクニックでいえば、ローブレースやハイブレースを極めたスキルともいえる。逆に、このローブレースやハイブレースをしっかり身につけていれば、めったなことでは沈することもなくなってくる。

1 カヤックとの一体化が必要

フィッティング

ロールの基本は、ヒップスナップといわれる、脚の動きに同期する腰の動き。この挙動をカヤックにダイレクトに伝えるためには、カヤックとの接点となる腰、膝、足のセッティングをしっかりと決める必要がある。

まず、ロールの練習で使用するカヤックであるが、いつもはシーカヤックやファルトボートに乗っている人でも、リバーカヤックを使うと理解が早い。これは、リバーカヤックのほうが、ひっくり返りやすく（＝起き上がりやすい）、タイトで、フィッティングが容易だからだ。

リバーカヤックは、不安定なカヤックゆえに、重心に影響するシート自体の位置も、より重要になってくる。カヤックの重心と体の重心が重なるようにすれば、カヤックの動きも自然になり、ロールもしやすくなる。

まず、重心位置も考えながら腰の位置を決め（バックストラップ）、膝（ニーブレース）、足（フットブレース）と位置決めをしていく。通常は、この腰、膝、足の３点が接点となり、姿勢をコントロールする。「腰のフィッティングが最も重要です」とは、今回インストラクターをお願いした齋藤秀夫さん。少々タイトに感じるくらいの調整でいいが、度が過ぎると足がしびれてくる。特にシートの脇に付けるパッドは、脚の動脈を圧迫しやすいので注意しよう。また逆に、体がほぐれてくると、最初のフィッティングを緩く感じることもある。ズレてきたと感じたら、小まめに調整するようにしよう。

01

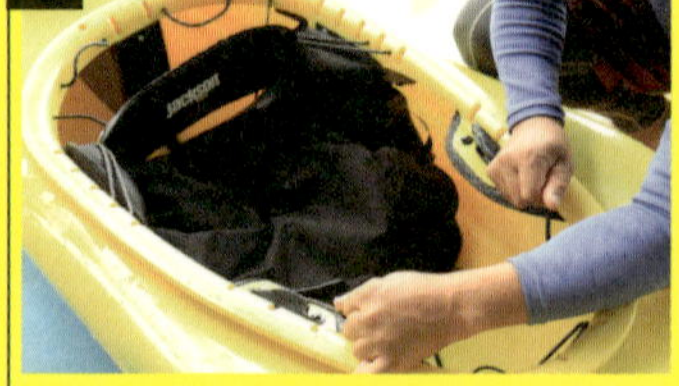

フィッティングの際、バックレストの調整は忘れがちになるので注意しよう。カヤックの種類によってやり方は異なるが、このカヤックは、サイブレースの上のひもで調整するタイプ

02

腰の位置が定まったらフットレストを調整する。最近のリバーカヤックの場合、フットレストは板状になっていて、それ全体を前後させるものが多い

03

最後にサイブレース。太ももから膝にかけての部分が、カヤックとの接点となる。固定式のものも多いので、この当たり具合を見てからフットブレースの位置を決めてもいい

04

体重移動に機敏に反応するリバーカヤックでの練習は、重心の位置決めも大切。パドルを写真のように構えた際、シャフト部分がコーミング先端の延長線上に来るようにフィッティングする

2 ヒップスナップの練習①

腰と脚の動きを理解する

フィッティングのあとは、ロールの基本である ヒップスナップの感覚をつかむ練習。 プールサイドや川岸近くの水の上でカヤックに乗り、 カヤックを倒したら、まずは腰と脚の動きを使って カヤックを元に戻す感覚を身につけよう。

ロールとヒップスナップの仕組み

ロールは、さまざまな種類があるが、パドルの動きを別にすれば、基本は一緒だ。

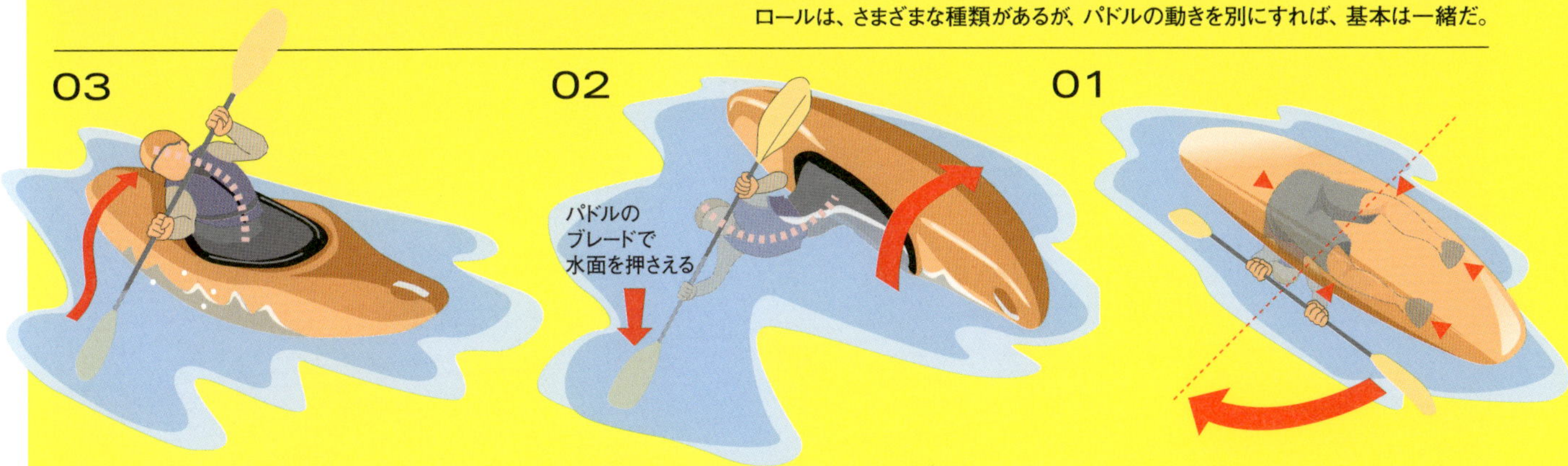

01 ロールに入る直前の状態。いわゆる「セット」と呼ばれる格好だが、このとき、腰、膝、足の3点が接点となり、あとからのロールの挙動をバックアップする

02 いわゆるヒップスナップのモーションをかけているところ。ヒップスナップのきっかけは、パドルのブレードで水面を押さえることによってつくる（イラストは、C to Cの挙動）

03 途中からカヤックの復原力が働き、カヤックが起き上がったところ（この時点では、まだ頭は起き上がっていない）。実際には一連の動きとなるが、イメージとしてはこのように分解して理解することができる

最初のロール練習は、左右のどちらか一方から確実に起き上がれるようにするのが目標。とにかく片側からだけでも確実に起き上がれるようになれば、大きな自信につながる。齋藤さんは、まずは右側（左舷側）から起き上がることを推奨している。

「日本人は右利きが多いし、基本的にパドルは右（手）固定ですから」

というのがその理由だ。今回はこれに倣い、右側から上がることを前提に解説していく。

ロールは、ともすればパドルのブレードで水をかいて起き上がっているように見えるかもしれないが、実際は、「ヒップスナップ」と呼ばれる腰の動きが最も重要な要素となる。つまり、下半身のなかでも、おもに腰を使ってカヤックを元に戻すきっかけをつくり、ある程度までカヤックが起きたら、その復原力を利用して起き上がる、というのが基本だ。そして、カヤックの復原力というのはそれほど大きいものではないので、体のなかで最も重く、重心の高い頭は、最後に持ち上がる感覚を早く身につけることもポイントとなる。

パドルの動きは、「C to C」と呼ばれるハイブレースの発展形のロールであっても、「スイープロール」と呼ばれるスイープストロークの発展形のロールであっても、あくまでヒップスナップを補助するきっかけの動きにすぎない。さらに、ヒップスナップというが実は腰だけの動きではなく、（右側から起き上がる場合）右膝を体にグッと引き付けるように上げることを意識すると、より強い動きがカヤックに伝わって、うまくいく。

これらの練習は、やはり水の上で行うのが感覚を一番つかみやすい。プールサイドや、ごく浅い川岸の平水面にカヤックを浮かべ、プールサイドならへりに、川岸なら岩などにつかまり、体とカヤックを右側に倒す。そして、上半身はそのままの位置を保ち腰と脚（膝）の動きを使ってカヤックを元に戻す感覚を体に覚え込ませよう。

01 プールサイドのへりにしっかりとつかまり、体をゆっくり倒して肩、耳をプールサイドのフロアに着ける。下半身もカヤックをしっかりホールドしておくこと

02 上半身を起き上がらせるのではなく、下半身だけでカヤックを横方向に回していく。下半身は、右脚を自分のほうに引き寄せ、左脚を遠くに押し出すようなイメージ

03 下半身だけひねって（ヒップスナップ）カヤックを起こす感覚は、側頭部をプールサイドに着けた姿勢を保つように意識すると、よくわかる

04 カヤックが、ある位置まで起き上がると、力を入れなくてもカヤックは復原する。ゆっくりと、その位置を確かめながらカヤックを腰で起こしていく

05 頭がプールサイドから離れるのは最後の最後。カヤックが起きて、頭が水面に届かなくなって自然に離れるという感じだ。体のフォームは、前後方向から見ると「C」の字になる

× これは極端だが、頭を先に起こしてしまう悪い例。下半身を使うヒップスナップではなく、腕力でカヤックを起こそうとしてしまう。焦ると陥りがちだ

ヒップスナップの練習②

腕の力に頼らず起き上がる

3

今度は、水のなかに立つ人の手や、ほかのカヤックのバウにつかまってのヒップスナップの練習。補助する人の手やカヤックは浮いたり沈んだりするので、練習をするほうの手に力が入りすぎると、途端に起き上がれなくなる。

今度は、インストラクターや友人などの補助者が水のなかに立ち、その人の手を持ってヒップスナップの練習をしてみよう。腕の力だけで起き上がろうとすると、途端に起き上がれなくなるはずだ。手に力が入りすぎると相手が不安定な状況になり、固定されたプールサイドのへりなどで行ったようにはいかなくなる。また、このとき、補助者のほうも、手に荷重を感じたら、相手に知らせてあげよう。

ヒップスナップがうまくできていれば、本来、補助者の手には力がかからない。この練習で起き上がれないようであれば、もう一度プールサイドやごく浅い川岸での練習に戻って、ヒップスナップの感覚をつかむこと。逆に、この練習段階でうまくカヤックを起こすことができれば、ほとんどロールはできたも同然なのだが、どうしても時間がかかることが少なくない。

ロールは、「もし起き上がれなかったらどうしよう」という恐怖心が生まれがち。低い水温では体が動かないし、やらなければならないというストレス下では、体も萎縮する。こうした練習は、温水プールやハイシーズンの平水面で、しっかりした補助者の下で行うことが上達の近道だ。

01

ヒップスナップの第2段階の練習は、水のなかに入った補助者の手につかまっての練習。補助者は、いざというときのレスキューの役割も持つ

▼

02

起き上がるのは、あくまでも腰と脚の力。補助者も自分の手に体重が乗っていないかチェックしよう。腕力に頼っていると、途端に起き上がれなくなる

03

補助者がカヤックに乗り、そのバウにつかまらせて練習するという方法もある。フィールドにおける流れがない平水面での練習は、こちらがポピュラー

▼

04

頭は最後に水から離す。起き上がる動作に入ってからカヤックが沈み込めば、体重が乗ってしまっている証拠だ

パドルの動きの練習

ブレードは常に水面と平行に

4

下半身の動きが身についたら、次は上半身。ロールのときに振り回しているように見えるパドルが、実際はどのように動いているのかを陸上で覚えよう。ポイントは、ブレードが描く軌跡。決して水中に沈み込ませないことだ。

齋藤さんは、瞬発力でコンパクトに上がれるロール、「C to C」を推奨しているので、パドルの動きの練習も、そのC to Cを前提とする。この練習は、陸上で一連の動きをシミュレーションするとわかりやすい。最初のポイントは、スタート時のいわゆる「セット」の状態のときに、カヤック本体をしっかりと体の近くに寄せておくこと。上半身の動きに気を取られて下半身がルーズになると、水のなかではカヤックの浮力と、PFDを着用したパドラー自体の浮力に翻弄（ほんろう）され、カヤックがあらぬ方向を向いてしまったり、カヤックとパドラーとを離そうとする力などが働く場合が少なくないので注意しよう。

次にパドルの動きであるが、パドルをカヤックと平行にした「セット」の状態から、ブレードをぐるりと90度回す。このとき、ブレードは常に水面（地面）と平行に動かすこと。そして、ヒップスナップでカヤックを起こす体勢になったときに、パドルを持つ左手がカヤックのボトムに触れるくらいまで上半身を曲げる。パドルは水面に対してほぼ平行。正面から見ると、パドラーは「C」の字の格好に見えるはずだ。最後に、ヒップスナップだけでゴロリとカヤックを動かしてみる。

01

C to Cの最初の動作であるパドルの「セット」。実際の水のなかでは、この「セット」の状態のとき、パドルのブレードは水面に出ていることが望ましい

▼

02

パドルを持つ手を若干"猫手"気味にして、ブレードを水面に対して平行よりやや外側に開く。この角度の感覚は、何度も練習して身につけるしかない

03

ヒップスナップの体勢に移るまでにパドルを90度回す。水面近くに軌跡を描くイメージでブレードを開く。このとき、ブレードが内側を向いていると、水中に吸い込まれてしまう

▼

04

ヒップスナップに移る直前の体勢。左手はカヤックのボトム側に着け、パドルと水面がほぼ平行になるようにする。正面から見ると、パドラーは「C」の形に見える

5

水面での実習①
セットから起き上がるまで

ヒップスナップとパドルの動きを覚えたら、次はいよいよ水面に出て、ロールに挑戦だ。最初は補助者にしっかりと支えてもらい、水中での動き、特にヒップスナップを体に覚え込ませよう。あわてず焦らずに！

陸上の練習のあとは、水面での実習だ。といっても、すぐにこれまでの動きをすべて水のなかでできるわけもないので、補助者の力を借りて、セットから起き上がるまでをポイントごとにチェック。実際の動きを体で覚える。この練習は、水中眼鏡とノーズクリップとを着用して行うと、より集中してできる。

まずは、ヒップスナップに入る前の「C」の形がきちんとできているかどうか。ヒップスナップの力を最大限にカヤックに伝えるためには、瞬発力を溜め込む最初の「C」がきれいにできている必要がある。実際に水面でやってみると、水中に頭が入ったときに気が動転したり、天地が逆になって混乱することが少なくない。自分のイメージではできているつもりでも、補助者から客観的に見てもらうと、体が「C」の形になっていないことも多いのだ。そこで、補助者に支えてもらい、再度、体を「C」の形にする練習をする。さらに、最後のフィニッシュ前の体勢は、頭が残り、最初の「C」の形と逆の「C」の形となる。これが「C to C」の名前のゆえんだ。

上半身ばかりに目が向きがちだが、足と膝でしっかりとカヤックをホールドすることも忘れずに。

01

ヒップスナップで起き上がるパートを先に習得する。水中でパニックにならないためにも、ひっくり返るときから補助者がPFDを持つなどして、ゆっくりと水中にエントリーする

02

補助者は、カヤックから先に起きるようにヒップスナップの手伝いをする。またパドルに体重が乗りすぎていないか確認しながら、カヤックを起こしていく

03

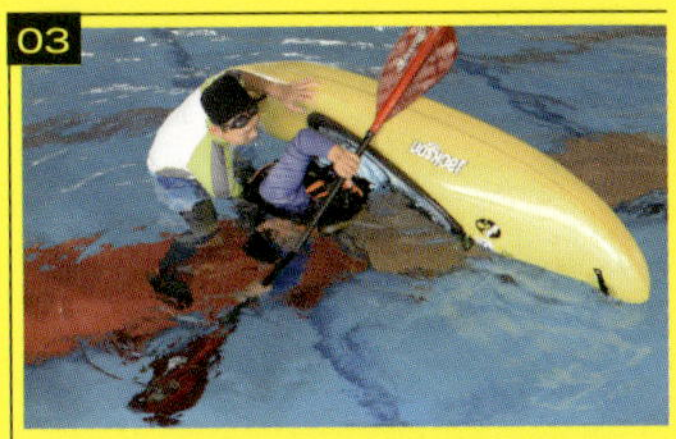

カヤックの浮力と自身のPFDの浮力で、最初の「C」をつくれないことも多い。補助者はしっかりと姿勢をつくってあげよう。練習者は、息が苦しくなったら合図すること

04

頭が最後に上がるように、声をかけながらフィニッシュの「C」の形をつくる。ここでは、パドルの動きよりも、ヒップスナップで上がる感覚が身につくまで繰り返し練習する

6

水面での実習②
パドルの動きを補助してもらう

いよいよ仕上げ段階! ブレードの軌跡は水面近くにあること（最初の「C」）。ヒップスナップでカヤックを先に起こして、頭は最後に上げること（フィニッシュの「C」）。これらのポイントを念頭に置き、じっくり練習しよう。

ロールで、初心者が陥るミスで多いのが、セットの状態からパドルを横に回す際、ブレードが水面下に沈んでしまうこと。陸上でパドルの動きを練習したとおり、パドルのブレードは同一平面上、つまり水面近くをかく。これが、水面下に沈んでしまうと上半身が伸びてしまい、体が最初の「C」の状態にならない。結果として、ヒップスナップの力がきちんとカヤックに伝わらず、ロールが失敗してしまうのだ。

最終段階のここでは、補助者はパドルのセットからヒップスナップ前の「C」の状態になるまで、ブレードの描く軌跡がちゃんと水面近くに通っているかチェックすること。具体的には、セットの状態からブレードを持ち、理想的な軌跡に誘導してあげるといい。

ブレードで理想的な軌跡を描けるようになったら、補助者は最後だけブレードを持ち、ヒップスナップで起き上がる練習に移る。補助者が最後にブレードをつかんでくれると思えば、練習者は落ち着いてヒップスナップの練習ができるはずだ。ある程度できるようになったら、ブレードにパドルフロートなどをセットし、同じ練習をしてもいい。ここまでくれば完成形までもう少しだ。

01

右手のブレードの動く軌跡が、水面近くを動いてくるかチェック。また、ブレードの角度が、動く方向に開いていないと、水中に引き込まれてしまうので要注意

02

パドルが90度回り、ヒップスナップのセットの位置になったところで、補助者はブレードをつかんであげる。左手はボトムに触れ、上半身が「C」の形になっていることを確認

03

補助者がブレードをつかんでいることを確認したら、そのままヒップスナップ。補助者がブレードを支える力を次第に抜いていけば、いつの間にか起き上がれるようになっている

04

補助者がいなくてもほとんど起き上がれるくらいになったら、シーカヤックのレスキュー用品であるパドルフロートを使って練習してもいい

❖ **素早く起き上がれるロールの代表格**

C to C ROLL

シートゥーシー・ロール

ロールは、それだけが独立したテクニックではなく、通常のパドリングの延長線上にあるもの。起き上がる直前と、起き上がった直後の上半身の形が「C」の字になる「C to C」は、ドローストロークやハイブレースの発展形ともいえる。ここでは、水中での動きのわかる写真なども使って、徹底的に「C to C」を解説する。

01

沈して（ひっくり返って）しまったら、落ち着いて、写真のような「セット」の状態に入る。パドルを、起き上がる側に、カヤックに平行にしてセット。そのときにブレードは両方とも水面近くに持っていく。ブレードの向きは、パドルを回す進行方向に対して「開いている」こと。この向きの調整は、パドルを持ち替えずに、手首の角度で行う

02

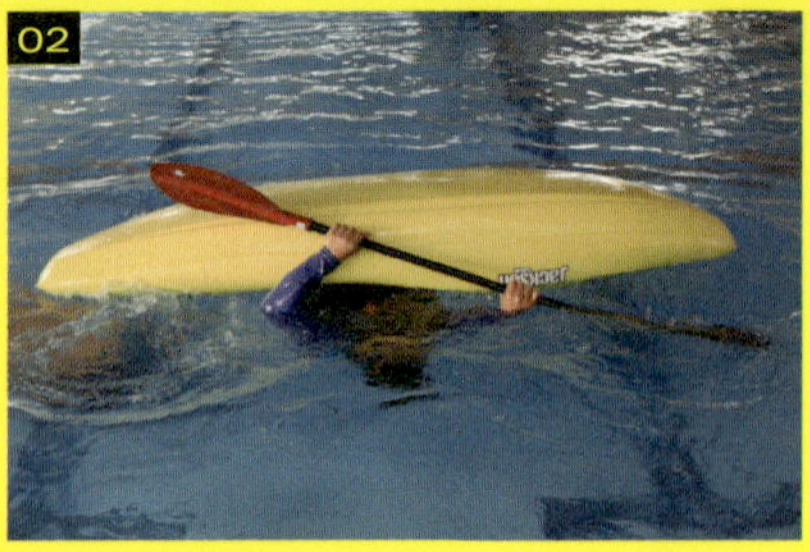

セットができたら素早くパドルを回し始める。特にホワイトウオーターなどの場合、沈してからの動作は川の流れのなかでの動きとなるので、川底に頭をぶつけたりしないように早めにセットの状態から起き上がる必要がある。また、海の場合でも、沈するときは海象が荒れていることも多く、すぐに次の行動を起こす必要がある

パドルを持つ手は、少しだけ手首側に曲げた状態。いわゆる“猫手”にして、ブレードに若干角度を持たせておく

03

ブレードが水中に沈まないようにするために、ブレードの向きは、進行方向に対して揚力を得るような角度（＝ブレードの上部が水面に対して少し上を向く角度）を持たせる。左手はボトムに当たってもいいので、ブレードはあくまで水面近くを回していく

パドルを回すにしたがって、左手のほうはカヤックが邪魔になるかもしれないが、ブレードの軌跡はできる限り水面近くを通るようにする

「セット」の状態を水中から見る。ブレードの位置は、可能であれば水面から出るくらいでもいい。上半身が「C」の形になっているのがよくわかる

水のなかの上半身は、この時点でもけっこう曲げることになるが、実際にはPFDの浮力があるので、さほど大変なことではない

ブレードの角度に注目。この角度によって、揚力が発生する。逆向きになると、水中に沈み込んでしまうので要注意

ロールは、大別するとロングロールとショートロールの二つに分けられ、現在、主流となっているのはショートロール。ロングロールは、パドルを持ち替える必要があるため、ホワイトウオーターなどでは実用的でない、というのがその理由だ。

そして、ショートロールの代表格の一つが「C to C」だ。前項のロールの練習の解説でも述べたが、ロールの種類を問わず、まずパドルの動きとともにヒップスナップでカヤックを起き上がらせるきっかけをつくり、最終的にはカヤックの復原力によって上半身を水面へ戻す、という流れは一緒だ。C to Cの場合、自分の真横に持ってきたパドルのブレードで水面を押さえ、ヒップスナップのきっかけづくりをするのが特徴となる。

このパドルの動きは、あくまでヒップスナップのきっかけづくりにすぎない。ヒップスナップ直前の状態からフィニッシュまで、パドルの位置は動かないイメージだ。決して腕の力でカヤックを起き上がらせるのではない。腕力で上がろうとすると、頭が先に上がってくるからすぐわかるので、注意しよう。カヤックの復原力は、重量があって重心の高い頭を先に起こすほど、強いものではないのだ。

真横からの写真よりも数秒あとに別角度から撮った写真。ブレードは水面近くにあることが望ましく、上半身は自然とこのような角度になる

04

パドルが体の90度横に来たら、ヒップスナップで起き上がる。ヒップスナップ直前は、上半身はしっかりと曲がって「C」の形に見えるのが理想。そこからブレードで水面を押さえるようにして一気に腰のスナップを利かせる。同時に、右脚は自分に引き付けるようにすると、より強力なスナップ力を得ることができる

「セット」のときの「C」とは逆の「C」の形になっているのがよくわかる。頭から起き上がっていないので、このようなフォームとなる

05

ある程度までカヤックを起こすと、カヤックそのものの復原力が働いて元に戻る。この復原力を殺さないためにも、重心が高くて重量のある頭は、最後に水から抜くこと。呼吸が苦しくなると、どうしても先に頭から上げようとしてしまうが、これは失敗のもと

正面に近い角度から見ると、パドラーのフォームがよくわかる。パドルの位置は、体の真横からそのまま動かさない

06

フィニッシュの状態。一つ前のフォームと同様、「C」の形で終了しているはずだ。起き上がったら、すぐに次の動作(フォワードストロークやスイープストロークなど)に移れるよう体勢を整える。もちろん、沈するような場所からは、なるべく急いで離れたほうがいいからだ。また、起き上がり損ねたら、途中から上がろうとせず、もう一度沈した状態に戻り、セットから順を追って、落ち着いてロールに挑戦しよう

沈する前のリカバリースキル

ブレースも重要なテクニック

「最近、ロールができるのにブレースができないという人が増えているんですよ」

インストラクターをお願いした齋藤さんは、少々当惑気味。ブレースとは、バランスを崩した際、パドルの支えによってきっかけをつくり、体勢を立て直すスキル。当然だが、まずは沈しないことも、カヤックの大事なスキルである。

ブレースのポイントは肘。シャフトを持ち直すことなく、肘を中心にブレードの角度を変え、水面に対してブレードを平行にして、水面を押さえる。ただし、パドルによって水面を押さえる支えは、腰を使って艇を起こす行為、ヒップスナップのきっかけにすぎない。これはロールのそれと、まったく同じである。

ローブレース

ハイブレース

ローブレースは、ブレードのノンパワーフェース(バックフェース)で、水面を押さえ、体勢を整えるテクニック。脇を締め、パドルの位置は腰近く。パドルの支えをきっかけに、ヒップスナップで艇を戻す。ハイブレースでは、ブレードのパワーフェース(水をキャッチする面)で水面を押さえ、体勢を整える。パドルの位置は肩の上。ローブレース同様、パドルの支えをきっかけに、ヒップスナップを使って艇を起こす

カヤックが体から離れないように、下半身でしっかりとホールドしておく

ヒップスナップがうまくいくと、カヤックが起き上がり、パドラーはその動きに引っ張られるようにして水中から自然に脱出できる

❖ パドルの揚力を積極的に利用する

SWEEP ROLL

スイープロール

「スイープロール」は、「C to C」と同様、ショートロールの代表的なテクニックだ。C to C がハイブレースの発展形だとすれば、こちらはスイープストロークの発展形ともいえる。ヒップスナップが重要なのは C to C と同じだが、パドルのブレードがつくり出す揚力を積極的に利用して起き上がるのが、このロールの特徴だ。

「C to C」が、ブレードで水面を押さえ、ヒップスナップのきっかけづくりをしたのに対し、「スイープロール」は、スイープストロークで得た揚力をきっかけにして艇を起こすのが特徴となっている。

C to Cに比べて、パドルの揚力を積極的に利用することに加え、ブレードの軌跡が長く、ヒップスナップが多少弱くても起き上がることができるというメリットがある。一方、C to Cのほうがヒップスナップのタイミングはわかりやすく、瞬発力を使ってコンパクトに起き上がれる。どちらもそれぞれメリットとデメリットがあり、このあたりは好みが分かれるところでもある。

正面から見た図。ブレードが水面付近をストロークしているのがよくわかる

01

スイープロールを始める前の「セット」は、C to Cと同様、パドルをカヤックと平行にして、ブレードが水面から出るくらいの位置に持ってくる。PFDの浮力で上半身がカヤックから離れたりフラついたりしないように、この時点から下半身はしっかりとカヤックをホールドしておくこと

02

セットが完了したら、間髪をいれずパドルを回し始める。ブレードの角度は、パドルを回したときに揚力が発生する角度をイメージ。ブレード上部が水面に対して少し上を向くようにする。ブレードの向きと軌跡は、補助者に見てもらいながら練習しよう

03

ブレードの軌跡が水面近くを描くようにパドルを回す。このとき、上体は前かがみから徐々に起きていく。スイープロールは、ブレードがつくる揚力も利用できるので比較的起き上がりやすく、最初に練習するロールとして、こちらを選択するパドラーやスクールもある

この水中写真では、上半身がほぼ垂直になっているが、実践では川底に頭をぶつけないように、なるべく前に倒れるのが望ましい

パドルをストロークする際、ブレードの先を見詰めるようにするのもポイント。こうすると、ブレードとともに頭が移動し、上半身が一体に動いて、次の動作に移りやすい

ヒップスナップでカヤックが回転し、その動きに合わせて上半身は水中から引き上げられる

ボトムが下を向き、完全にカヤックが起き上がった状態。最終的には、カヤックの復原力を生かして起き上がるのがロールの基本だ

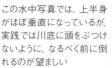

さて、スイープロールのポイントであるが、まずC to Cと同様、セットのあとに、水面近くでブレードを動かすことが挙げられる。そして、ブレードは、揚力を発生するように、水面に対して上部が若干上を向く角度にする。次に、ブレードが自分の真横に来る直前に、ヒップスナップを使って艇を起こす。このヒップスナップのきっかけとなるのがスイープストロークであり、常にヒップスナップがタイミングよくできるようになれば、艇、肩、頭の順で、自然に起き上がれるようになる。

要チェック!

現在、『カヌーワールド』のサイトで、今回のロールの様子を動画で配信中!

http://www.kazi.co.jp/canoe/

パドルは、ほぼ90度回っているが、頭はまだ水面には出さず、水中にぶら下がっているイメージ

04

パドルを回して揚力を感じながら、ヒップスナップと同時に右脚を体のほうに強く引き寄せる。ヒップスナップのタイミングは、ブレードが自分の真横に来る直前。左のパドルがカヤックに当たって回しにくいかもしれないが、ボトムを避けようとすると反対側のブレードが水中に沈んでしまうので気をつけよう

デッキが水面に出てカヤックが起き上がるという確信を得るまで、頭は上げないこと

05

ヒップスナップがしっかりできていれば、この時点でカヤックは、カヤック自体の復原力によって、起き上がっているはずだ（スイープロールの揚力だけでは、カヤックは起き上がらない）

06

起き上がったら次の動作にすぐに移れるよう、素早く上体を起こす。この時点でフィニッシュだ。沈するような場所や状況は、実際には自分の技術を超えているような場合も少なくないので、油断しないですぐに退避できるように準備しよう

よくある失敗例 ①

パドルのブレードが沈んでいる

ブレードを回す際に、写真のように水中をストロークしてしまうと、ヒップスナップのきっかけとなる揚力を生み出すことができず、失敗する

スイープロールを失敗する原因の第一は、ヒップスナップが甘く、力がカヤックにきちんと伝わっていないということ。その要因の一つに、写真のようにパドルのブレードが水中に沈んでしまうことが挙げられる。パドルのブレードが水中に沈んでしまうと、ヒップスナップにきっかけを与えるブレードの揚力をうまく発生させることができず、起き上がれない。

よくある失敗例 ②

頭を先に上げてしまう

頭を先に起こすのは厳禁。失敗した場合は、すぐに最初の「セット」状態に戻ること。ロールの場合、途中の手順から再チャレンジするのは難しい

ロール全般に言えることだが、頭を先に上げてしまうと、カヤックの復原力が追いつかず、最後まで起き上がることができない。これもよくある失敗例。腕の力だけで起き上がろうとすると、こうしたケースに陥ることが多い。

今回のインストラクターをお願いした「カエルアドベンチャー」のスタッフ。左から、代表の齋藤秀夫（さいとう・ひでお）さん、渡邉将生（わたなべ・のぶお）さん、篠崎哲也（しのざき・てつや）さん。カエルアドベンチャーは、栃木県を拠点に、那珂川、鬼怒川、中禅寺湖などをおもなフィールドとして、体系的なプログラムのスクールを開催している。また、温水プールを使った同社の「ロールマスターコース」は、非常に人気の高いコースとして知られている。

カエルアドベンチャー
栃木県さくら市狭間田408-5　TEL：028-681-7212　http://www.kaeru123.com

Advanced Paddling Techniques

第2章

超入門 パドリングテクニック 実践編

パドリングテクニックの基礎をある程度マスターしたら、
こんどはそのスキルをフィールドで役立てよう。
第2章では、その舞台を海と川のフィールドに分け、
それぞれのステップアップ講座やキャンプツーリング時の
テクニックなどを紹介。より実践的で役立つ内容をお届けする。
カヤッキングの楽しさは、技術を磨けば倍増するもの。
さあ、お楽しみはこれからだ！

技術を磨けば楽しさ倍増!

Step Up!

カヤックは、ただ漕いでいるだけで、
とっても癒やされて気持ちのよい乗り物だけれど、
経験を積んで技術を磨いていくことにより、
たとえばそれまで知らなかった海景を
見ることができる、あるいは瀬に
積極的に入れるようになったりする。
要するに、技術が上がれば、
遊びの幅も自然と広がるのだ。
さあ、みんなでステップアップ!
楽しみを倍増させよう。

[写真] 山岸重彦（本誌）、宮崎克彦（本誌）

挑戦！伊豆大島エクスペディション

海を渡って島へ行く、シーカヤックのポテンシャル

気ままな海上散歩を楽しめるシーカヤックだが、
そのポテンシャルはとても高い。
過去、数多《あまた》のシーカヤッカーが大海原に繰り出し、
大洋漕破の快挙を成し遂げている。
外洋を漕いで島へ渡るツーリングも、
一般パドラーにとっては立派なエクスペディションだ。
伊豆大島への横断によって、あらためてシーカヤックの底力と、
沿岸では味わえない海の魅力に触れることができた。

[文] 西沢あつし [写真] 山岸重彦（本誌）、西沢あつし　[協力] 西伊豆コースタルカヤックス

目的地はいずこ？ 東方、約30キロ！ まだまだ強い晩夏の朝日に、伊豆大島は影となって横たわっていた

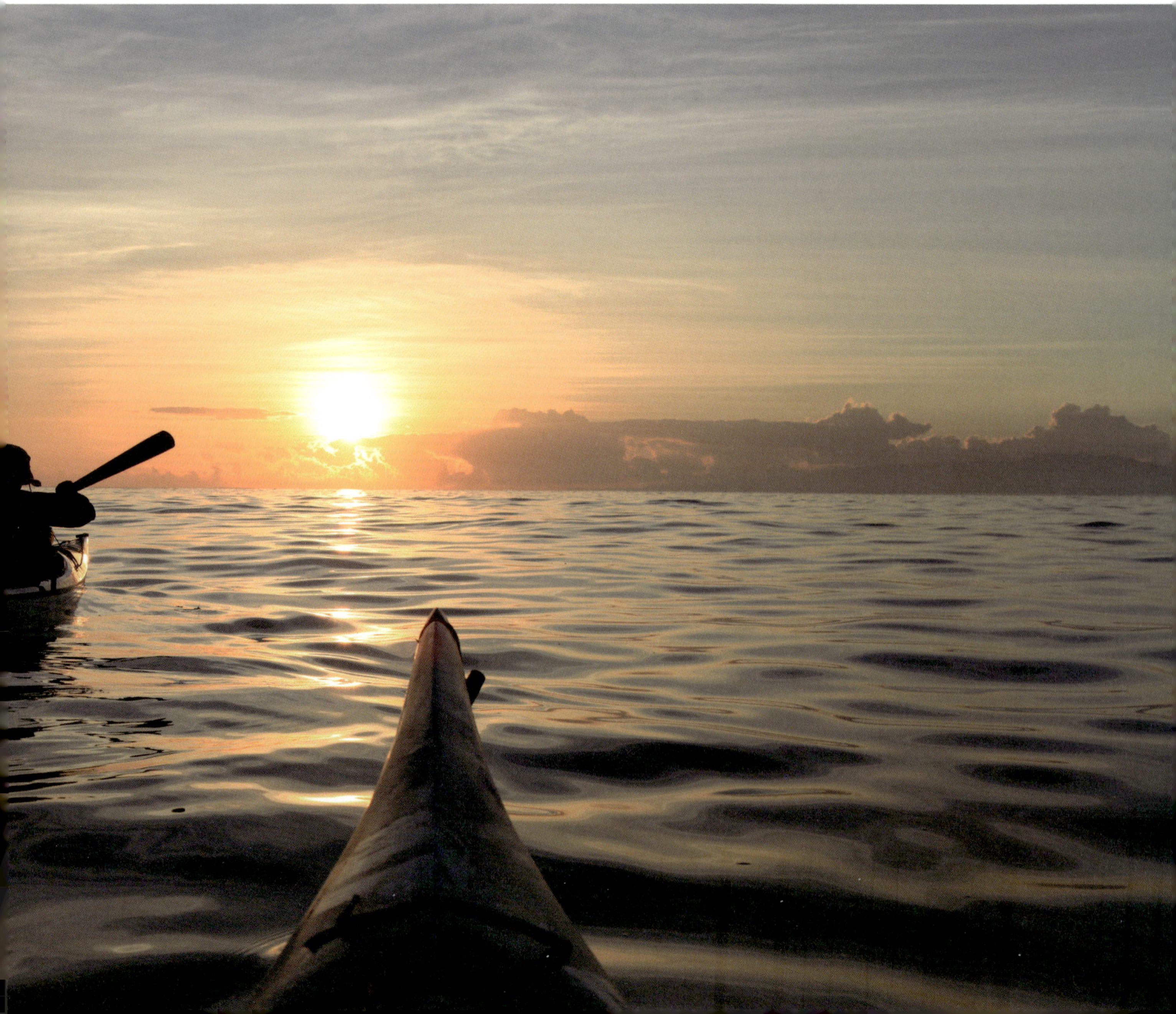

左：まさに昇らんとする太陽と競争するように、稲取の漁港に浮かぶ。かつてここを拠点に、シーカヤックでの大島横断イベントも開催されていた
右：前日、伴走船船長（左）との打ち合わせ。状況は厳しい。漁師の物言いはストレートだ。「出ることは出るけどよ」という言葉を繰り返した

とても大島までは辿り着けねえと思うよ

伊豆半島から伊豆大島への横断を決行しようとしていた日の前日、8月24日金曜日、朝9時の天気図を見て愕然とした。気圧975ヘクトパスカルの台風14号と、955ヘクトパスカルの台風15号が仲良く太平洋に浮かんでいるではないか。本州付近に大きく張り出した太平洋高気圧の元気がいいので、本州に向けて北上することはなさそうとはいえ、その進路によっては影響を受ける可能性が高い……。

伊豆大島エクスペディション。伊豆半島の外浦《そとうら》（下田市）から伊豆大島の元町港までをシーカヤックで横断するというロングツーリングだ。直線距離にして約36キロ。西伊豆コースタルカヤックスでは昨年から数回、漁船をチャーターしてこのツアーを実施しているが、実は『カヌーワールド』でも初回に参加する予定だった。しかしそのときは荒天で延期、その後もなぜか同行取材をしようとしたときに限って海が荒れて延期が続き、今回で4回目の挑戦となってしまった。雑誌的に言うと、この日に横断できなければ記事ごと落ちる、という瀬戸際である。だが、今回のチャレンジにも暗雲がかかりつつあった。

果たして、前日の伴走船船長との打ち合わせ。

「明日？ まあ、船を出しても、とても大島までは辿《たど》り着けねえと思うよ。行くなら付いていくけどさ」。

地元稲取《いなとり》の漁師であり、これまで何度も大島に渡っている船長は言った。

その理由の第一は、台風のウネリが強くなってくるということ。すでにウネリは相模湾にも入り始めており、今後どんどん強まってくる予報になっていた。この時点でも、当初の上陸予定地だった大島の元町港にはウネリが入っていて入港できないだろう、と言う。もし入港するとすれば、島の北端に位置する岡田港か、運がよくても島の西岸にある小さな漁港の野増《のまし》しかない。また、潮回りは小潮ではあるが、横断中は逆潮。そして風については北寄りの風向ということで、南から北へ流れる黒潮の分流とぶつかる状況になる。もっとも、これはあくまで机上の理論であり、フィールドではさらに複雑な状況となる。

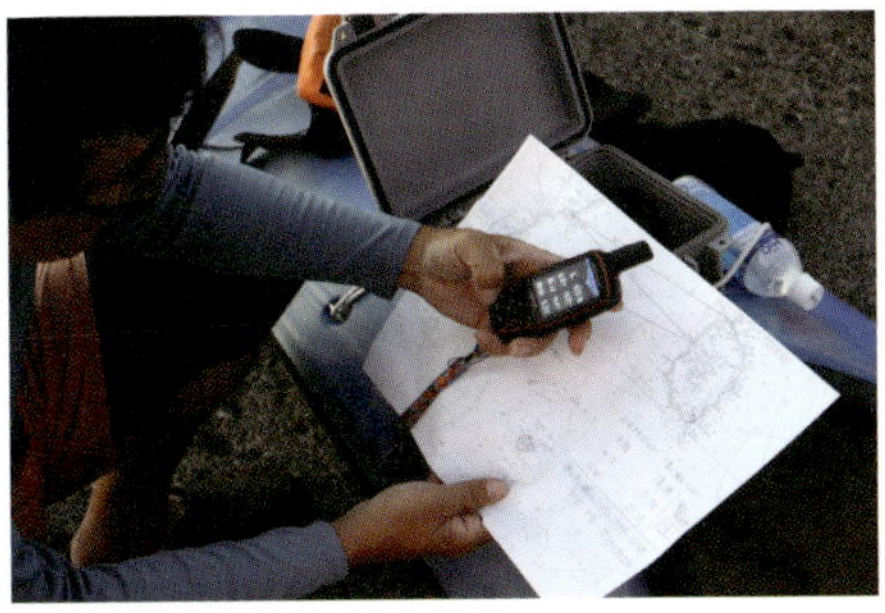

前日に届いた新しいGPSにゴール地点を入力する。電池は新品にしてセーブモードへ。本来こうした準備は、前日までにやっておきたい

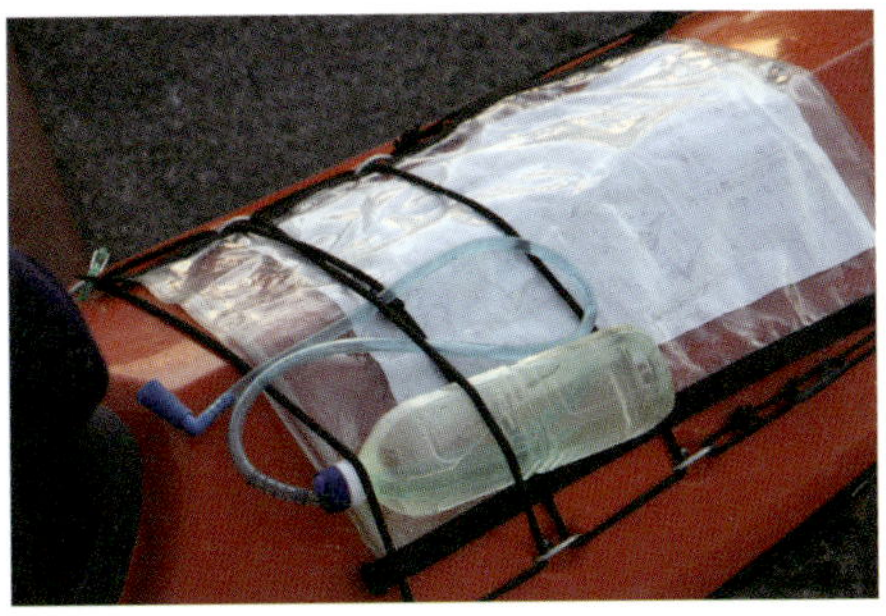

パドリングしながら飲めるようにと、長いチューブ付きの水筒をセットする艇。ボトルは中身が異なるものを数本用意したそうだ

予備パドル、パドルフロート、ビルジポンプ。セルフレスキューのイクイップメントは、スターン側のデッキに機能的に配置する

稲取港の堤防を越えると静かな海が広がっていた。前方から来る風も心地よいくらいだ。これならまったく問題ないじゃないか、このときはそう思った

大島横断ツアーを企画・実行した村田さん。事前の情報収集から漕行中の状況判断、仲間のケアまで、リーダーとしての役割を完璧に果たす

「出発地を変えようと思うんだ」。伴走船との打ち合わせを終えた後、今回のエクスペディションのリーダーである西伊豆コースタルカヤックスのチーフ、村田泰裕さんが言った。伊豆半島から伊豆大島へ、元町港をゴールとした場合の最短距離は伊豆稲取からが最も短く、約28キロの航程となるが、通常は黒潮の分流の影響で北に流されることを予測して、稲取よりも南にある外浦海岸から出発するのが常道である。今回も当初、外浦スタートを予定していたのだが、村田リーダーは出発地を稲取に変更するという。

船長が強い逆潮になると強調していたことと、北寄りの風ということから、海流（黒潮の分流）によって北に流される力と、潮流と風で南に流される力が拮抗するだろうと判断したのだ。また、ゴールが北端の岡田港になる可能性が高いということもある。最後まで情報を収集し、そのときどきの最新の情報で最良の方法を選択していく。それが、長距離パドリングにおける重要なメソッドのひとつである。

外洋を漕いでいるんだなあ

「出発は稲取。朝5時に出艇できるように集合をお願いします」と村田さんから連絡が回された。「集合」ではなく「出艇」の時間の指定である。これは、準備に必要な時間はカヤッカーそれぞれ異なるので、集合時間よりも出艇時間を合わせるという配慮である。僕らが現地に入ったのは朝4時過ぎ、夜も開けやらぬ時間。準備の時間を短縮するために、カヤックに積載するものは前日のうちにすべてパッキングしておいた。

黒潮に乗って流れてきたのだろうか。立派なウミガメの死体とニアミス。甲羅には貝がびっしりと付着し、頭は白骨化していた

稲取漁港のスロープを借りて、11隻のシーカヤックが次々と海の上に浮かんでいく。いよいよ長時間にわたる旅のスタートだ。針路は100度に設定。まずは机上で出した理論値で出発し、流されている場合は随時修正していく。ボートと違って速度の遅いカヤックは、間違っていても随時修正で大方は間に合う。ただ、どんなに漕いでも進まないとか、まったく予期しなかった方向に予期しないスピードで流されているということであれば、撤退を含む他の方法を考えなくてはならないだろう。

沖に出るにしたがって、外洋からウネリが寄せてくるのがはっきりとしてきた。山のようなウネリによって、カヤックが大きいリズムで上下する。「ああ、外洋を漕いでいるんだなあ」という感慨。ウネリの場合は波頭が砕けてこないかぎり、パドリングのタイミングを大きく崩すこともない。

風も若干の向かい風となっているが、真夏のこの時期は逆に心地よい。しかし、すでに風でできた波が小さく出現し始めていた。このまま吹き続ければ、逆潮と相まってかなり厄介なものになりそうだ。北に向かって流れる海流とぶつかって、面倒な波となるのだ。そして今回はさらに、台風の影響でウネリが入って来ている。

太陽が高くなると、スタート時には見えていた大島がみるみる雲に覆われていく。「海の上で島を見つけるには、その島の上に雲ができるので、それで判断できますよ」と、かつて日本の最南端である波照間《はてるま》島から、島伝いに鹿児島まで漕ぎ上って来た経験のある村田さんは言う。

案の定、次第に風+潮流の南流の方が強くなり、海面が三角波という状況になってしまった。波頭もところどころ崩れている。強い流れがぶつ

台風でできた波が1,000キロを旅している間に次第に集まって、大きな波長のウネリになる。ゆっくり持ち上げられて、ゆっくりと落ちていく。慎重に、しっかりと漕ぎ進めよう

東京湾に出入りする多くの船が通る、本船航路を横切っていく。隊列をなるべくまとめて、早め早めの回避を心がける。一般の船舶に交じって海上自衛隊の艦船ともすれ違った

かっているのは明白だった。そしてメンバーが2人、遅れ始めた。2人とも長距離を漕ぐのは初めてだという。

波は尖ったカヤックの舳先を越え、デッキの上を流れてコクピットまで到達するようになった。スプレースカートも通り越して体にぶつかる。「これは思ったよりも難儀なことになるかもしれない……」。この状況で、写真を撮り続けながらのパドリングはかなりハードだ。伴走船上の山岸カメラマンに、撮ってほしい内容を伝えておく。

ただ、おそらく黒潮の分流に入ったのだろう、海の色が濃く、深いブルーとなってきた。この色はコースタルツーリングでは見難い色だ。必死に漕ぎながらも、パドルを沈める海、デッキを洗い泡となって飛び散る波に見入ってしまう。

机上の理論では計れない リアルな海峡横断

「休憩時間にしましょう！」。村田リーダーの声が洋上に響いた。思い思いの場所で休憩するが、これ以上波が大きくなると、人によっては艇を並べて筏《いかだ》を組んであげることが必要になってくるかもしれない。漕ぎ始めて1時間半、この辺りになると腹も減る。おにぎりやパン、バナナなど、腹の足しになる固形物を口にする。遅れているメンバーもいるが、全体的には、かなりいい調子で漕ぎ進んでいる。

そろそろ再出発というそのとき、「今の休憩で、ずいぶん南に流されているよ」とGPSを持ったメンバーが言った。「机上の理論」で言えば、黒潮の分流で北に流されるはずであ

休憩時に自分の位置とコース、そして海や気象状況をチェックする村田さんと筆者。このときはまだ、ゴール地点が決められなかった

休憩のうちに失われた水分とナトリウム類を十分に補給し、腹が減っていたら飯を食う。ナトリウムの不足は、手や足がつる原因となる

外洋では、時として海が山になる。
隆起する海面にパドルを刺してゴールを目指す。

ウネリの壁が寄せて来ると、隣を漕ぐ仲間のカヤックが波間に隠れ、パドルの端だけになった。そして次は自分が持ち上がり、視界が開ける。右を見ると水平線が見えた

相模湾
伊豆半島
稲取港
START
岡田港
元町港
大島
GOAL
野増漁港
下田港
外浦海岸

いよいよゴールが近づいた。大島くらいの大きさがあり、稲取からの距離であれば、スタートからずっと島は見え続けているが、近づいてディテールが見えると、やはり感動する

る。事前に入手した情報が海流だけで、もし外浦から出発していたら、潮の流れと風に、まともに勝負を挑んでいたことになるだろう。これがリアルな海峡横断なのである。

そしてもうひとつ、この海域で厄介なのが本船航路を横断するということ。大方の船が東京湾に向かうので、非常に大きな船が多い。これは早めに回避するとともに、近くを通ってしまう場合は、集団をなるべく小さくまとめなくてはならない。

いよいよ大島が近くなってきた。が、どこに着けばいいのだろうか。当初予定した元町港はダメ。若干南の野増漁港にするか、大きく迂回して北端にある岡田港にするか、まだ決めかねていた。伴走船は村田リーダーの判断に任せている。

今回は伴走船、そして帰還時のカヤック運搬船として漁船をチャーターしている。この船が入れるところでなければならない。まず元町港はウネリの影響で入れない、とダメ出しをされていた。「確実なのは岡田港なんだけど、かなり遠回りになっちゃうんだよね」。パドルを回しながら村田さんが言う。遅れた2

上：太平洋上で筏を組んで記念撮影。もし周りに疲れている様子の人がいたら、脇に寄せて筏を組んであげよう。安定性が格段に増す
左：ゴールは野増漁港に決定! 目標が決まり、それが視界に入れば、パドルを回す手にも自然と力が入る

人はかなり厳しい状況だし、他の何人かも遅れ始めている。やはり誰も脱落することなく、みんなでゴールしたいという思いが強かった。どうするか……。

「西沢さん、野増港って知ってる?」。そこは、もう10年以上も前になるが、稲取から大島までカヤックで横断するイベントが行われていたときにゴールとなっていた港だ。僕も第1回大会は参加したが、詳細についてはさすがに記憶にない。

遠くに野増漁港らしき堤防が見えてきた。前方の波の状況を見ていた村田さんが、「カヤックだけなら入れそうなんだけどなあ」とつぶやく。伴走船があるのはありがたいが、場所によってはカヤックの方が能力が高い。しかしその直後、漁船が野増に入っていくのが見えた。

「よし、野増にしよう!」。最後の最後、決断はくだされた。針路を変え、一気に漕ぎ進んで行く。あそこまで行けばビールが飲める！しかしその前に、無数の三角波が立つ一帯が立ちはだかった。浅いのか、地形が複雑なのか、大小さまざまな波がカヤックの周りに立ち上がっては消えた。パドルのタイミングがとりにくい。頭から潮をかぶるつもりで、ゆっくりと、しっかりと確実にパドルを回していくと堤防の切れ目が見え、いよいよ到着!

巨大な堤防に囲まれた、いけすのような漁港で、皆しばらくぼうっとしていた。なかなか上陸しようとしない。横断は目標が明確、それゆえ強い達成感を得ることができる。ターゲットが島ならなおさらだ。確かに体は疲れたけれど、心は満たされている。

そして上陸、乾杯。GPSに表示されたデータは、所要時間6時間半、実航距離にして36キロを記していた。「前回よりもはるかに早いペースですよ」と村田さんが微笑む。

上：野増漁港に到着! ついに全員が自分の力で漕ぎ切り、大島へ渡った。なかには初めて大島に上陸する人もいた

左：カヤックのハッチに入れて運んで来た、キンキン冷え冷えのビールで乾杯! その旨さは筆舌に尽くしがたい

島渡りツーリングの魅力

今回の参加メンバーには、島渡りはもちろん、長距離を漕ぐのも初めてというカヤッカーもいた。何人かのゴール直後のコメントを紹介し、伊豆大島エクスペディションのドキュメンタリーレポートを締めくくらせていただく。

スラロームやカナディアンカヌーを楽しんできた江原素有《えばらもとあり》さん＝「なんとなくおもしろそうだから申し込んでみたけど、予想通りおもしろかった」。

シーカヤックは3、4回しか漕いだことがないが、申し込んでしまったという岩田淳《いわたあつし》さん＝「横断という言葉そのものにあこがれていました。皆さんに付いていくのが精一杯だったけど、これからもじゃんじゃん漕いでみたい」。

普段はカヤックフィッシングを楽しんでいる斉藤英一郎《さいとうえいいちろう》さん＝「初島横断に挑戦して、これならできると思って挑戦しました。漕ぎ方をもっと精進したい」。

シーカヤック歴4年ほどで、長距離を漕いでみたいと思っていたので挑戦した鈴木義友《すずきよしとも》さん＝「大島がなかなか近づかなかったのが辛かったけど、終わってみれば、またやってみたいと思いますね」。

唯一の女性参加者、大網多起《おおあみたき》さん＝「知人に誘われて参加したけど、こんなに大変だとは思わなかった。ただ、今はへこんでいるけれど、また気力と体力が回復したら、参加してしまうかもしれません」。

島渡りロングツーリングには、麻薬的なおもしろさが秘められている。

漁船に特注のラックを付けてカヤックを満載。空いた場所に僕らが乗って帰途につく。それぞれの胸に、それぞれの感慨

唯一の女性参加者の大網さん。最初のうちに飛ばし過ぎてペースを崩してしまったようだが、見事に完漕!

Step Up!
技術を磨けば楽しさ倍増！

海のステップアップ講座

外洋の知識と技を身に付け、長距離ツーリングに挑戦しよう

シーカヤックで外洋を漕ぎ、島に渡るような長距離ツーリングでは、コースタルカヤッキングとは異なる知識と技術が求められる。大島横断での実例を交えながら、海の流れや風を把握する術、ナビゲーションやパドリングテクニックなど、外洋・長距離を漕ぎ進むためのスキルを解説しよう。

[監修] 村田泰裕（西伊豆コースタルカヤックス） [文] 西沢あつし [写真] 宮崎克彦（本誌）、山岸重彦（本誌）、西沢あつし

海流、潮流の基礎知識

海の流れを知る

太平洋沿岸の黒潮をはじめとした「海流」、潮汐の干満によって生じる「潮流」など、海にも流れがある。海の流れは、特に外洋を漕ぎ進む際は影響が大きいので、十分考慮すべきファクターである。海上保安庁のウェブサイトなどには海流・潮流の詳しいデータが載っているので、最新の情報を入手して作戦を練りたい。

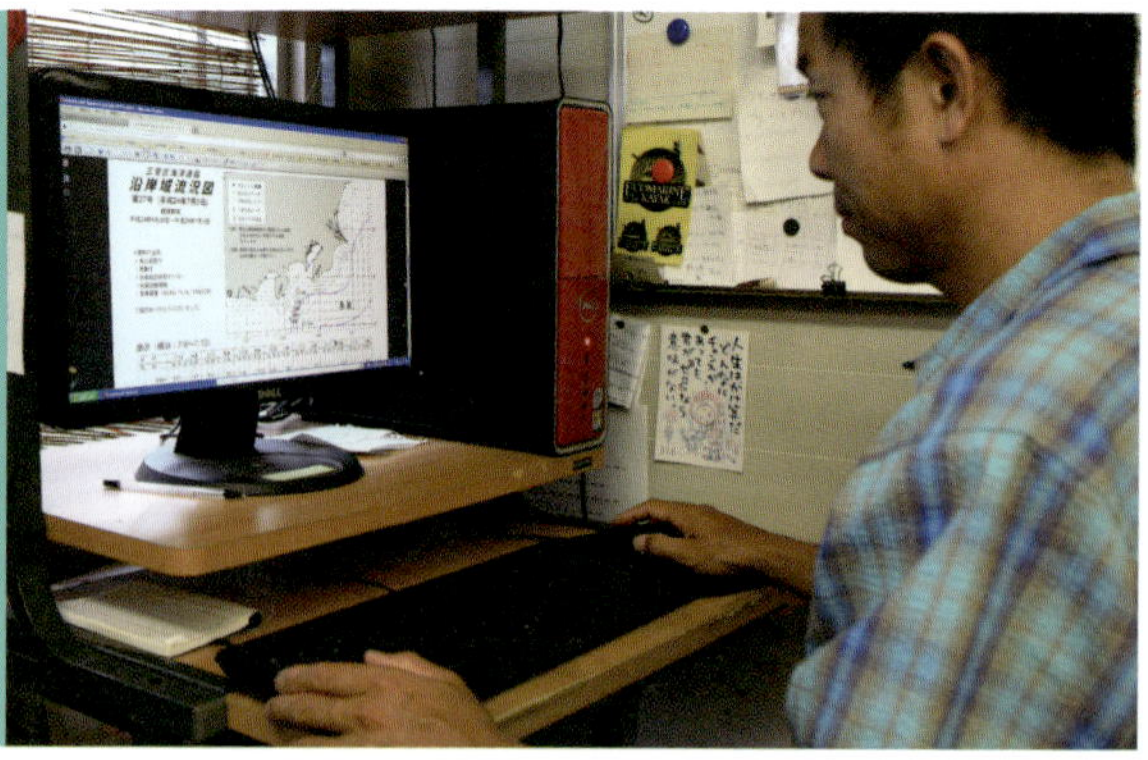

海流は、海を流れる川

海岸を離れて外洋に出れば、海にも流れや風など、シーカヤッキングに影響する外力があることを思い知るだろう。

まず、外洋特有の流れとして海流がある。日本の周りはすべて海。しかも暖流と寒流の合流点に位置するという、世界的に希有な海域である。

東シナ海を北上してトカラ海峡から太平洋に入り、四国沖、本州南岸と進んで房総半島沖へ、遠くはさらにハワイ方面まで流れているのが日本海流、通称「黒潮」。これが暖流だ。寒流には、千島列島に沿って南下している千島海流、通称「親潮」がある。親潮は三陸沖を通り、最後は黒潮にぶつかって北太平洋海流となり、東へ向かう。そのほか、日本海側を南から北へ流れる対馬海流（暖流）や、その支流が津軽海峡に流れ込む海流などがある。

海流発生の仕組みについてはその手の専門書に譲るとして、シーカヤッキングに影響する海流としては、黒潮が最も大きいだろう。時として5ノット（時速9キロ）を超える速さで流れる黒潮は、日々少しずつ流れ方（流向・流速）が変わる。

海上保安庁は、黒潮を中心とした海流図を毎日発行しており、その図は同庁海洋情報部のウェブサイトで入手することができる。南西諸島、四国～紀伊半島沖、伊豆半島（伊豆諸島）～房総半島沖など、黒潮の影響を受ける海域を漕行する際は、この海流図で流れをチェックしておきたい。また、全国11のブロックに分けられた海上保安本部の各管区のサイトには、さらに詳しい海流図が掲載されている。

海流のほか、後述する潮流や海上気象など、海上保安庁関連のサイトには、海のレジャーに役立つ様々な情報が載っている。この〝宝の山〟を見逃す手はない。

風と潮流も影響大

コースタルカヤッキングでも少なからず風の影響を受けるが、外洋に出ると、それはストレートに効いてくる。遮るところ（風裏）のない外洋では、風が直接カヤックにぶち当たる。そして、強く、長く吹き続ければ、その方向からの風波も発生する。天気図を見て風を予測できるにこしたことはないが、海に特化した気象サイトや海上保安庁関連のサイトでは、現在・過去・未来の風（風向・風力）の情報が載っているので、これらを活用しよう。

◆ 日本近海の海流

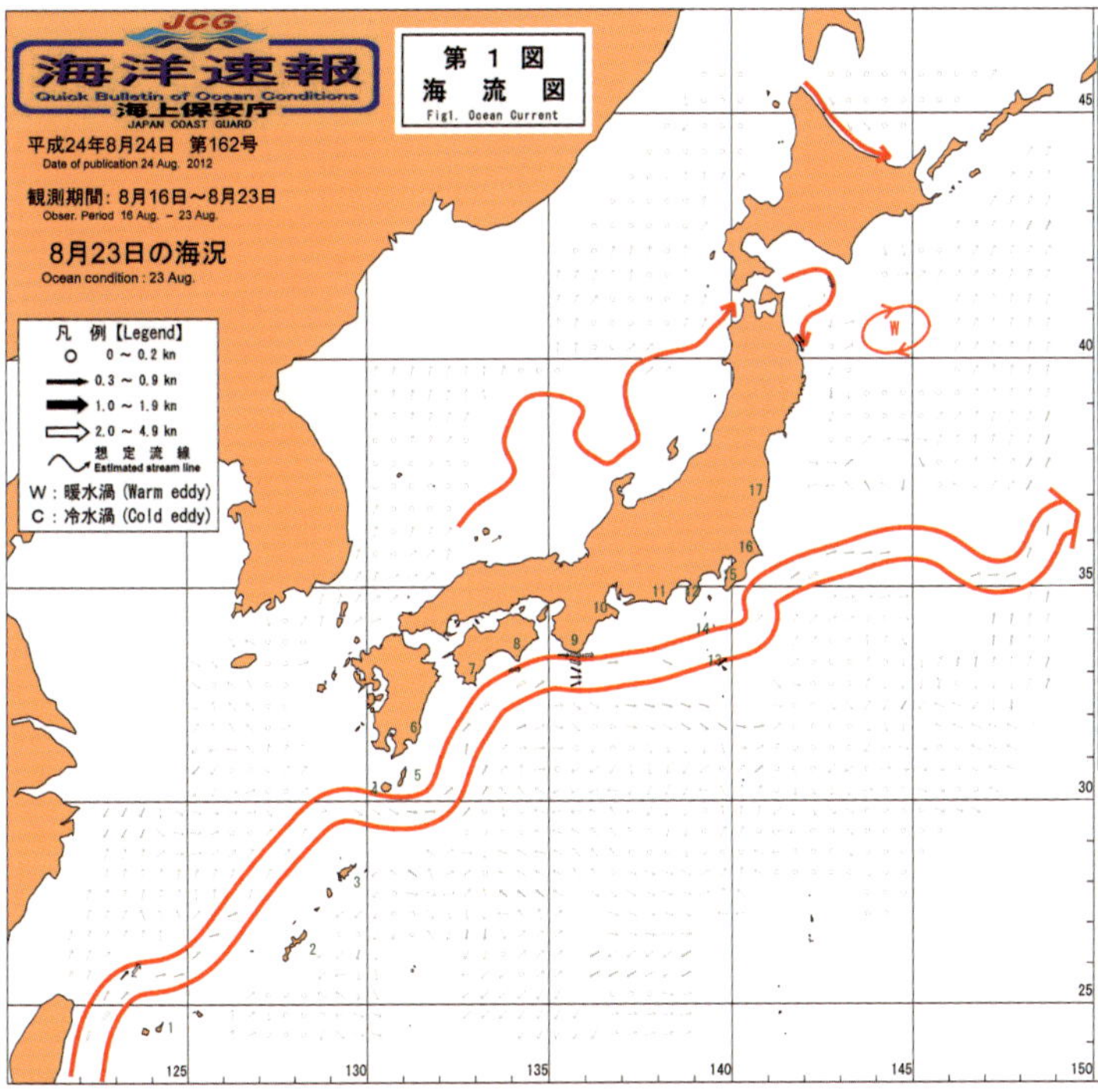

黒潮本流（Kuroshio Current）				
	地名 Place Name	流軸までの方向 Direction	流軸までの距離 Dist. (NM)	黒潮流域の表面水温 Surface Temp. (℃)
1	石垣島 (Ishigaki Shima)	NNW	85	29
2	沖縄島 (Okinawa Shima)	NW	95	29
3	奄美大島(Amami-O Shima)	NW	85	29
4	屋久島 (Yaku Shima)	WSW	50	28
5	種子島 (Tane ga Shima)	S	30	28
6	都井岬 (Toi Misaki)	ESE	55	28
7	足摺岬 (Ashizuri Misaki)	SE	20	28
8	室戸岬 (Muroto Saki)	SSE	20	28
9	潮　岬 (Shio-no-Misaki)	S	20	28
10	大王埼 (Daio Saki)	S	65	28
11	御前埼 (Omae Saki)	S	70	28
12	石廊埼 (Iro Saki)	S	60	29
13	八丈島 (Hachijo Shima)	NNW	40	29
14	三宅島 (Miyake Shima)	-	付近	29
15	野島埼 (Nojima Saki)	ESE	40	28
16	犬吠埼 (Inubo Saki)	SE	35	28
17	塩屋埼 (Shioya Saki)	SSE	100	28

【海洋速報に対する問い合わせ】
海上保安庁 海洋情報部 海洋情報課「海の相談室」
【Inquiry concerning Quick Bulletin of Ocean Conditions】
Marine Information Service Office,
Oceanographic Data and Information Division,
J.H.O.D. J.C.G.
Tel : 03 - 5500- 7155
E-mail : consult@jodc.go.jp
URL : http://www1.kaiho.mlit.go.jp/

海上保安庁が発行する海洋速報の「海流図」。黒潮をはじめとする日本近海の海流の状況（流向・流速）を把握できる。土日祝日と年末年始を除く毎日発行される

◆海流、潮流に関する海図図式の例

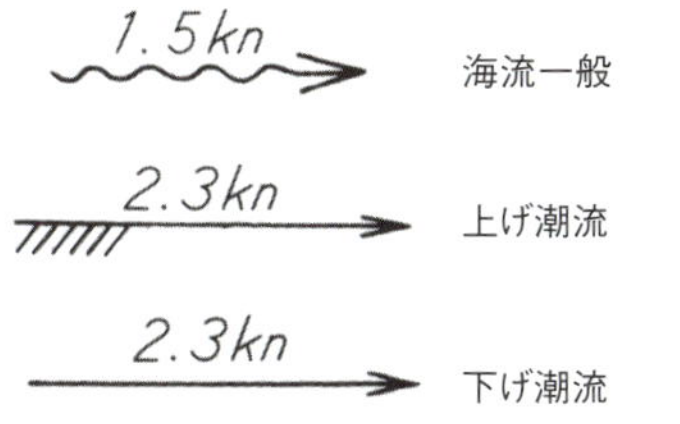

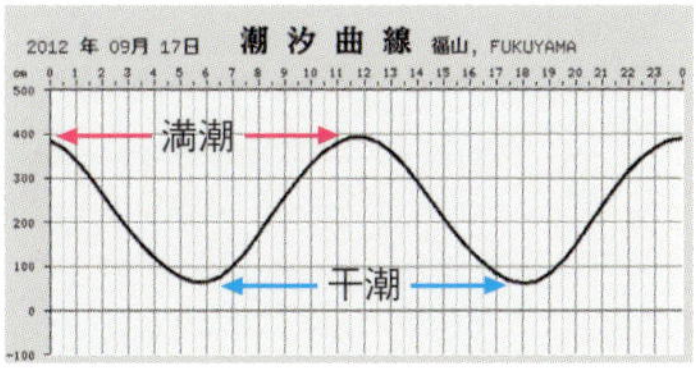

「潮汐曲線」（タイドグラフ）の例。瀬戸内海の中央（潮流の分岐点）に位置する広島県福山の大潮の日で、満潮と干潮の差が大きい

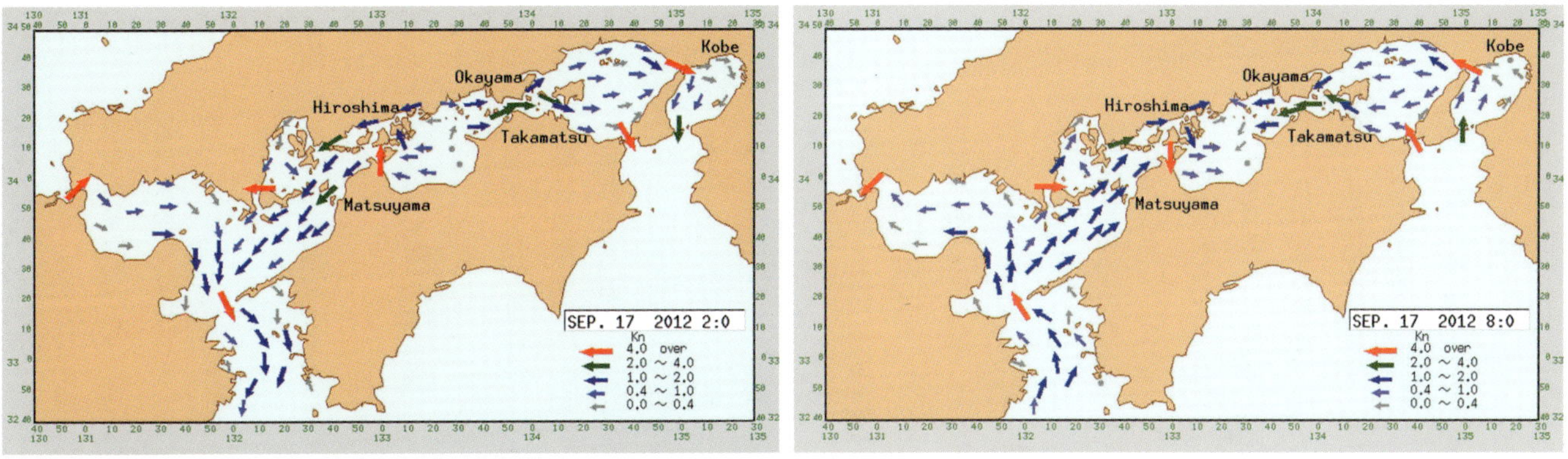

上記の潮汐曲線と同じ日の、瀬戸内海の「潮流推算」の図。左図が満潮2時間後の「下げ潮流」、右図が干潮2時間後の「上げ潮流」で、ともに潮流が最も速く流れるときである（最大4ノット以上の流速）。下げ潮流と上げ潮流とで、各地の流向（潮流の向き）が反対になっていることが分かる。これらの図は第六管区海上保安本部のウェブサイトに掲載されているもので、任意の日時を入力すると、そのときの潮流の状況が即座に現れる

潮汐の干満によって発生する潮流も、場所によってはカヤックが進むスピード以上の速度で流れるので、甘く見てはならない。潮汐の干満は通常、1日にそれぞれ2回ずつあり、干潮から満潮に向けて海面が上昇している状態を「上げ潮」、満潮から干潮へ向けて海面が下降している状態を「下げ潮」と言い、上げ潮と下げ潮では潮流の向きが異なる。また、干満差の大小（大潮〜小潮）によって潮流の速さが異なる。潮汐表などから、潮流の流向・流速を日別・時間別に確認して計画を立てることが大切だ。

海が陸地に挟まって狭くなっているところ、「〜水道」「〜海峡」「〜湾」という表現の場所や、全体的に浅い海域では、強い潮流が発生しやすい。シーカヤッキングで有名なフィールドとしては、九州西側や奄美、沖縄などが挙げられるだろう。また、瀬戸内海も強い潮流で有名だ。一方、干満差の少ない日本海側は、潮流も弱い。

海図やヨット・モータボート用参考図などには、潮流や海流の強い場所に、流れの向きや速さを示した海図図式が記されているが、流速の単位が「ノット」（kn）であることに注意。1ノット＝時速1・852キロなので、大雑把には1・8を乗じれば、ノットをキロに換算できる。

ナビゲーション その1

基本は海図とコンパス

海図とオイルコンパスが村田さんのナビゲーションツール。海図は防水ケースに入れる

外洋でのナビゲーションの基本は、まず自分がどこにいるのか、どちらに動いているのか（流されているのか）を把握すること。そしてそれらの情報を元に、どちらに向かって漕げばいいのか、という順番となる。GPSはもちろん便利だが、基本は海図（地図）とコンパスの組み合わせ。コースタルカヤッキングでは地形図を使うことが多いが、外洋を漕ぐ場合は海図のほうがいい。水深や航路標識のほか、緯度・経度の目盛やグリッド、コンパスローズなど、コンパスを用いたナビゲーションに必要なものが記されているからだ。

今回の大島横断で村田リーダーが参加者に配布した海図（コピー）には、満潮、干潮の時間や、スタート〜ゴールを結ぶ線などが書き込まれていた。このような情報を追記しておくと、使い勝手がさらによくなる。

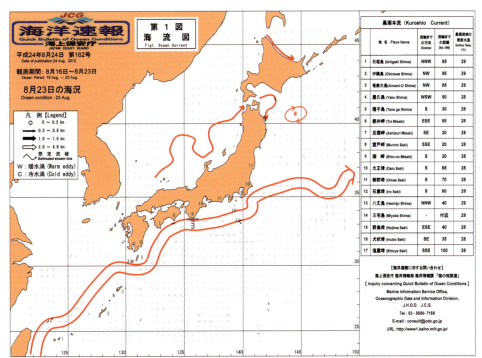

ツアー航程を振り返る

大島横断の実際

伊豆大島は、稲取から東方約30キロに位置する。漕ぐ距離としてはべらぼうに長いものではない。だが、黒潮の分流が流れ込んだり、潮流や台風の影響といった厳しい自然条件に加え、大型船舶が頻繁に通るなど、カヤック横断の条件としては決してやさしいものではなかった。あらためて、今回のツアーを振り返ってみよう。

状況はよくなかった

今回の大島横断の決行日は2012年8月25日。天気こそ良かったものの、シーカヤックで横断するのに適した日ではなかった。

悪条件の一つは、太平洋上を北西へ進む台風15号。これによって発生したウネリが前日の段階で相模湾にも届いており、翌日には最も大きくなるという予測があった。そして風。これは台風に向かって吹き込むので、北東方向からの風になる。つまり向かい風であり、長時間にわたって吹くので、風による波も発生するだろうと予想できた。さらに潮流も南西流（北東から南西へ向けての流れ）で、黒潮の分流とは反対の方向に流れる。西から東への横断では、場所によって逆潮（向かい潮）になるし、なによりも海流と潮流がぶつかって、複雑な波が発生することが予想できた。

リーダーである村田さんは最後まで実施を悩んだが、出発地を当初の外浦から約15キロ北の稲取に変更して決行することにした。その決め手となったのは、我々のチームには以下のようなカードがあったからだ。

◆ 8月25日6時の天気図

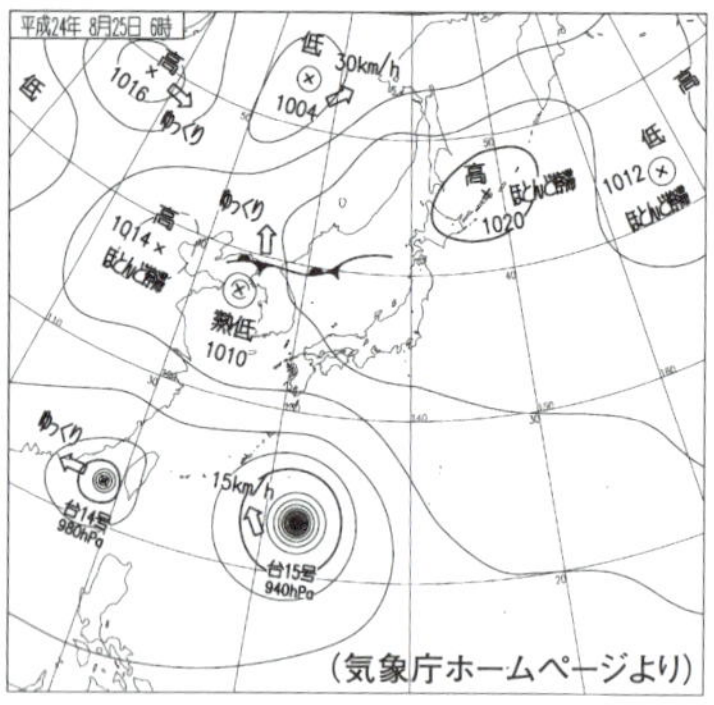

（気象庁ホームページより）

決行できた理由

まず、今回のカヤッカーの漕力。実際に海峡横断をしたことのない人もいたが、距離については問題なかったし、ほとんどが西伊豆コースタルカヤックスのツーリングやスクールの経験者であった。つまり、各人の実力をリーダーがしっかり把握していたのだ。また、海水温が高かったことも決行理由の一つ。水温が低い状況でのパドリング、すなわち高い外気温（強い日差し）と水温の間に大きな差がある場合は、ウエアリングによる体温調整が難しく、疲労（ダウン）しやすいのだ。

そして最大のポイントは、伴走船の存在である。この海域を知り尽くした船長の乗る漁船が、シーカヤック艇団の横に付く。その船は何度も大島横断の伴走をしたことがあり、洋上でのカヤック回収の経験もある。この伴走船がなかったら村田さんも、ツアー実施に踏み切れなかったに違いない。そういう点では、今回は恵まれていた。もし、伴走船なしでの長距離外洋カヤッキングを計画するのであれば、決して無理はせず、中止する勇気も持っていただきたい。

ちなみに伴走船側からは、実施に際して二つの条件が出されていた。一つは、大島に辿り着かない可能性があることを納得すること。そしてもう一つは、こちら（漁船）が「あなたを回収するよ」と言ったら、そのカヤッカーは素直に従うということだ。ただ、ゴールの港を含めて、針路についてはカヤッカーである村田さんが判断し、漁船は基本的に付いてくるだけ、というスタイルである。そうしないと、ただ漕ぐのみ、ということになってしまうからだ。

横断中の様子は12ページからのドキュメント記事を読んでいただくとして、結果の航程を見てみると、休

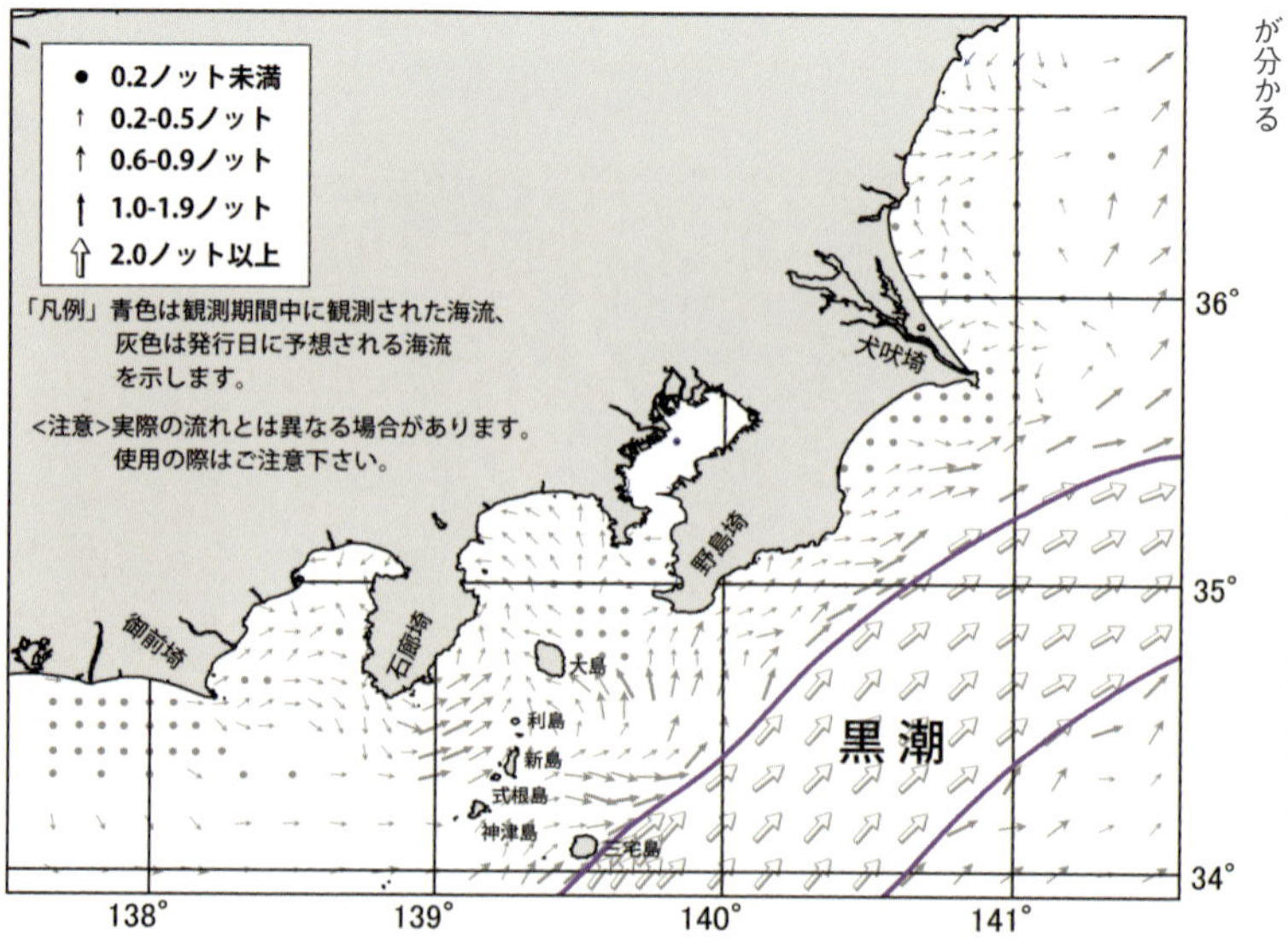

第三管区海上保安本部発行の8月23日時点の「沿岸域流況図」。黒潮の分流が、伊豆半島と大島の間で北東～北に流れていることが分かる

台風15号の影響によるウネリが、カヤッカーたちを上下させる。このとき台風は、上の天気図に記された位置にある。これほど離れていても、小山のようなウネリが海を渡ってやってくるのだ

◆大島横断ツーリングの航程図

※航跡はGPSのログを基に作製

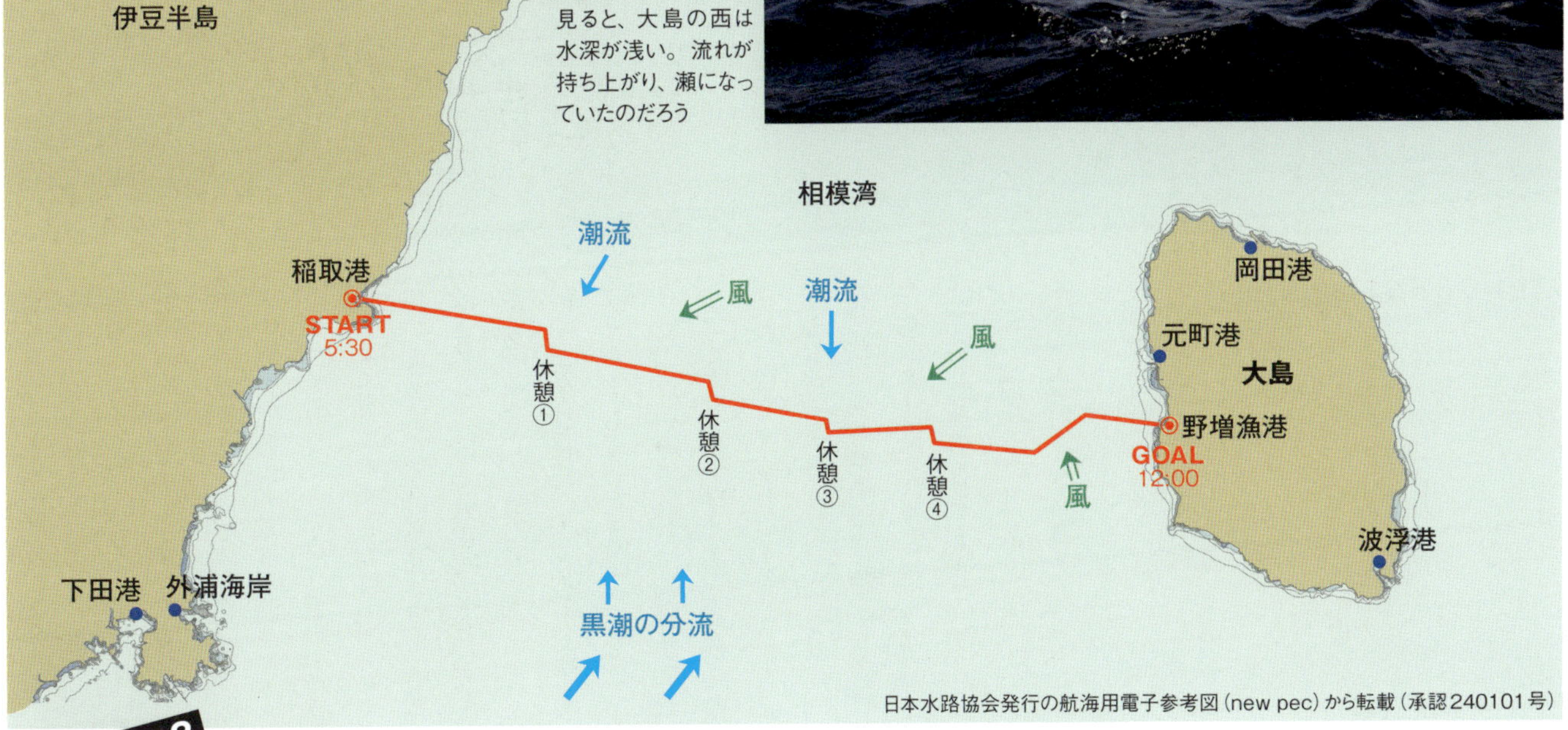

もうすぐ大島というところで、デッキを越える三角波がザバザバ立っていた。海図を見ると、大島の西は水深が浅い。流れが持ち上がり、瀬になっていたのだろう

日本水路協会発行の航海用電子参考図(new pec)から転載(承認240101号)

ナビゲーション その2 GPSを使いこなそう

筆者が今回の大島横断に携行した「GPSmap 62SCJ」。デジタルカメラを搭載した、ガーミンの最新モデルだ(問:いいよねっと TEL:049-267-9114 http://www.iiyo.net)

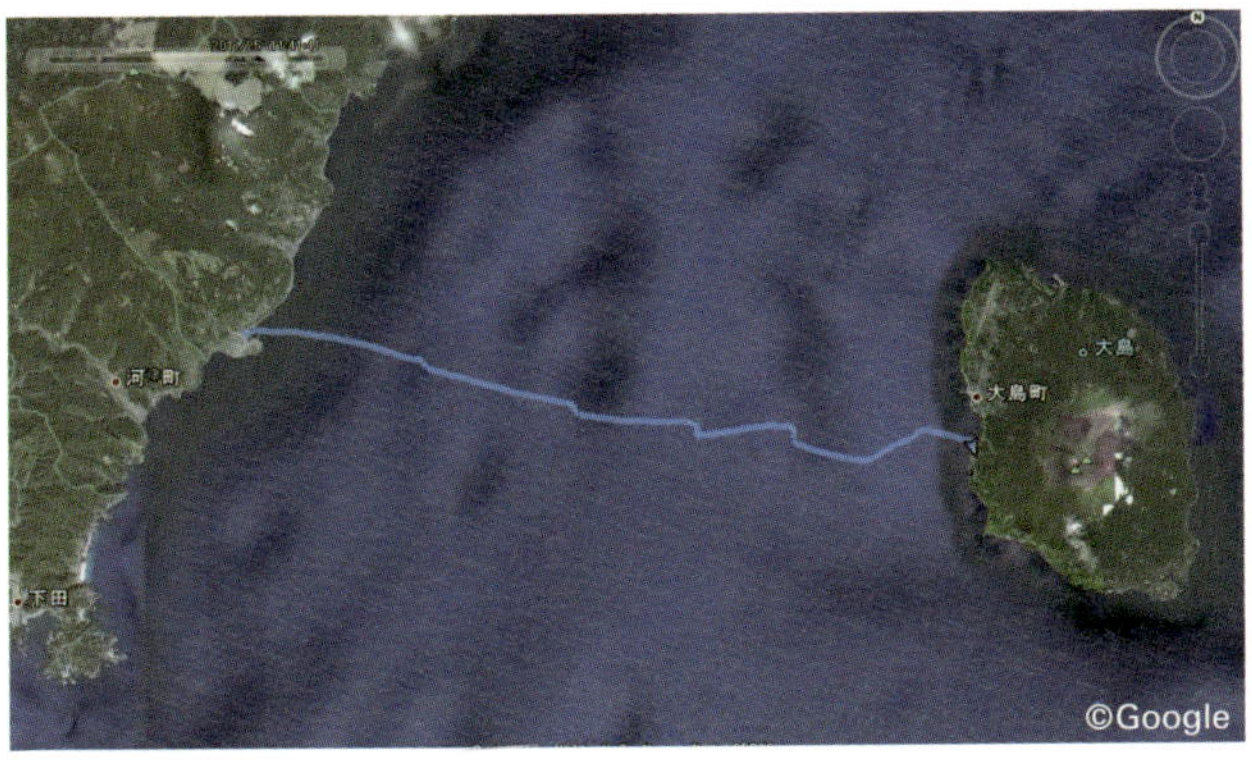

GPSで記録したログ(航跡データ)は、Google Earthなどに表示することもできる

憩を取った場所で見事に南に流されている。予測していた「黒潮の分流で北に流された」ところはほとんどない。今回は海流よりも、潮流や風の影響のほうが強かったわけだ。

休憩間の距離が短くなっているのは、メンバーの疲れによって休憩の間隔が短くなったことと、スピードそのものが落ちてきたことによる。最後はかなり南に流され、大きく北に針路を変えているが、これは、島の北側にある岡田港への上陸も視野に入れていたためだ。島を直前にして野増漁港への入港が決まったため、再び少し南進してゴールしている。

この2点は「GPSmap 62SCJ」のカメラで撮影した写真。画像には位置情報が埋め込まれるので、あとからでも撮影した場所を特定できる

高性能化、低価格化が進み、シーカヤッカーの間でも普及してきたハンディーGPS。今回の大島横断ツアーでも、何人かのカヤッカーが持参していた。島渡りカヤッキングなど、外洋を漕ぐときは陸地が見えなくなる場合もあるので、ぜひとも携行したいツールである。

GPSは、専用衛星を用いて「現在地」、「目的地への方位と距離」、「艇速」などを表示するナビゲーションシステム。自分はどこにいるのか、目標の針路はどっちか、目標までどのくらいか、流されているかどうかなど、航海中に欲しい大方の情報が一発でわかるというすぐれものだ。

地図や航海参考図などのマップデータを表示できる機種では、自分の位置や航跡、進むべきルートなどを、視覚的に瞬時にとらえることができる。また、ログ(航跡データ)をパソコンに取り込み、分析しながら見たりするのも楽しいものだ。

ただ、GPSは電子機器であり、故障や電池切れで使えなくなる場合もある。出航前に電池を新品に交換し、省エネモードにしておくとともに、予備バッテリーを持つことをおすすめしたい。さらに、できるだけ海図&コンパスといったアナログの航海用具も併用しよう。

長距離漕のテクニック

アンフェザーでのパドリング

長距離、つまり長時間パドリングする場合に、大きな負担がかかる場所のひとつが手首である。これはフェザリングという、手首を返す動作を行うためだ。その動作を排したフォームが「アンフェザー」パドリング。決して初心者向けのフォームではなく、立派なパドリングテクニックの一つである。

手首をいたわるアンフェザー

パドルの両端のブレードは通常、左右で角度がついている。これをフェザー角といい、この角度があるパドルをフェザーパドルという。過去、本誌でも紹介してきた、フェザーパドルを用いたフォワードストロークは合理的な動きではあるが、パドリングで手首の返しを必要とする。このフェザリングの動作は、どうしても手首に負担をかけてしまう。

フェザーパドルを使うのは、空中に出ている側のブレードが後ろから前へ動く際に空気抵抗を受けにくい状態になり、素早いパドリングが可能になるからである。しかし、手首を痛めるくらいであれば、フェザリングの動作を必要としない「アンフェザー」で漕いだってかまわない。それにはフェザー角のないパドル（いわゆる平行パドル）を使うのだが、漕ぎ方も簡単なので、体験カヌーなどのイベントではこちらを教えている場面もよく見られる。

ただ、アンフェザーにも弱点はある。向かい風のときに、空中に出ている側のブレードが、風の抵抗を受けてしまうのだ。理想は、状況に応じてフェザーとアンフェザーを使い分けることだが、普段フェザーパドルを使用している人がアンフェザーパドルを使うと、自分が慣れているブレードの向きと異なるので、いざというときのブレース（※）で失敗する可能性がある。フェザーで長時間漕いで手首に不安を覚えるようなときに、意識的にアンフェザーに替えてみるなど、普段から練習しておくといいだろう。

最近は、手首の返しをなるべく少なくするため、フェザー角を浅くしたパドルを使うカヤッカーも多い。真ん中で継ぐ2ピースタイプのパドルであれば、たいていはフェザーとアンフェザーのどちらでも選べる穴がついているはずだ。ただ、ほとんどの場合、0度か90度の二者択一になってしまう。少し高級なパドルになれば、ジョイント部に角度を調整できる仕組みが付いていたりするので、最初から長距離のパドリングを視野に入れているのであれば、ブレードの形状とともに検討する価値があるだろう。

※ブレース：パドルのブレードで水を押さえてリカバリーすること。

フェザーとアンフェザーの違い

フェザーパドルの持ち方は、基本的には右手でしっかりとシャフトを持って固定、左手は手の中でシャフトが回せるようにする。これはフェザリングという動作のため

アンフェザーパドルの持ち方は、腕を前方に自然に出し、ブレードを垂直にした状態でシャフトを握った形。シャフトを握る位置はフェザーパドルと同じだ

フェザーパドルでは、フェザリングと呼ばれる手首の返しが必要となる。右手のブレードを水中から抜いたら、腕を上げつつ手首を上方に返して、左手のブレードを水を捉える向きにする。下の写真で、右手の手のひらがこちらを向いている

右手のブレードが水から抜けたら、手首を返さずに、そのまま腕から引き上げる。右手が上がっても、左手のブレードの向きは水をキャッチできる方向になっているはずだ。下の写真で、右手の拳がこちらを向く「猫手」の状態になっている

アンフェザー・フォワードストローク

1

上体をしっかりとひねって、右腕を前方に出す。腕を伸ばし切るのではなく、肩からしっかりと前方に出してブレードを水に沈める

2

ブレードが水をキャッチしたら、自分（コクピット）の横まで力を入れて、なるべくストレートに、しっかりとストロークする

3

アンフェザーでもフェザーでも、腕の力だけではなく、上体のひねりと、ひねった状態を戻す力をしっかり使って漕ぐということは変わらない

4

あまり後方まで力を入れて漕ぐと、カヤックを回転させようとする力が働いてしまう。ブレードが自分の横より後方に来たら、力を抜いていい

5

ブレードが垂直になっている状態で、静かに水中から引き抜く。手首は返さず、猫手のような感じで、そのまま上方に持っていく。ここがアンフェザーの肝だ

6

右手を十分に引き上げたところで、左側のブレードは、そのまま水を捉える角度のはずなので、水中に入れてしっかりとキャッチする

7

右側と同様、パドルを前方に入れるときにひねった上体を戻す力を使って、しっかりとブレードを後方に引いてくる

8

ブレードが自分より後方にいったら、力を抜いて引き抜く。最初のうちは、自分の背中を隣にいるカヤッカーに見せるくらいの意識でひねってもいいだろう

洋上スキルを高めよう

外洋＆長距離の小技

外洋を漕ぐとき、沿岸のそれと比較して明確に意識しておかなくてはならないのは、「上陸できない」ということである。つまり、カヤックの上で十分な栄養と水分を摂り、排泄をし、体の疲労を最小限に抑えて効率的にパドリングを続けるスキルが必要だ。ウネリへの対処法と併せて、外洋で役立つ小技の数々を紹介しよう。

ウネリへの対処

前方向から来るウネリは、どんどん乗り越えていくしかない。シーカヤックは、前からの波に対しては非常に強い乗り物である。厄介なのは、横や後方から来るウネリだ。横から来るウネリに対しては、カヤックとパドラーは垂直になるようにパドリングを続ける。後方から来る場合、サーフの技術がある人は波に乗るということもできるが、そこまでの技術がない人は、ウネリをうまく先に行かせるようにタイミングを計りながらパドリングする。

ウネリがある一定以上の高さになる、もしくは風が強くなると、波頭が崩れ始めてくる。こうなるとシーカヤックにはかなり厳しい状況なので、早々に目的地まで行くか、エスケープしたいところである。とはいっても、それがなかなかできないのが長距離パドリングなわけで、そうなった場合の対処は身につけておかなくてはならない。

リバーカヤックの場合は、流れのなかで漕ぐときは上流側にボトムを見せるのが原則なので、崩れて寄せる波に思わずボトムを向けたくなるが、シーカヤックの場合は、膝と足、そして腰でしっかりとカヤックをホールドした上で、デッキの側を崩れる波に当てていく。そして、カヤックに当たる波の力が強く、倒されそうな場合は、波にパドルを入れて、ブレードでしっかり波を押さえるようブレースをして波をやり過ごす。サーフゾーンでのブローチング回避の要領だ。

波頭が崩れ始めたら、波の動きを見ながらパドルの動きを調整していく

illustration by Hiroyoshi Shimizu

ウネリが横から来る場合は、カヤックを常に垂直に保つこと。水面の位置を常に意識して、なるべく海面が近い側にブレードが入るようにタイミングを計っていきたい。谷側にブレードが行ったときは、腕を伸ばしてしっかりと海面を捉える

カヤックのデッキ側を波に傾けて、波が崩れてカヤックにぶつかる直前にパドルを入れ、ブレードでしっかり波を押さえてブレースする

長距離に適したパドル

「よりたくさんの水をキャッチする」よりも、「余計な水はバランスよく逃がす」ようなブレード形状が今の流行。ひいては、ブレードが変な動きをせず、ぶれなく、素直に軌跡を描けるもので、シーカヤック用では上下非対称で細身のブレードが一般的だ。

重量については、一般的に軽いほうがラクといわれている。確かに、パドルを支えるのは腕のみ（どこかを支点にするわけではない）ということでは、軽い方がいい。ただ、ブレードについては「水に沈めてから弾く」動きとなるので、極限まで軽いものよりも、ある程度ブレード部分に重量があったほうがいいだろう。

シャフトの長さについては、「海峡横断をしよう」というレベルの人であれば、自分に合った長さというのは把握していると思うので、ここでは特に記さないが、通常のパドルであれば、最近はやや短め（220センチ程度）がトレンドだ。

水をしっかりとキャッチするが、トルクをかけるとほどよく水が逃げて、筋肉に過大な負担をかけない、というデザインが理想的だ

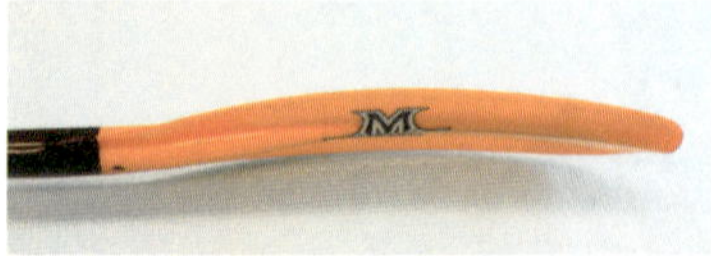

ブレードには様々な形状、大きさがある。長距離ツーリングであれば、比較的細身のブレードが適している。右のブレードは一見小さく見えるが、表面積は左のものと変わらない

行動食の選択

筆者（本誌ディレクターの西沢）が大島横断に持参した行動食は次の通り。500mlの飲料を4本。クロワッサンとチョコパンに、いわゆるランチパックというサンドイッチのピーナッツクリームのものと肉系のものを1パックずつ。ウイダーinゼリーのエネルギーインを2パック。大豆バー2本。塩飴、黒糖飴を、ほぼ10個の消費。お腹にたまるというよりも、短時間でエネルギーに変わるもの。食べ物は、口の中が乾かないよう、なるべく水分を多く含むもの。ミネラルの補給は随時行い、水分については、お茶を2Lという持ち方よりも、糖分の入った紅茶、機能性ドリンク、水、お茶といったように、いろいろな味のものを揃えたほうが飽きない。

行動食は、短時間でエネルギーに変わるものを中心に揃える。前後のデッキやコクピット内など、手の届くところに配置しよう

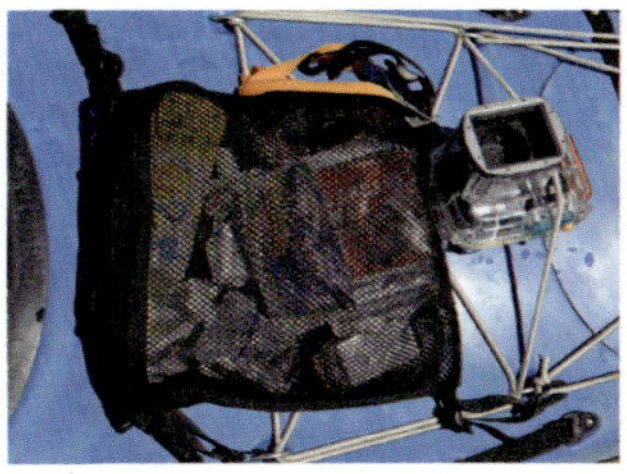

メッシュ製のデッキバッグは、濡れてもよくて、バラけるものをまとめて入れるのに便利だ

リザーバー（水袋）を背中に背負い、チューブを口にくわえて吸うタイプなら、パドリングを止めずに水分を補給できる

ラダー、スケグの使用

ラダーは水面に対して垂直に入っているのがもっとも効果的。後方に浮くと、舵を切ったときに抵抗になってしまうので、出発前に調整しておこう

1978年にシーカヤックによる初の日本一周を達成したニュージーランドの冒険家、ポール・カフィン氏は、「長距離パドリングにはラダーが圧倒的に有利」と語っている。なぜなら、前進することだけに専念してパドリングできるので、効率が上がるというのだ。風や流れなど、様々な外力が働くなかで一直線に目的地を目指すのであれば、ラダーやスケグがあったほうがラクなのは明らかである。ただ、「自分のポリシーとして使わない」というのも、集団から遅れない自信があるかぎり、ありな選択だと思う。ラダー、スケグともに、ちゃんと稼働するかどうか、出発前に点検すること。特にスケグは、出なくなるトラブルが多い。

「長距離」を実践する人へのアドバイス

日本縦断をはじめとする数々のエクスペディションに挑戦してきた村田泰裕さんが、これから長距離カヤッキングを行おうと思っている人たちに、次のようなアドバイスをしてくれた。

『海岸沿いを漕ぐツーリングは、何かあったときにどこかに上陸できるので、海峡横断などと比べてリスクが少ない。そのコースタルカヤッキングで、普段の自分の「速度」を把握しておくことが大切です。つまり、20キロ漕ぐのに、あるいは30キロ漕ぐのに、どれくらい時間がかかるかを知っておくということ。また、どれくらいの飲料、どれくらいの行動食を消費するかも、目安として計っておくといいでしょう（量だけでなく、飲料や行動食の種類なども吟味しておく）。要は普段のうちから、自分の技量と、その技量を発揮するための環境を、なるべく客観的に把握しておくことが重要なのです。あと、もし長距離を漕ぐツアーやイベントに参加する場合は、自分のパドリング経験をなるべく正直に話してください。虚偽申告は事故につながりますから。』

村田さんがチーフを務める西伊豆コースタルカヤックスでは、大島横断をはじめとする様々なツアーを実施している

西伊豆コースタルカヤックス
静岡県賀茂郡松崎町松崎323-5　TEL：0558-42-0898
http://www2.wbs.ne.jp/~nck/index.htm

トイレはどうする？

食べる方はともかく、洋上という厳しい状況下で用を足すというのは、非常に困難だ。我慢もそう長時間できるものではないし、無理して我慢すれば判断力を鈍らせる可能性もある。

500mlのペットボトルを切って、切り口にビニールテープなどで保護をすれば、「小」用のベイラー（あか汲み）として使える。ちなみにウェットスーツを着るような時期に漕ぐのであれば、前にチャックが付いているタイプを着用するとよい。

「大」の場合は、カヤック同士で筏を組んで、サポートする方はTXレスキューと同じような形でコーミングをしっかりつかみ、する方は海に入って一気に用を足す。カヤックに戻るときはレスキュー時と同様、スターンに腹ばいによじ上り、足からコクピットに滑り込ませていく。女性の「小」についても同様なかたちになるだろう。

ただ、こうした長距離ツーリングになると、体調管理をしっかりすれば、便意をもよおすことは少ないように思う。実際に、今回の大島横断ツアーで「大をしたい」と思った人はゼロだった。そうなったらモデルになってください、と言ったからかなぁ。

左：小用のベイラーは500mlのペットボトルを流用。切り口にはビニールテープなどを巻いておいた方がいいだろう
右：カヤック用のウェットスーツ（タイツ、またはパンツ）には、小用のチャックが付いているものもある

瀬遊びへの誘い

川を下り、瀬を遊ぶ また楽しからずや

週末ごとに、瀬で遊ぶために川に集う仲間がいる。リバーカヤックを始めたきっかけは各人ばらばら。もともとはのんびりしたカヌー志向だった人、ファルトボートでツーリングをしてた人——。ただ共通するのは、自分に課した目標をひとつクリアしたら、よりリバーカヤックが楽しくなった、ということ。そんな瀬遊びの魅力を追った。

[文] 西沢あつし　[写真] 宮崎克彦（本誌）　[協力] グラビティ

グラビティのホームゲレンデは多摩川の上流部。今回下ったのは、沢井の寒山寺を起点に軍畑（いくさばた）までのわずか約1.5キロだが、短い区間にいくつものスポットがある。それらを瀬遊びしながら下って行くと、1日があっという間に終わってしまう。写真は、この川の有名スポット「ミンギの瀬」

瀬遊びの基本、フェリーグライドは何度でも練習し、艇のコントロールを体に染み込ませよう

水の上に出るときは何回目でもワクワクするもの。さて、今日はどれくらいステップアップできるかな。この日の水量は、数日雨が降っていたこともあって、やや多めだった

瀬遊びを通じてより楽しく川と戯れる

都心から車で数時間、JR青梅線沿線の沢井に居を構え、「澤乃井」ブランドで日本酒を造っている小澤酒造は、その醸造に使う仕込み水を、秩父古生層の岩盤を掘り抜いた洞窟の奥から引いているという。そんな美しい水が流れる多摩川上流部は、埼玉の長瀞《ながとろ》と並び、首都圏におけるリバーカヤックのメッカとなっている。

今回おじゃましたのは、その多摩川上流部、沢井をベースにカヤックスクールを主催している「グラビティ」。ここを率いる代表の後藤めぐみさんは、ビギナーはもちろん、中級～中上級者向けに、より楽しく川で遊ぶための応用テクニックを教えてくれることにも定評があり、そのひとつとして〝瀬遊び〟に関するスキルをていねいに指導してくれるとして人気がある。そう、「技術を学べば楽しさ倍増！」という、この特集の趣旨に、実にピッタリの内容であり、指南役なのでありますね。ということで、その実際を取材すべく、同スクールの開催日に合わせて取材を申し込んだ次第である。

さて、取材当日。グラビティのクラブハウスには、常連さん、レッスン生と、次々にパドラーが集まってくる。本日の生徒は6人で、カヤック歴が3年未満の人が2人という構成。クラスは「中BCクラス」で、これは2級程度の流れのなかでも安定した艇のコントロールができ、1艇分くらいのスペースのエディーに入ることができる、さらに流水でのロールが80％以上できる人が対象とのこと。そして、レッスンは、おもにサーフィン（波のフェースに乗り、その場に留まる技）やスターンスクォート（スターンを沈ませて艇を立たせる技）、エンダー（バウを沈ませて艇を立たせる技）などの瀬遊びをしながらダウンリバーを楽しむ、という内容である。

全員が揃ったところで、クラブハウス前の庭で、しっかりと準備体操をする。体が温まったら、各自カヤックを担いで川岸へ。水の量を確認すると、少々多めだ。ここ数日、雨が降っていたせいだろうか。流れはパワ

ちょっと失敗！ 流れに食われて沈の図。でもきれいな水だし、濡れることが前提のウエアリングだから問題なし。思い切り練習します

上：スターンスクォートの練習。後藤さんの模範演技に、レッスン生の目は真剣そのもの。これが簡単そうに見えて、意外にむずかしい。最初のきっかけ作りで、カヤックを通常とは反対方向に傾けるのだが……

左：多摩川上流部は都心から数時間でたどり着くことのできる都民のオアシス。カヤッカーにとっては、ダウンリバーしながら瀬遊びするのにちょうどいい流域だ

フルで、この川に初めてカヤックを浮かべる人だったら、少々腰が引けそうな雰囲気である。

　川面に浮かび、今度はカヤックを使ってウォーミングアップ。流れのほとんどないところでスイープストロークを入れてカヤックを回転させたり、順番にロールをこなしたりしながら、カヤックと体を水になじませていく。その間、後藤さんが、きちんとできているか否かをそれぞれチェックする。

　しばらくして流水に入ったら、エディーからしっかりと出る練習のスタートだ。後藤さんいわく、「エディーラインを正確に越えられないと、瀬遊びのスポットにたどり着くことがむずかしい」とのこと。というのも、たいていの場合、瀬遊びの好ポイントは、そばにあるエディーが待機場所となっていて、休日はその場所に順番待ちの列ができるのが常だからだ。自分の番になったら、列からスムースに離脱してポイントに移動できないと、楽しく遊べないというわけである。

　次に、フェリーグライドをみっちり練習。一見派手に見えるサーフィンという技も、「フェリーグライドの技術の応用」と後藤さん。逆にサーフィンがうまくなると、流れのなかでのフェリーグライドも、目に見えて上達する。

　ちなみに、高度なフリースタイルのテクニックも、実は小さな波で練習を重ねていった成果である。だれでも、大きな波にいきなり乗れるようには、もちろんならない。さらに言えば、競技ではないわけだから、小さい波でも自分なりの課題を作って工夫し、徐々にステップアップして楽しんでいけば、それでいいのだ。

「それまでできなかったことが、次には少しできるようになっている。瀬遊びには、ダウンリバーとはまた違った〝技を習得していく楽しさ〟があります」と、今回の参加者の一人、畦上《あぜかみ》佐恵子さんは溌剌《はつらつ》とした顔で言う。確かに、そうした達成感は、

後藤さんの模範演技。パドルストロークはどんなときでも落ち着き、視線は常に目標をしっかりと捉えている。グラビティの生徒たちはその技一つ一つに注視する

瀬遊びを楽しむパドラーのなかには、いわゆる"熟年パドラー"も多い。瀬遊びは力だけではないので、十分挑戦できる。華麗なフォームはさすが!

サーフィンで大事なことは、エディーラインの越え方、視線を送る場所、そしてパドルの使い方。先生の教えを思い描き、いざ瀬のなかへ

この日、グラビティのスクールに参加した面々に加え、水上で待機してくれていた常連さんと。実にカラフルで、にぎやかな川面となった

単なる川下りとはまた一味違った魅力のひとつだろう。

　スクールの午前中は、ほぼ同じ場所でフェリーグライドとサーフィンの練習に終始した。ポイントは、すべてにおいて「川の流れを感じて、上手に利用する」こと。ときには失敗して後方に流されることもあるが、本流の脇を流れる反転流（エディー）をうまく使えば、漕ぎ上っても短距離なら苦ではない。これも、川の流れを見定めて利用する技術のひとつだ。

ひとつ技を獲得すると ひとつ世界が広がる

いったんお昼を挟み、午後は、午前中の練習を踏まえながらのダウンリバー。もちろん、その途中途中の好ポイントでは、みんなで瀬遊びしながら、ゆっくりと下る予定である。そのお昼休みを利用して、今回の参加者にいろいろ話を聞いてみることにする。

　すると、意外にも、最初から瀬遊びをしたいがためにグラビティの門を叩いた人は少数派であった。カヌーでバードウオッチングをしようと思っていた人、野田知佑さんの本に影響されてファルトボートで遊んでいた人、マレーシアで乗ったシットオントップカヤックが事始めだった人――。

上：仲間と川下りをするのは楽しい。技ができないからって遠慮することはない。だれだって最初は初心者、わからなければ聞けばいい。みんな親身になって教えてくれる
下：遊ぶためには、リカバリーもしっかりと覚えておいたほうがいい。もちろん安全面からの話だが、そのほうが遊ぶ時間もたくさん取れるのだ
左：どんなに小さなことでも、うまくいけば自然に顔がにやけてしまうもの。場合によってはパドラーズ・ハイにだってなってしまう。いい顔してますね

それが、いまでは折に触れてグラビティに通い詰めているというのだから、不思議といえば不思議である。その魅力を問うと、前出の畦上さんと似た返事が返ってくる。
「自分でやり始めると、まずむずかしいということがわかりました。そのむずかしさはおもしろさでもあり、この先の期待感でもあるんです」（中村良一さん）
「同じウエーブや瀬でも、その日の水量によってまったく変わる。何年やっても飽きません。そんななかで技を獲得すると、ひとつ世界が広がるみたいに感じるんです。さらにもう

ちょっとでもスポットらしきものがあれば、とにかく遊んでみる。同じ川でも水量によってその表情が変わり、何度通っても飽きることはない

山に囲まれた川の瀬の音は、山の斜面に反射して実際以上に大きく聞こえる。瀬のことを英語でホワイトウオーターというが、なるほど、太陽の光を反射して白く細かい光をまき散らす

思い思いに瀬と戯れる。
何年やっても飽きない遊び。
弾む心、ときめきの時間。

上：当日の瀬遊びのスポットは、みんな順番を守り、気持ちよく楽しんでいた。技を決めたら拍手喝采。色とりどりのカヤックが瀬のなかを元気よく動く姿は、見ていても楽しい
左上：女性の常連パドラーも多いグラビティ。瀬のなかでも力づくではなく、しなやかにカヤックを操っている。まさに水の流れと戯れているようだ
左：陸上では一見おしとやかに見えても、果敢に瀬に挑戦していく。毎週漕ぎに来ても飽きない。うまくなっていく喜びは、なにものにも代えがたい

ひとつ技を獲得すると、また世界が広がっていく。これが楽しい」（宇佐見香織さん）

　最初は、「少しサーフィンができるようになっただけで気持ちがいい」。それが、やっていくうちにうまくいかないことや、基本に立ち返らなくてはいけないことなどが出てきて、自分なりの課題を作って練習する。上手にできるようになれば嬉しいし、そうなれば、次のステップに挑戦したくなってくる。瀬遊びの楽しさは、つまりそういうことだろう。また、同じ川に通う頻度が高くなり、「顔見知りができて一緒に漕ぐようになると、それがまた楽しくなる」という話も複数あった。

　さらに、「一緒に漕いでいて、みんなのレベルが上がれば、その仲間とさらにむずかしいフィールドにも行けますしね」という西村 弘さんのように、仲間がいることをモチベーションにするパドラーが多いのも、この遊びの特徴だ。同じスポットで遊ぶ仲間だからこそ生まれる連帯感であろう。

　その後、一通りカヤック談義に花が咲き、仕切り直して午後の部に突入。今度は実際に川を下りながら、各ポイントで思い思いに瀬と戯れるという実践編だ。後藤さんがお手本を見せたあと、それを頼りに、川の流れをうまく利用しながら、みんなが笑顔でカヤックを操る様は、とっても楽しそうだ。

　そうこうしてる間に、本日一番の大きな瀬、通称「ミソギの瀬」に到着した。最後に、ここで全員がサーフィンに挑戦するのだ。ちなみにここは、多摩川上流域でも超メジャースポットとして知られているところ。この日も、グラビティの常連さんをはじめ、何人ものパドラーが、近くのエディーに並んでいた。そのなかに臆せず並び、順番にサーフィンに挑戦していく。

　聞けば、「冬の寒い時期から流水域で黙々とロールを練習し続けてきたメンバー」だという。そんなメンバーに、後藤さんもきっと手応えを感じていたことだろう。一方、今回のスクールを通して新たな目標を持ったであろう今回のメンバーは、週末はまたきっとこの川で瀬遊びをしているに違いない。そう、より楽しく、よりカヤックの魅力を感じながら──。

生徒のパフォーマンスを見守り、適宜アドバイスをする後藤さん。そして、いざというときは、すぐにレスキューに向かえるポジションに構えている

目いっぱい遊んだら、ちょっと休憩。取り回しが楽な短めのパドルがずらりと並ぶ。フェザー角は人それぞれだけど、最近は浅めが流行かな

川のステップアップ講座

水の流れを上手に利用し、瀬遊びの基本をマスターしよう

ここで目指すのは、競技における技術や技の習得というわけではなく、あくまで“瀬で楽しく遊ぶ”ための基本技術。まずはサーフィン、スターンスクォート、エンダーというベースのテクニックを覚え、川の流れを上手に利用して遊ぶ楽しさを実感してみよう。

［監修］後藤めぐみ（グラビティ）［文・写真］西沢あつし ［イラスト］清水廣良

後藤めぐみ（ごとう・めぐみ）さん
多摩川を中心にしたリバーカヤックのスクール、グラビティ代表。フリースタイル競技でアメリカ、ドイツの世界大会出場後、1994年のドイツ開催のプレワールド大会で女子7位を獲得。女性ならではの力に頼らないしなやかなパドリングを目指し、スクールを通してダウンリバーや瀬遊びの楽しさを伝えている。
「カヌースクール グラビティ」東京都青梅市柚木町3-787-9
TEL:0428-76-0981 http://gravity-jp.com/

まずは「おすすめの姿勢」から。「お尻から頭頂部に向かって軸が通っているイメージ」を意識しながら、骨盤を起こした姿勢をとる。「力を抜いて立ち上がった姿」が理想

姿勢がいいと上達も早い
おすすめの姿勢はこれ！

瀬遊びは、パドル操作よりも、パドラーの重心移動をいかにカヤック本体に伝えるかが大切。常に自分の重心がどこにあるかを意識することが、上達の早道になる。それには、まず基本の姿勢を知ること。姿勢が決まると重心位置を把握しやすくなり、重心移動も容易になる。

膝を使ってカヤックを内側からしっかりとホールドする。この部分は、艇を動かす重要な接点。自分の体格に合わせてきちんと調整しよう

このような極端な前傾姿勢や猫背だと、体軸を確保できず、上半身と下半身のひねりや回転運動による艇のコントロールがむずかしくなる

後傾姿勢の場合も体軸をキープしにくく、重心がカヤックの中心から後方に外れてしまう。やはり、俊敏なカヤックの制御は不可能だ

「姿勢を正す」というと、こうして胸を突き出し、必要以上に背骨を反らせる人がいる。これは逆に力みを生み、動きの自由度を下げてしまう

背中のベルトは腰が軽く触れる程度。寄りかかったり、上体を起こすために締めあげたりしないこと。後方への動きが制限されて腰痛の原因となる。ベルトは、尻が後ろにずれないためのものと考えよう

瀬で遊ぶには、パドルを使ってカヤックに動きを与えることよりも、水の「流れ」という大きなベクトル（力）を読み、その力をいかにうまく利用するかがポイントになってくる。そして、この流れを上手につかめるかどうかは、カヤックに乗っているときの姿勢が大きく影響する。

もともと、リバーカヤックの動きというのは、バウやスターン、ボトム、エッジ（ボトムとデッキの合わせ部分）などに、水の流れをどの角度で、どのくらい当てるかによって大きく変わる。これが思いどおりにできるようになれば、カヤックを自在に扱うことが可能になる。ここでポイントとなるのが、体軸と重心だ。

パドリングは、体軸を中心とした、上半身と下半身のひねりによる回転運動だが、まず、これがぶれないためには、体軸をきちんと作る（意識する）必要がある。そして重心。この重心の移動にカヤックは反応する。自身の真下に重心を作り、この位置を常に意識できながら、しかも重心を動かしやすい姿勢というのが、ここでいう「おすすめの姿勢」である。

さらに、この姿勢を作るには、正しいフィッティングが必要だ。膝でカヤックを内側からホールドし、下半身とカヤックが一体化するように調整するのが理想である。

川で波乗りを楽しもう！
サーフィン

サーフィンは、波のフェースに乗って、その場に留まる技。瀬遊びの基本であり、これができるようになるとリバーカヤックがグンと楽しくなる。川の水力と重力とを利用し、波のフェースを左右に行ったり来たり——。この浮遊感がたまらない。

1 サーフィンの概念図

カヤックを下流（イラストでは左上方向）に流そうとする水流の力と、波のフェースをボトム方向に滑り落ちていく重力（同右下方向）とのバランスをとり、カヤックが後方に流されないように波の上流側のフェースに留まる技術がサーフィンだ

2 サーフィン時の艇の動き

同じところに留まるといっても、実際には水流に対してカヤックを斜めにし、波の幅をつかって左右に移動していく。これはフェリーグライド技術の応用。流れに対するカヤックの角度の調整は、カヤックの向きに対して上流側に入れるスターンラダーで調整する

波が立っているだけではダメ
サーフィンに適した場所

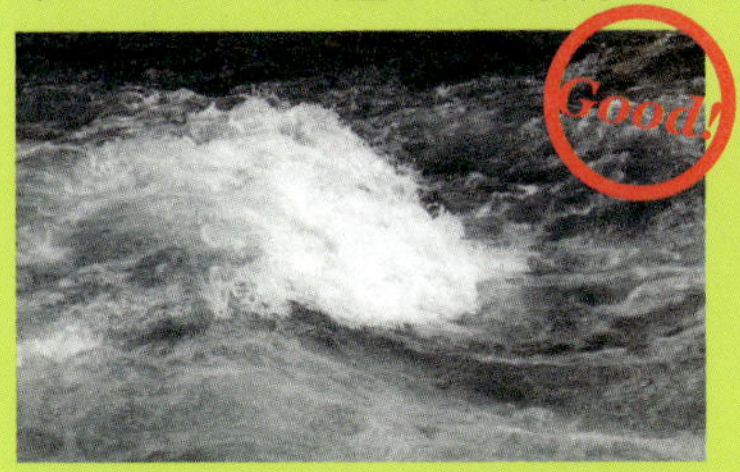

理想的な波。流れのなかに障害物がなく、小山のように盛り上がっていて、波の部分に一定の幅がある。さらに上流部分にきれいなフェースを持っている

サーフィンに適さない波。立ち上がる波の部分が小さく、フェースが見えない。また、波の面が一定ではなく、カヤックを乗せる十分なスペースがない

流れに対するカヤックの角度が大事
サーフィンの基本姿勢

視線は常に波のボトムの真ん中。カヤックの角度を調整するスターンラダーはカヤックの向きに対して上流側に入れ、下半身でしっかりと内側からホールドしてカヤックを制御する

上流に向けたボトム角は、常に水流を受け流すように調整する。カヤック本体の角度は、水流と平行にするとバウが刺さりやすく、横にするほど下流に流されやすくなる

サーフィンは、瀬遊びの基本。うまくできるようになると、とっても気持ちがいい。長距離の川下りも楽しいが、短い距離でも十分楽しめる

川には、水量や地形的要因によって、大きな波ができる場所がある。リバーカヤックは、上流から下流へと漕ぐのが一般的であるが、こうした大きな波ができ、しかもある一定の条件が揃うところでは、サーフィンを楽しむことができる。

このサーフィン、原理的には海で行うサーフィンと一緒だ。ただ、海と違って川では同じ場所に波ができているので、カヤックも同じ場所に留まることになる。具体的には、イラスト1のように、カヤックは、波の上流側の斜面（フェース）に、カヤックのバウを上流に向けて留まる。これは、カヤックが下流に流される力と、重力によって斜面上から滑り落ちる力が均衡することによって成り立っている。実際に、水流がどんどん迫ってくるその感覚を味わうと、ダウンリバーとはまた違ったスリルを感じるはずだ。

サーフィンを楽しむことができる場所は、まずカヤックを乗せるのに十分な高さと水量があり、きれいなフェースを持った「素直な波」が立っているところ。さらに、その波にエントリーするためのエディーが、すぐ脇にあることも必須条件となる。

波にエントリーする際のポイントは、エディーラインをていねいに越えることと、フェリーグライド（流れを横切るテクニック）で移動しながら、乗りたい波のすぐ上流部の谷の部分をねらうこと。そして、サーフィンに入ったら、流れに対するカヤックの角度によって、水流の力と重力のつり合いをとり、留まる位置を調整していく。これは、フェリーグライドの技術の応用だ。

水流の力が弱ければ、カヤックは上流側に落ちてバウが刺さりやすくなり、逆に強ければ流れを受けて下流へと流される。こうした場合、バウが刺さるようなら流れに対して

大きな波でなくてもサーフィンはできる

練習その1　まずは流れの緩やかな場所で

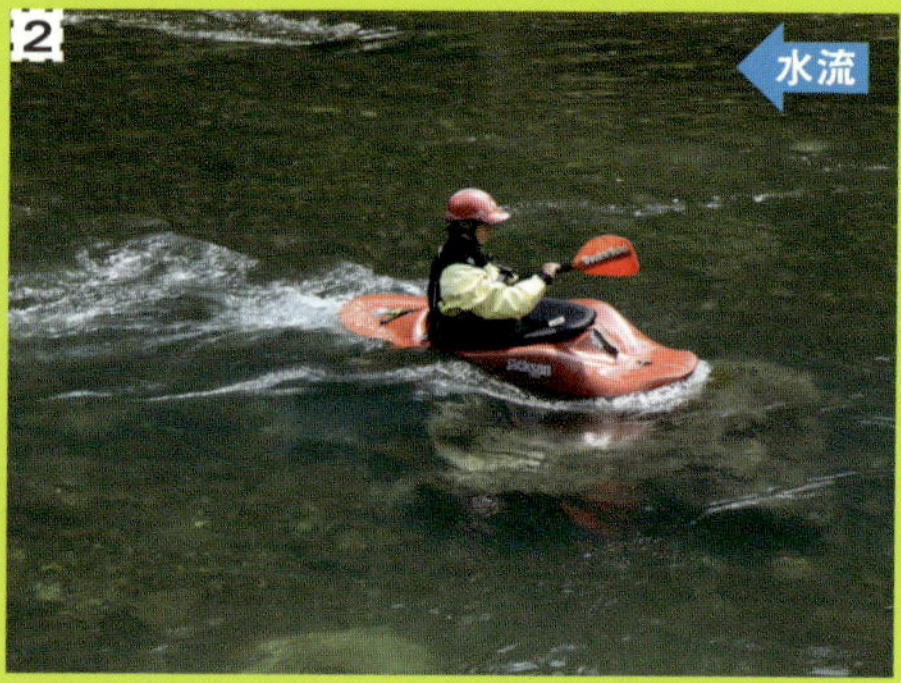

1 サーフィンの練習は、まずは流れが比較的緩やかなところで始めよう。たとえば、写真のような隠れ岩のうしろなどにできる小さな波を利用してもいい

2 ご覧のように、この程度の波でも十分にサーフィンはできる。カヤック本体の水流に対する角度、流れの強さに対するボトムの傾きなど、パドルで漕がずに波の上に留まる、という感覚を身につけよう

3 何度も切り返しながら、両サイドから波を受ける練習も十分に行いたい。スペースにもよるが、できるだけ波の横幅を使って大きく横移動する。自分のリズムではなく、あくまで波の形状に合わせて切り返すことが大切だ

スターンラダーで細かく制御

パドルの構え方

スターンラダーは、パドルごと上半身をひねり、ブレードがキールライン（＝艇のセンター）近くへ入るように構える。水に入る側のブレード面は水面に対して垂直となる。最初は、静水で仲間に姿勢をチェックしてもらおう

カヤックの角度やボトムの傾きに慣れよう

練習その2　基本のフェリーグライドを完璧に

1 大きな波に乗る前に、乗る波の上流側に位置する斜面を横切る練習を繰り返すことも、上達への近道だ。まず、エディーラインと波の肩を同時に越えられる場所を横切り、角度を保つ

2 次に、波のボトムの真ん中あたりをねらいながら、フェリーグライドで横移動する

3 水流の強さは場所によって異なるので、流れに対するカヤックの角度やボトムの傾き、パドリングの強さなどを調整する

4 細かく漕ぐよりも、しっかりとしたストロークで水を掴みつつ進んでいこう。重心は、常に足の付け根にあるイメージで

5 対岸にたどり着くまで、視線は常にゴールから外さないようにしてしっかりとパドリング。この場所のように、サーフィンを行うスポットの両側にエディーがあると、練習しやすい

斜めに角度を作る。下流に流されるようなら、縦に近い角度を作るようにカヤックをコントロールする。

カヤックの角度をコントロールする際は、スターンラダーを活用するといい。これは、スターン側にブレードを入れて舵をとるテクニック。ブレードの向きや、つかんだ水をきっかけにしてカヤックの角度を安定させるのだが、ブレードの刺さりが浅かったり、水の上に出ていたりすると、適切な角度を保ちにくくなるので注意しよう。

なお、カヤックのデッキ側が上流側に倒れると、エッジが水の流れに食われ、あっという間に沈となる。常にボトムが水流を受け流すように、「ボトム面と水流の面を合わせる」意識を持つといいだろう。

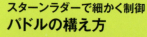

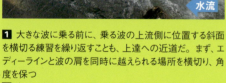

いよいよ本番、波に乗るぞ!

練習その３ 左右に切り返してカヤックを制御する

1

バランスをとってサーフィンを続けると、結果的に波の斜面を平行移動することになり、波の端では切り返しをすることになる。切り返すタイミングが重要だ

2

ブレードを刺し替え、上半身のひねりを戻す。ボトムは流れの面に合わせながら、カヤックを切り返すと同時に再度流れの面に合わせる。ブレードは常に水の中だ

3

切り返して波の面を平行移動し、逆方向まで到達したら同じことを繰り返す。波の斜面の幅が短いところでは、必然的に切り返しの数は多くなる

気持ちよく波に乗れた日は、
それだけで気分がいい。
そんな充実感が瀬遊びの魅力。

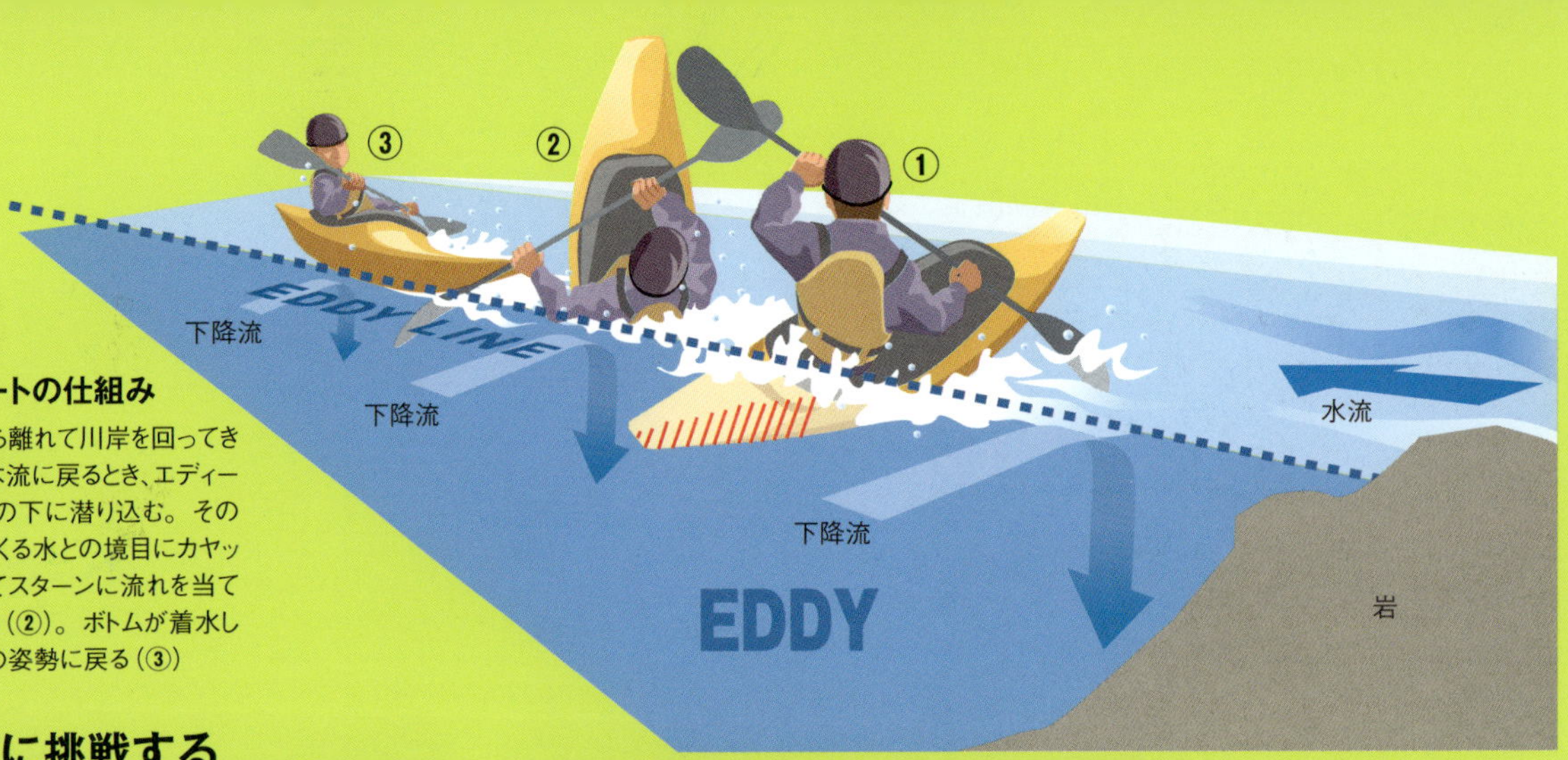

3 スターンスクォートの仕組み

岩の陰などでは、本流から離れて川岸を回ってきたエディーの流れがまた本流に戻るとき、エディーラインにぶつかって本流の下に潜り込む。その下降流と上流からやってくる水との境目にカヤックのエッジを沈み込ませてスターンに流れを当て(①)、カヤックを立たせる(②)。ボトムが着水したら、態勢を整え、通常の姿勢に戻る(③)

3次元の動きに挑戦する
スターンスクォート

川の流れは表面上の流れだけでなく、上昇流や下降流といった垂直方向への動きも交じった複雑な流れがある。エディーラインにできる強い下降流を上手に使った技がスターンスクォート。この技には、水の力を使って立体的に動くためのベーシックテクニックが凝縮されている。

強さとシャープさ、深さで判断 スターンスクォートに適した場所

岩陰にできたエディーと、本流との間にできるエディーライン。こうした境目には強い下降流が発生していて、スターンスクォートがやりやすい

エッジを食わせるタイミングに注目 スターンスクォートの動き

エディーラインに対し、斜め上流向きで進入する。パドルは上半身と平行にして下流側にひねる。まだボトムは上流側に向いているが、徐々にエッジを流れに当て始めている

お尻がエディーライン上に来たら旋回動作を始め、カヤックが流れで回される動きと、体のひねり戻しを同時に行う。通常の本流への漕ぎ出しとは、逆の向きにエッジを立てる

スターンが流れに押されて沈み始めるので、しっかりと膝でカヤックをホールド、上半身のひねり戻しの力でカヤックを回す。このとき、パドルは水を押さえるだけ

うまくリーンを保ってスターンを沈めることができれば、上半身が自然に正面を向き、ご覧のように、カヤックは見事に立ち上がっているはず

立ち上がった余力と流れの合力により、カヤックが倒されそうになったらリカバリーに入る。重心はそのまま自分の真下に保つことを意識する

ボトムが着水したら、ブレースやフォワードストロークでカヤックの態勢を整え、通常の姿勢に戻る。成功すれば、本流に出ることなくエディーライン上で完遂する

スターンスクォートとは、船尾を潜らせてカヤックを立たせるテクニック。サーフィン同様、瀬遊びのベースとなる技である。

川の流れは、上流から下流へと流れていく表層的なものだけでなく、一般的には川底に潜り込んでいく下降流、湧き上がってくる上昇流など、3次元的な流れで構成されている。水面に浮かぶカヤックは、常にこうした流れに大きな影響を受ける（なにもない瀞場なのに、カヤックがいきなり予期せぬ動きをすることがあるが、これも上昇流という3次元的な流れの上に乗ってしまって起こる場合が多い）。

スターンスクォートは、こうした川の3次元的な流れをうまく利用して行う。具体的には、下流に向かって流れる本流と、エディーライン脇か

失敗例。体を後ろへ倒すとカヤックが立ち上がりやすいように感じるが、そうすると回転軸がなくなって、カヤックの回転が途中で止まってしまう。体を起こして体軸を保つことが大切

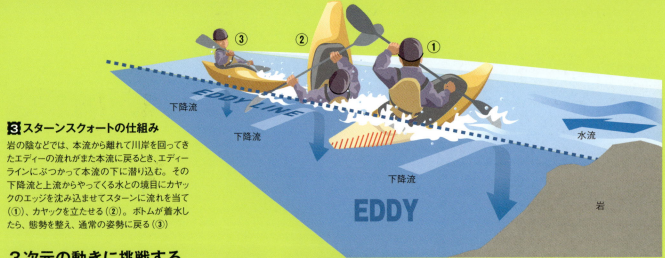

カヤックが垂直に立ち上がった状態。立ち上がるのはパドルの力ではなく、上半身のひねり戻しの動きと、流れがボートを押す力。慌てずに"溜め"を作って大きく上半身を動かそう。重心は常に体の真下にあるイメージを持つこと

上半身全体でストローク
パドルの構えと体の向き

スターンスクォートのきっかけ作りの際、パドルの動きは上半身の動きと一緒。体の動きは、上半身をしっかりとひねり、視線はパドル方向に向ける

ブレードで水を押さえたまま、ひねった上半身をゆっくりと戻していく。視線はずっと変わらない。ブレードで水をかいてカヤックを回転させるわけではない

下半身は、内側から膝でカヤックをしっかりとグリップする。体軸が、ひねり戻す上半身の回転の軸となる。体は、前後に倒れないように垂直に保つ

上半身が正面を向いたときがフィニッシュ。水面での練習の場合、脚の付け根のあたりがちょうど回転の中心になっていれば、重心が取れていることになる

悪い例。腕の動きだけでリバーススイープストロークをしようとしており、上半身が正面を向いている。これだとカヤックが回りにくいし、肩に負担がかかって故障しやすい

まずは進入角を意識しよう
エディーラインを上手に利用する

エディーラインがはっきり出ていて、深さのある場所にゆっくり漕ぎ進める。スピードに乗ってエディーラインを越えないように

エディーラインがお尻の下に来たときが回転開始のポイント。エッジが流れに当たると、水の力によってカヤックが回される。上半身と目線はエディーラインの下流方向へ

カヤックが流れによって回り始めたら、上半身をひねり戻しつつエッジに重心を乗せて、スターンを川底へねじりこむ。上半身は後傾しないように体軸を保つ

失敗例。写真のようにエディーラインへの進入角度が深い（バウが下流側に向きすぎる）と、流れによって回される力が半減してしまう

ら川底へ潜る流れの境目にカヤックのエッジを入れ、スターンに流れを当ててカヤックを起立させる（イラスト3参照）。岩陰などのエディーは、川底に潜りこむ水と、本流とがぶつかる境がはっきりしている（水流が強い）ので、スターンスクォートをしやすい場合が多い。

　ここでポイントとなるのが、エディーラインにカヤックを進ませる際の進入角と、上流側のエッジに流れを当てながらカヤックを回すタイミング。タイミングに関しては、ちょうどお尻の下をエディーラインが通過したときが、その目安となる。またカヤックを回す際は、体はリバーススイープストロークに近い動きとなる。ヒザで下半身をしっかりと固定し、上半身全体のひねり戻しでカヤックを回すようにする。

バウを沈めて立ち上がる！
エンダー

エンダーは、落差のある川の流れを利用し、バウに強い水流を当ててカヤックを立ち上げる大技。水量が多いところであれば、カヤックを立ち上げるだけでなく、人を乗せたカヤックごと大きく後方に飛び出す、なんてこともできる。水の力を最大限に使って楽しもう。

4 エンダーの仕組み

エンダーは、基本的にイラストのように落ち込みの流れをカヤックのバウにしっかりと当て、なるべく大きな力を得ることがポイント。まず、流れに対してカヤックを平行にし、バウを落ち込みに刺し込む。パドリングは最後までストローク、またはブレースによってカヤックの挙動を維持する

岩のない落ち込みを探そう
エンダーに適した場所

垂直に近い角度で水が落ちていて、深さのあるところ。パドルで指しているところが適した場所だ。手前だと、岩があってバウを流れのなかに刺し込めない。ウエーブの掘れている部分などでも可能だ

流れを最大限、バウに当てる
エンダーの動き

1

エンダーを行う場所までは、フェリーグライドでアプローチ。スポットの近くに漕ぎ寄せたら、カヤックを流れに対して真っすぐ向くようにコントロールする

2

視線はバウを刺し込むポイントから離さず、流れがバウに当たると同時に一気に重心を斜め前下方向へ移動する。バウを沈めるという意識ではない

3

水の流れでバウが沈み込んでいくのを感じたら、カヤックはリーンさせず、あくまでもフラットにして重心をやや前方に移動させ、水流を均等にバウに当てて沈めていく

4

体を伏せるような前傾姿勢にならないように注意しよう。前傾姿勢は、重心をコントロールしにくい。膝でしっかりとカヤックをホールドして、体は起こし続ける

5

スターンが持ち上がっても、重心は自分の真下にとどめる。パドルを最後まで水中に入れ続けると、ボートが同じ場所にとどまりやすく、水を受けたときに立ち上がりやすい

6

カヤックのバウが、水流のもっとも強いポイントを過ぎれば、カヤックは自然に元に戻る。予想外の力で押し出されても、あわてずリカバリーしよう

バウを沈めてカヤックを立たせるエンダーという技も、スターンスクォートなどと同様、川の流れの力を最大限利用したパフォーマンスだ。原理としては、流れの落差があるところで下に落ちる水流をバウに当て、バウを水中に沈ませてスターン側を持ち上げる（イラスト4）。

この技で遊ぶことができるスポットは、川のなかに落ち込みがあり、どちらかの脇にカヤックが待機できるエディーを持つことが条件となる。スポットへのアプローチは、カヤックを持ち上げるほどの流れのなかを漕ぎ上がることは困難なので、このエディーからフェリーグライドによって行う。さらに、落ち込み部分に、バウを潜らせるだけの十分な水深があることも必須条件だ。初心者のうちは、沈して流されることも考慮

失敗例。バウを刺し込む位置がズレると、水流に十分な力がないために、バウを沈み込ませる力が発生しない。視点がぶれないように、刺し込む場所を見続けよう

後藤さんの模範演技。カヤックは水流に対して真っすぐに向け、パドルはカヤックの角度を保つためにしっかりと水面を押さえている。視線はバウが沈むポイント方向。上半身は前に倒しすぎず、後ろに反らせすぎず、ナチュラルな姿勢だ

重心位置をしっかりと把握しよう

体重移動の方法

1 バウの沈むポイントを見続け、パドルでカヤックをコントロールしながらカヤックを水流と平行にする。この時点では体は起こしたままで、まずバウに水流を乗せる

2 バウが沈み始めたら、上半身も使って押さえ込み、重心を前下方向に移動させる。バウを押す水流の力と、前下方向へ加重する力とが重なると立ち上がりやすい

3 バウを沈み込ませながらも、バウに均等に水流が当たるように、カヤックの角度は水流と平行、左右に傾かないようにパドルでコントロールし続ける

4 ほぼカヤックが立った状態でも視線はずらさない。十分に沈み込んだところで重心を足先に移動させ、ボトム方向に足を蹴りだす

失敗例。流れの弱いところでは、水流だけではカヤックの立ち上がる角度が小さい。そういうときは、下半身の動きを積極的に使うとうまくいく

重心移動ができず、バウに水流が十分に当たらなかった結果、カヤックは立ち上がらなかった。スポットからズレてしまっているので、リカバリーはむずかしい

流れに負けないようしっかりと

よくある失敗例

最後までカヤックをフラットに保てず、傾きを作ってしまった例。こうなるとカヤックが回されてしまって、一点で水を受けとめられない

バウを刺す場所を見続けられなかった例。視線がぶれてしまうとカヤックの動きもあいまいになり、正確に刺すべき場所にバウをもっていけない

はじめから前傾してしまうと、バウに水が乗った瞬間に加重することができない。刺す場所に近づくまでは、前傾せずにカヤックの真ん中に乗るようにしたい

し、後方にリカバリーを行うための十分なスペースも欲しい。

エンダーを行うときに気を付けたいのは、落ち込みの水流を使って水中にバウを沈める際、艇体をフラットにしておく点である。こうするとバウに当たる水流が均等になり、バウに均一に力が加わるからだ。このときパドルのブレードは、カヤックの挙動を常にコントロールできるように、技が終わるまで水中に入れ続けておこう。

また、バウを沈めるときは、重心を前に移動する（加重）ことも重要なポイント。下半身でしっかりとカヤックをホールドし、一気に重心を前方川底方向へ乗せていく。このとき視線は、バウを刺し込む位置に向けておくこと。

キャンプツーリング

海日和《うみびより》

川日和《かわびより》 大全

Let's enjoy kayak touring and camping!

普段はデイツーリングが多いというパドラーはけっこう多いようだけれど、たまには、帰りを気にせずにとことん漕ぎ、満天の星の下でゆったりとキャンプするというのも楽しいもの。

泊まりがけのツーリングといっても、ちょっとした知恵と最低限の道具があれば、簡単だ。

今回の巻頭特集は、海と川の二つの異なるフィールドにおける、キャンプツーリングの実践的なノウハウをすべて紹介！

海日和《うみびより》

Welcome to coastal kayaking and camping!

漕いで漂い、癒やされて悠々自適の海キャンプ

特集の最初は、フィールドを「海」に設定したキャンプツーリングのすすめ。指南役にプロのシーカヤックガイド、石田 徹さんを迎え、キャンプツーリングの魅力とノウハウを紹介していく。とことん漕いで、ゆったり泊まる——経験に基づいたその実践的なノウハウは、どれも参考になることばかり。後半のテクニック集も、併せて必見だ。

［監修］石田 徹（アウトドアショップSWEN 三島店）［文］西沢あつし［写真］山岸重彦（本誌）、西沢あつし［協力］いいよねっと

今回のキャンプツーリングのリーダーは、アウトドアショップSWENのシーカヤック担当、石田 徹さん（左）。青谷瑞紀さん（中央）と萱沼雄三さん（右）は、助っ人&モデル役として参加してくれた（アウトドアショップSWEN 三島店 静岡県駿東郡清水町伏見広町52-7 TEL：055-981-8520 http://www.casa-swen.com/）

キャンプツーリングの最初は沿岸から

本誌創刊号に寄せられたアンケートハガキを集計したところ、カヌー、カヤックでの遊びのスタイルで一番多かったのが「デイツーリング」で、56％。「1〜2泊程度のツーリング」を楽しんでいる人は14％ほどだった。ちなみに、同じ項目で「釣り」を挙げた人が、別に26％ほどいたのだけれど、これも、その多くがワンデイフィッシングというスタイルの人たちだろう。ということは、約8割以上の読者は、日帰りで遊んでいるというわけだ。

まあ、これはあくまでアンケートハガキだけの結果。なかには、「普段はデイツーリングだけど、年に1回は必ず長距離遠征をすることにしている」なんて人だっているだろうし。ただ、確実に言えることは、最初から泊まりがけでツーリングを計画するということは、デイツーリングでは行けなかった目的地までたどり着くことができたり、それに伴って、これまでに見たこともないような、すてきな風景に出合える確率も高くなるということだ。

日帰りでないツーリングの魅力の一つは、つまりそういうこと。なにも長期のエクスペディションを目指すのでなくても、たとえ1泊するだけでも、いつもとは違った楽しさが味わえること請け合いだ。

さて、仲間と初めて泊まりがけでどっぷりとツーリングを楽しもうとする場合、どんなスタイルが適しているといえるだろうか。いろんなスタ

カヤックに詰め込む荷物も多いので、なるべく波が静かな浜を選びたい。今回選んだのは西伊豆の田子（たご）漁港南端に位置する浜。シーカヤックから荷物まで、協力し合って運搬しよう

コース上で、どこがランドマークになるかは、メンバー全員で共有しておきたい情報。特に、荒れやすい岬の先端部分や、上陸可能なエスケープポイントは重要だ。このときは、まったく静かで問題なし!

キャンプでの夜は、都会のそれよりもはるかに長く感じる。波の音、焚き火のはぜる音、ランタンの燃焼音が会話の間に心地よく流れる。普段飲んでいる酒も、なぜかワンランク上の味がするから不思議だ

キャンプ道具をたくさん載せても、バランスが取れていればスイスイ進む。カヤックによっては、むしろ安定性が高くなる場合もある。「今日みたいな日和には、たくさん寄り道したくなりますね」とは青谷さん

イルがあると思うけれど、最初はやはり、キャンプを絡めたコースタルカヤッキングがいいと思う。絶えず陸が見える沿岸を漕ぐわけだから、メンバーにビギナーがいても心強く思うだろうし、例えば海象が荒れてきたり体調が悪い人が出たりしても、短時間で陸に退避することができるからだ。また、そんなとき、キャンプ道具の用意があれば、臨機応変に泊まりの予定や場所も変更できる。

自然相手の遊びにとって、この自由度の大きいスタイルは、とても魅力的。極端な話、シーカヤックでツーリングとキャンプをどこでも快適に行えるようになれば、例えば日本一周だって、時間をかければできてしまうわけです。衣食住のすべてをシーカヤックに載せて行うキャンプツーリングは、それが岬を一つ越えるだけのものだとしても、エクスペディションの第一歩ともいえるのだ。

みんなで協力しながら成立させるおもしろさ

今回、そんなキャンプツーリングの「海編」で指南役をお願いしたのは、東海地方を中心に広く店舗を展開するアウトドアショップSWENのシーカヤック担当、石田徹さん。ほかに、助っ人としてカヤッカーの青谷瑞紀さんと萱沼雄三さんを迎え、実際に西伊豆を舞台に1泊2日のキャンプツーリングを行ってみた。あくまでシミュレーションということで、ツーリングのコース自体はごくごく短いものだったけれど、コースタル

取材の舞台となった西伊豆一帯は、入り組んだ地形と高い断崖を有する、まさにシーカヤッキング向きのフィールド。海が静かであれば、ほんの数キロのコースでも十分楽しめる

この透明感、浮遊感! 青い光のなかに浮かぶシーカヤック——。こんな場所を漕いでいると、どこまでも行ってしまえそうな感覚になる。魚の視線でカヤックを見ると、こうなるんだろうなあ

西伊豆の田子から浮島（ふとう）周辺一帯は、こうした洞窟がたくさんある。先に入った指南役が安全を確認し、ほかのメンバーが後に続く

カヤッキングやキャンプ時のノウハウに大きな違いはない。

例えば、今回石田さんが現場で指南してくれた事柄——プランの立て方に始まって気象・海象の予測、パッキング術、GPSや海図などを使ったナビゲーション、キャンプサイトでのあれこれなどは、コースや日程の長短には関係なく、どれもがキャンプツーリングに役立つ重要なスキルの一つ。それらをスムースに行う工夫もまたキャンプツーリングの楽しさにつながってくる。

「キャンプツーリングの場合、運べる荷物がどうしても限られるから、荷物はなるべく最小限になるようにチョイスするわけですが、その限られたなかでいかに快適に過ごすかを考えたりするのも楽しいですよ。仲間同士なら、タープや調理器具など、共用する荷物はみんなで振り分けて運べますから、思った以上に荷物も運べます。グループでのツーリングは、だれか一人だけの力ではなく、みんなの協力があって初めて成立するもの。その一体感が心地いいんです」とは指南役の石田さん。現地では、実際に1泊2日のツーリングに持っていく荷物とパッキング術も拝見させてもらったが、ベテランらしく、防水バッグだけを先にカヤックに詰めて、荷物を入れた後にバッグの口を閉める、といった小技なども、いろいろ伝授してくれた。ほかにも、艇体の中央に近いところには重量のあるものを積み、シートの横にはテントやタープのポールなどを配置。容量が大きいスターンのストレージには小型のツーバーナーや調理器具など、「デイツーリングではそれほど気にならない艇体のバランスも、キャンプツーリングでは重要」になってくる。

また、コンパスやハンディーGPS、地形図、海図なども、いつもより距

行動食や水分は、ツーリングの際には適宜補っていこう。特に水分は、「喉が乾いた」と思ったときに飲むのでは遅いくらい。積極的に摂取すること。海上でもこうして筏（いかだ）を組めば、めったなことではひっくり返らないで小休止できる

離を漕ぐキャンプツーリングには必要とされる場面が多くなる。さらに、それらは上手に使いこなさなければ意味がない。海図一つ取っても、実際の海上から見る景色と海図のそれとでは、最初は感覚的に大きく隔たりを感じるもの。ハンディーGPSにしても、ただ現在位置の把握だけに使っていたのでは、もったいない。このあたりの詳細は、次ページからのテクニック編の19ページも、ぜひ参照してほしい。

左：上陸して「ここでキャンプ!」と決めたら、どんどんテントサイトを作っていこう。初めてのキャンプツーリングの場合、漕ぐ時間を短めにして、キャンプの時間を長く取るほうがいい。ビギナーがいる場合はなおさらだ
右：暗くなる前に流木を拾うのも重要な仕事。IKEAの「FRAKTA キャリーバッグ」（99円）などに代表される、安くて丈夫なバッグがあると便利。流木アートができそうな木もあったりするゾ

キャンプでのひとときは醍醐味の一つ

「慣れないうちは、漕ぐのを早めに切り上げ、キャンプ地で過ごす時間を多く取るほうが楽しいですよ。キャンプツーリングの醍醐味は、自由に遠距離を移動できることと同じくらい、キャンプ地で得意料理を披露したり、焚き火を囲んで語らったりすることにあるわけですから」

取材当日、海上でのツーリングシミュレーションを終えた石田さんは、海岸にテントを張りながら、キャンプ自体の楽しさやおもしろさを説明する。

「もちろん、浜にテントサイトを作る際には、例えばタイドラインより上に場所を確保するなど、ベースとなるノウハウはいろいろあります。だけど、危険を伴うことやローカルルールなどに気をつけてさえいれば、それほど神経質になる事柄はありません。料理が失敗したって、野外で食べればそれなりにおいしいですからね（笑）」

道具類についても、基本的に人それぞれでいいわけだが、「シンプルかつ壊れにくいもの（壊れても修理が簡単にできるもの）、必要最小限の大きさのもの」が石田さん流。道具の準備や片づけの時間をなるべく短くし、そのぶん時間をゆっくり使いたいから、というのがその理由だ。

テントを設営し、自慢の料理が出来上がったら、お待ちかねの宴《うたげ》の時間。あとは思い思いのスタイルで楽しく過ごせば、それでいい。

＊

「こうしていると、人間も自然の大きな流れのなかの一部であることを実感しますよね」

焚き火台の薪が熾《おき》に変わるころ、助っ人で参加してくれた青谷さんがつぶやいた。シーカヤックを楽しむたいていの人は、たぶん、そんな気持ちを大切にしたいと考えている人が少なくないのではなかろうか。そして、こうした情趣をあらためて感じたいと思ったとき、コースタルカヤッキング＆キャンプというのは、非常にしっくりくるスタイルだと思う。

「クレイジークリーク」に代表される座椅子型のチェアに、背の低いテーブルを合わせたロースタイルで、ちょっと休憩。「ジェットボイル」で素早くお湯を沸かし、コーヒーや紅茶で体を中から温めれば元気回復!

上：食事は、キャンプでのメインイベント。限られた食材と調理器具だって、工夫次第でおいしい料理が作れる。自慢の料理を披露し合うのも楽しい
左：日が暮れるまでには、キャンプサイトの完成と、料理の準備までは終わらせておきたい。あとは自分たちのペースでゆっくり料理を作り、と自由に過ごせばいいのだ。明日もいいツーリングができるかな?

※海岸は、場所によっては条例などでキャンプが禁止されていたり、可能な期間が設定されている場合があるので注意しよう。今回撮影を行った伊豆半島の場合は、毎年6月1日～9月30日（2012年3月1日現在の情報）がキャンプ禁止期間となる

海のキャンプツーリングテクニック

How to go coastal kayaking and camping

[監修]石田 徹(アウトドアショップ SWEN)
[文]西沢あつし
[写真]山岸重彦(本誌)、西沢あつし

海でキャンプツーリングを楽しむには、海ならではの事象、あるいはシーカヤック・キャンパー同士のルールやマナーなど、知っておいたほうがいい事柄やテクニックなどが、少なからずある。ここでは、前出の指南役、石田 徹さんのアドバイスを基に、さまざまな手法を紹介する。

01 情報収集はPCを活用 プランニング(事前準備)

よほど時間のある人や行き慣れた場所でもない限り、最低限「どこから出艇できるか」、「どこでキャンプできるのか」は調べておこう。また、「エスケープポイント」(海が荒れても上陸でき、一般道につながる道がある場所)も考えておくと、リスクは大幅に軽減される。グループに女性がいれば、トイレがある場所なども押さえておきたいところだ。指南役の石田さんは、コマーシャルツアーであれば「病院の場所も調べておきます」という。で、こうしたフィールド情報は、やはりウェブサイトで調べるのが効率的だ。実際にそのフィールドでパドリングし、キャンプをした人の紀行というのは、やはり一番参考になる。ただ、その際に注意したいのは、その紀行がアップされた日付でなく、「現地を漕いだのがいつの情報か」ということ。そして、それが素晴らしい情報であっても、やはり相手は自然。あくまで参考程度に考えておきたい。一方、気象や海象の情報は、鮮度と精度が命。気象庁や公的機関のものを積極的に活用したい。

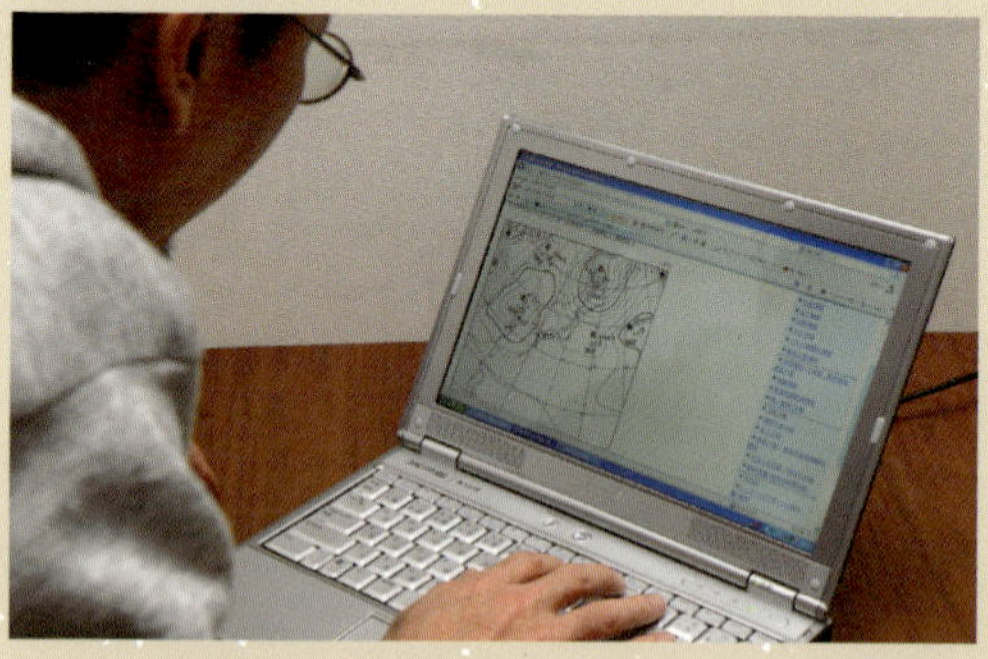

ウェブは、即時性という面では非常に有用なツールだが、同時に古い情報も残っているので、検索サイトの上位に出てくるからといって、うのみにせず、ツールの一つとして使い分けよう

02 陸では、動きやすい通常の服装で ウエアリングのABC

左:パドリング中は、基本的に濡れるものと考えよう。速乾性のある化繊のものをアンダーウエアとして、これをベースにアウター、必要に応じてミドル、とレイヤードしていく(ウエア類はすべてモデル役の青谷さんの私物)
中:気温が低かったり風が強い日は、降りかかる海水や風で体温が奪われる。こんなときは、やはりアウターにはパドリングジャケットを着よう。また、帽子も日焼け防止だけではなく、体温が奪われるのを防ぐ重要なウエアだ
右:陸上は、動きやすく着慣れた服装で。予想より気温が下がることを考え、「プラス1枚」持っていこう。焚き火をするのであれば綿のシャツやパンツを。足元は、爪先が覆われたタイプのほうがケガ予防になる

真夏でもない限り、パドリングウエアとキャンプサイトのウエアは分けて考えよう。パドリングウエアの基本は、レイヤード。インナーは、風や水、汗で体温を奪われにくくするために、乾きやすい化繊を使ったもの、アウターは、風や水をなかまで通しにくい素材でできたもの。これらを状況に応じてレイヤードする。といっても、パドリングすればどうしても濡れるわけで、キャンプ地に上陸してテントの設営が終わったら、とにかく先に着替えて体をドライな状態にしたい。陸上では、着慣れてリラックスできる服装がベストだが、焚き火をするのであれば、フリースなどの化繊をアウターとして着ることは避けたい。火の粉が飛べば穴が開くだけでなく、下手するとヤケドしてしまう。そして、いつものウエアにプラス1枚多く持っていくのがポイント。夜間やテントのなかは、思いのほか気温が下がるからだ。

03 自分がどこにいるのかを知る コースタルカヤッキングの必須装備

推力が人力だけとなるシーカヤックは、潮流や風の影響を受けやすく、必ずしも思った方向に思ったスピードで進んでいないことも発生する。目的地に真っすぐたどり着かないことも、ある意味でシーカヤックツーリングの魅力の一つかもしれないが、やはりナビゲーションのスキルは必要になる。以前はGPSといえば、海峡横断くらいでないと使わなかったが、最近は低価格化やマップの表示機能の充実、さらにログをPCに移すことが容易になってきたこともあり、GPSをツーリングの必須装備とする人が増えてきた。ただコースタルカヤッキングの場合、灯台や堤防などランドマークや特徴的な地形を地図と照合すれば、大方の位置を把握することもできる。「すべてをGPSに頼らず、地形図とコンパス、そして自分の目で位置を出すというスキルも身につけておこう」とは石田さん。

左:コンパス、ハンディーGPS、地形図、海図、そして「プレジャーボート・小型船用 港湾案内」(左)。これは、定置網の位置や設置時期も記載されていて便利
右:ツーリングのときの必須装備。予備のパドル、ビルジポンプ、パドルフロート。パドリングの邪魔にならないように、スターン側のデッキに配置するのがポピュラー

04 小分けにした荷物で重量バランスに配慮する 基本的な装備とパッキング術

「ハッチが小さいカヤックは、先に防水バッグを入れ、荷物を入れた後に口を閉める方法もあります」と、ちょっとしたコツを教えてくれる石田さん。ほかに、荷物運搬用のバッグがあると、キャンプサイトとの往復が楽だ

今回のキャンプツーリングに使用した荷物を、実際に石田さんの艇に積むと、このような配置になる。「コクピット周りにはなるべく重量物を集めるとともに、スターン側のハッチは一番ボリュームが大きいので、ツーバーナーやダッチオーブンなど、かさばるものを。すぐに出す可能性のあるものは、コクピット後ろのサブハッチに入れておくと便利です」

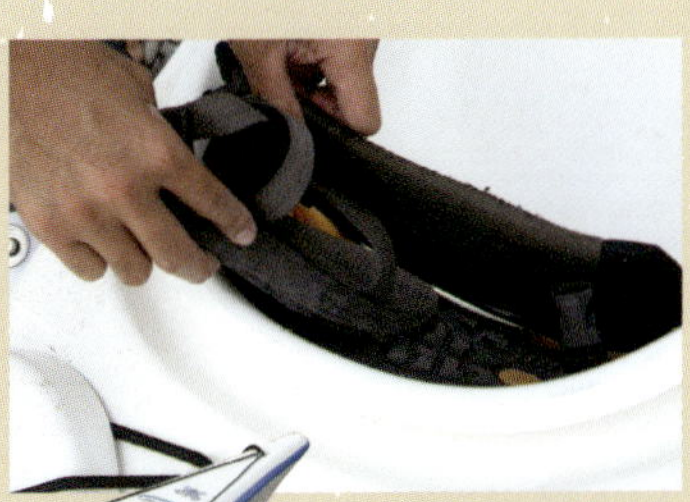

シートの後ろ側も重要なストレージ。水が溜まる場所なので、水タンク（ペットボトルでも可）やサンダルを入れるといい

シートの横には、テントポールなどの細長く、濡れてもいいものを格納しよう。足元は、沈脱のときに邪魔になる可能性がある。また、ラダーペダルのワイヤに干渉しないよう注意すること

行動食は、防水バッグで小分けにしてデッキバッグに。エネルギー価の高いもの、腹持ちのいいものなどがいい。水分は機能性ドリンク＋お茶など、種類を変えて複数持つと飽きない

食材によってはクーラーバッグも必要だが、カヤックツーリングで使用するのであれば、ソフトタイプのほうが積載しやすく、帰路はつぶして容量を小さくすることができる

カヤックでのパッキング術は、その人のキャンプツーリングの経験値がわかるほど、重要なスキルの一つ。シーカヤックは、ほかのカヤックに比べて荷物の積載容量は大きいが、当然限界もあるし、ハッチ開口部をくぐらないものは入らないという現実もある。こうした制約も、石田さんのように経験を積むうちに、いつの間にか防水バッグは、細かく小分けにするために数が増え、ほかの装備も自然に細長くコンパクトにするようになったりして、気にならなくなる。荷物の配置については、直接パドリングフィールに関わるところなので、慎重に決めたい。重量物はなるべく中央に集め、前後左右のバランスを考えて積み込んでいく。もし可能であれば、パッキング終了後に水に浮かべてみよう。バランスが変だったらカヤックは傾くはずだ。これも経験を積むと、積載スペースに対応する荷物は自然と決まってくる。当然、準備の時間も短くなる。「パッキング＝経験値」といわれるゆえんだ。

なお、荷物は、濡れてもいいものであれば、ハッチ下だけでなく、シートの横、後ろスペースも活用できる。ただし、脱出が困難になる可能性もあるため、足元にはなるべく置かないようにしたい。そして、艇のバランスやロストを考えた場合、デッキ上の荷物は、行動食や飲み物、レスキュー用品など、最低限にすることが基本だ。

左：テントやシュラフ、マット、タープ類をまとめると、この程度の大きさになる。トイレセットのほかに、効率よく焚き火をするための鉈（なた）や、楽に着火するためのガスバーナーも、あると便利
右：こちらは調理関係の装備一式。カトラリーやクッカーは、まとめて一つのバッグに入れるようにすると、わかりやすい。写真中央に見えるホットサンドメーカーは、手軽にボリュームのある朝食が作れるので、あると便利

石田さんのキャンプ装備。テントは１人分、調理器具は複数人数でのキャンプを想定している。前室が確保できるテント、マット、シュラフ、タープに、椅子は「クレイジークリーク」。ストーブ（クッキングバーナー）とランタンはガスの種類をそろえると同時に、すぐにお湯を沸かすために、予備に「ジェットボイル」も持っていく。さらに、「CAMP Time・ロール・ア・テーブル」、「スノーピーク・ソロテーブル BAJA400」、小さめのダッチオーブン。水タンクは「MSR・ドロメダリーバック」を愛用。クーラーは「シアトルスポーツ・ソフトクーラー 19qt」

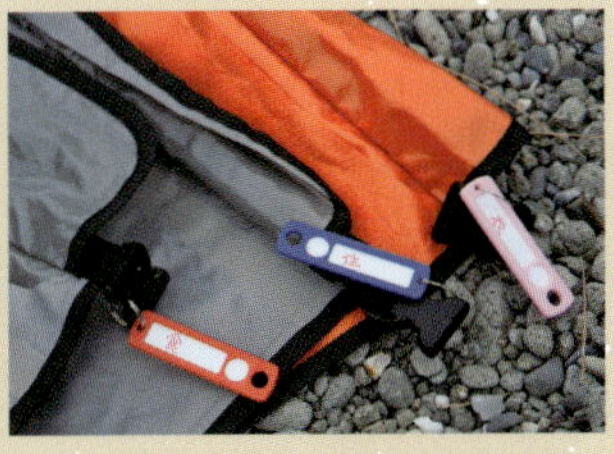

左：防水バッグは、大きさだけでなく形状もいろいろあるので、用途別に使い分けよう。例えば丸底のものはシュラフや着替え類、貴重品はポーチタイプを使用するなど
右：複数の防水バッグは、写真のようにタグを付けておくと、何が入っているか一目瞭然。もちろん、バッグのカラーを変えてもいいし、それぞれに工夫しよう

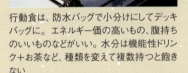

How to go coastal kayaking and camping

自然を侮るべからず

ツーリングの現場で必要な基礎知識

［イラスト］清水廣良

キャンプツーリングのプランニングやウエアリングの基礎、パッキングのイロハを理解したら、いよいよ海へ。泊まりを想定したツーリングであれば、いつもよりのんびり長時間漕げるはず。しかし、自然のなかに長く身を置くわけだから、気象や海象、ナビゲーションなど、現場ですぐに役立つ知識も身につけておきたい。

簡単な天気図の見方

※天気図２点は気象庁ホームページより引用

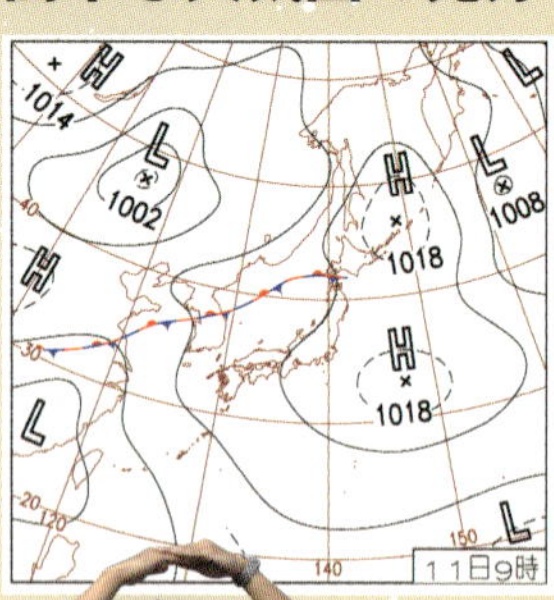

典型的な夏型の天気図。太平洋高気圧が広く日本を覆い、海も安定している。等圧線の幅も広く、気圧の差が小さいので風も弱い。全体的な変化が少ない場合、局所的な入道雲（積乱雲）による雷雨には注意が必要だ。こうした天気図は、さまざまな天気サイトで閲覧可能なほか、気象庁のホームページでは、3時間おきに「実況天気図」が、12時間おきに「24時間予想図」と「48時間予想図」が発表されている

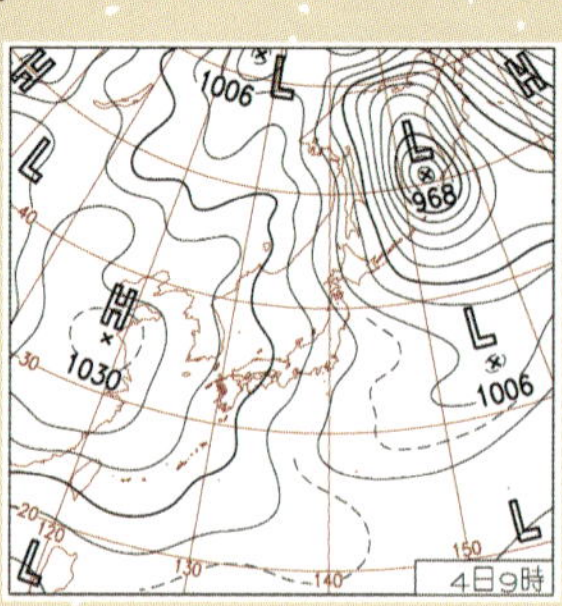

典型的な冬型の天気図。いわゆる「西高東低」と呼ばれる気圧配置だ。特に等圧線の間が密になっているときは、気圧差が大きくなり、強い西風が吹く。今回ツーリングした伊豆半島では、低気圧が太平洋側に来ると、「ならい」と呼ばれる北東風が吹き、海が大きく荒れる。自分がツーリングを行おうとしている地域のこうしたローカルな情報は、ウェブ以外に地元のカヤッカーなどから事前に教えてもらっておくと安心だ

05 直近の気象や海象で柔軟に！ ツーリング実施の判断基準

指南役、石田さんが勤務するアウトドアショップSWENにおけるツアーの催行基準は、以下のとおりになっている。もちろんメンバーのスキルによって変化はあるし、いわゆるガイドツーリングと仲間うちのツーリングとでは異なるところもあるが、天候や気象によるツーリング実施の判断基準の一つの参考にしていただきたい。まず気象基準について。1日前の気象状況で、ツアー当日に風速7m/s以上、または強い雨の状況が予想される場合は中止にする。さらに当日の気象予報で、大雨、暴風、波浪、高波、高潮の各警報が一つでも発令された場合は基本的に中止。各警報は発令されていないが、大雨、強風、洪水、波浪注意報などが発令されている場合は、ほかの情報も収集して、催行、内容変更、中止を判断している。

次に風速基準。コース予定の海域の風速が0～7m/sまではツアー可能とし、7～10m/sに及べば、場所変更も含めてツアー内容の検討を行う。そして10m/s以上になった場合はツアー中止。波高の基準は、ツアー海域の波高が0～1.5m未満であれば実施。1.5m～2.0m未満の場合は、場所変更も含めてツアーの内容を再検討。2.0m以上で、その海域でのツアーは中止にしている。

こうした気象、海象についての情報収集は、「ウェブを中心に拾っていく」。おもに「Yahoo! 天気・災害」、「ウェザーニューズ」、「潮汐表海釣り総合サイト」などを利用し、現地に向かう途中では携帯サイトの「JWA気象協会」や「海上保安庁」などを閲覧しているという。さらに、「静岡地方気象台や当該地域の海上保安部への連絡も考えて、それぞれの電話番号は携帯電話にメモリーしています」とのことである。

覚えておきたい局地気象・海象

だし（地峡風）

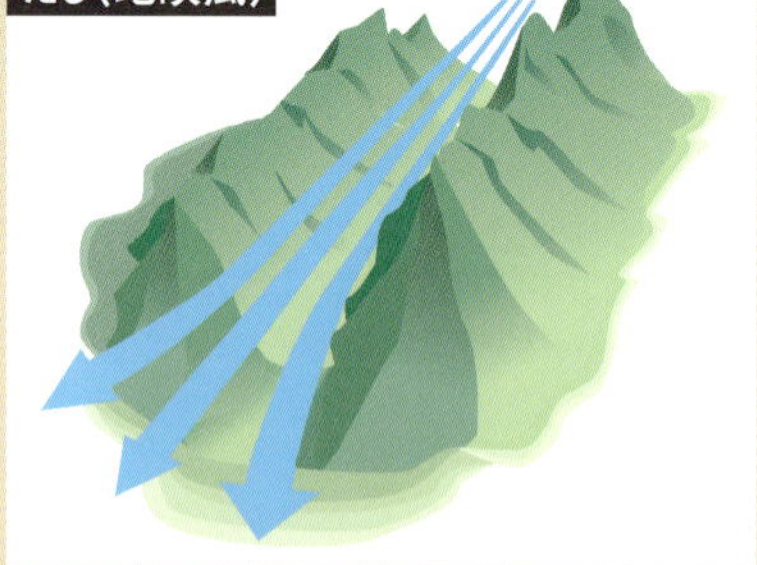

突然、陸上から強烈な風が吹き、あっという間に海に押し出されてしまうことがある。断崖が続く海岸で、川や谷があると、それに沿って風が集約されて吹き抜けるのだ（地峡風）。海面の様子を見ていれば、その部分に風波が立っているのがわかるはず

おろし

崖を越えた風が海面に落ちる（おろし）ところは要注意。まともに風に当たれば沖に流されたり、バランスを崩すこともある。海面を見れば風が吹いている場所がわかるので、沖に白波が立っている場合は極力、崖側を漕ぐ

岬の先端付近の波の特徴

岬の先端は風が集まると同時に、潮流があれば流れが集約されて非常に荒れやすい場所となる。行くか戻るかを判断するランドマークになるので、コースのなかに岬があれば、あらかじめ、その手前と先に上陸できる場所があるかを確認しておきたい

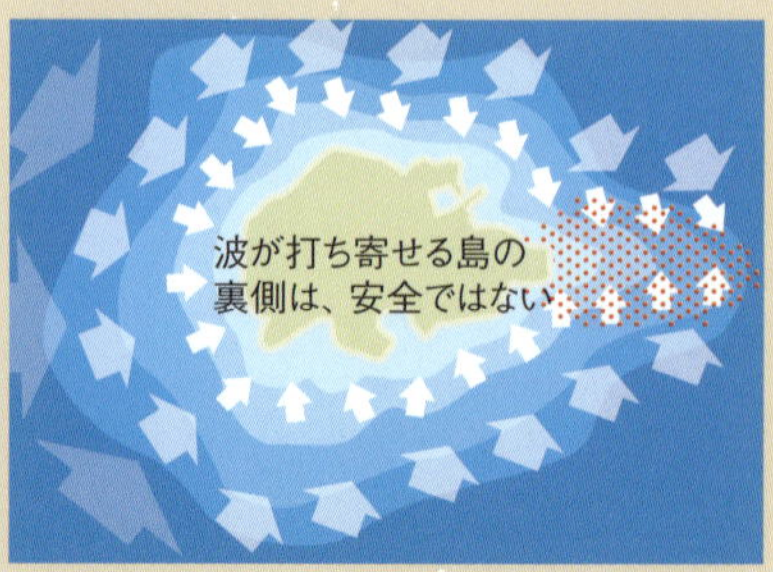

波は等深線に対して直角に進む性質があるため、ねじ曲げられた波が島陰に集中する。波が打ち寄せる反対側の島陰が安全ということはないのだ。島の周囲をパドリングするときは、風向きや潮流の方向をあらかじめ調べておきたい

06 自分の位置を知る方法あれこれ ハンディーGPSの基本的な使い方

ハンディーGPSでできること

ハンディーGPSがあれば、当然、現在地は一発で把握可能。ガーミンのモデルなら、日本航海参考図（ブルーチャート）がオプションで用意され、地図上にカーソル（矢印）を合わせて実行ボタンを押すだけで、目的地の設定もできる

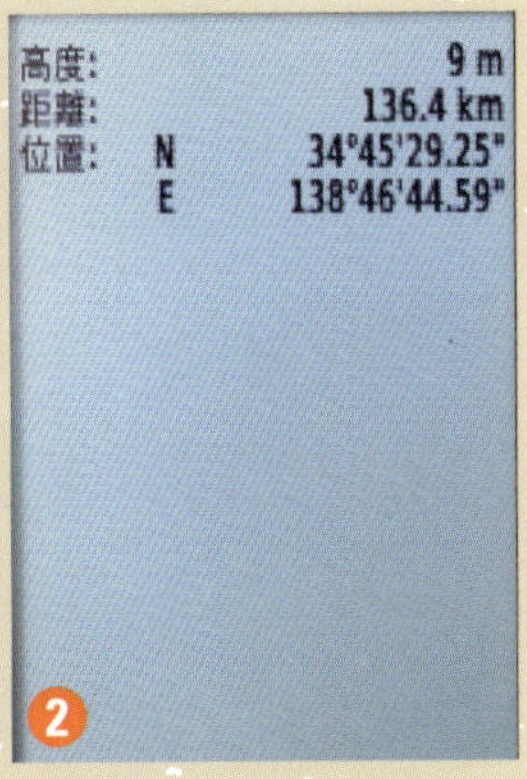

❶の画面で目的地を設定し、「出発」の画面が出たら、再度実行ボタンを押すだけで、現在地から指定の目的地までのナビゲーションが始まる。目的地の設定後に、緯度・経度を数字で確認することも可能（写真）

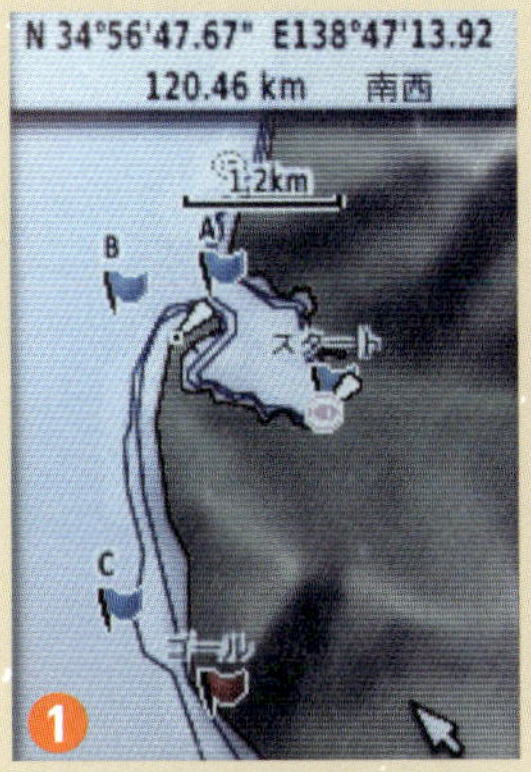

もちろん、事前にツーリングのルートを登録しておき、現地についたら同ルートを呼び出してナビゲーションを行うことなども可能。写真は、スタート地点からA、B、C地点を通ってゴール地点まで、5カ所のポイントを登録したところ

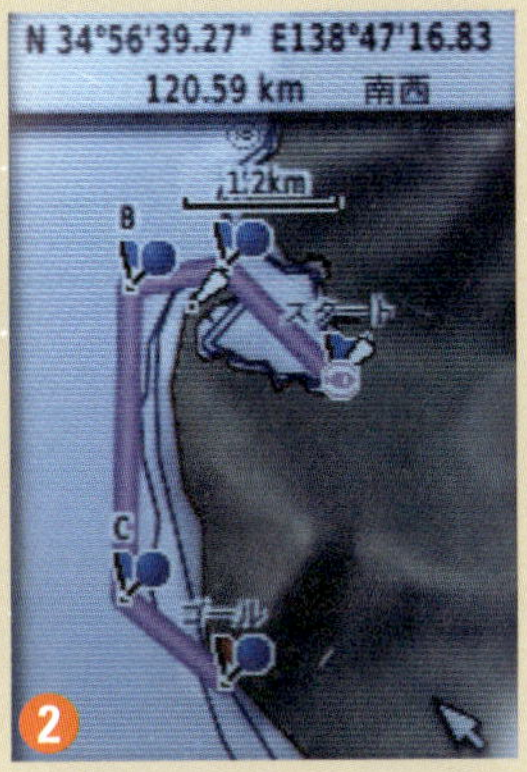

スタート地点に行ったら、登録したルートを呼び出して「検索」し、ナビゲートスタート。このときの注意点としては、沿岸部では陸路を指し示すことがあるので、その場合は画面上で「オフロード」を指定する

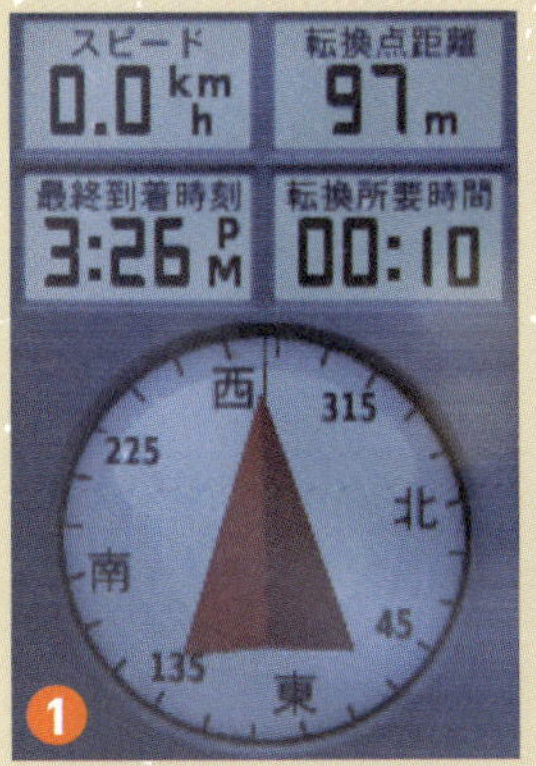

ハンディーGPSは、ほかにも「設定した目的地の方向を知る」、「現在地から目的地までの距離を知る」、「目的地への到達予想時間を知る」ことなどができる。機種にもよるが、写真のコンパス画面なら、そうした情報も一目瞭然（コンパス内の三角印の上部が目的地の方向）

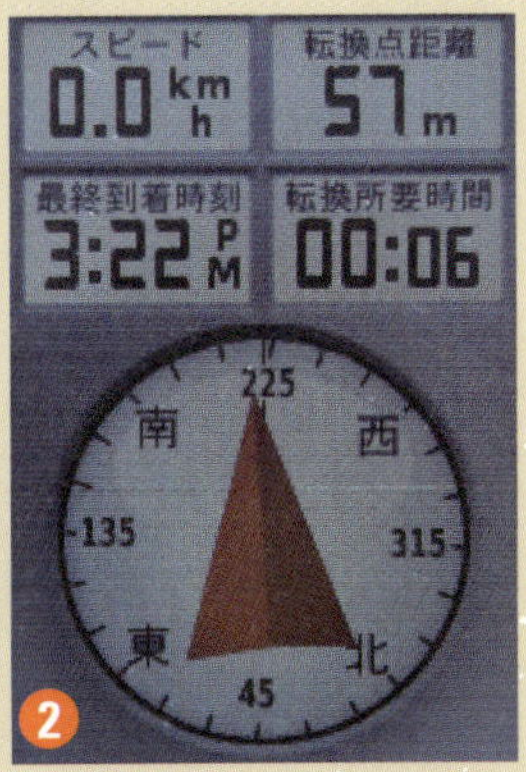

コンパス内の三角印の上部が真正面を指していても、目指す角度（目的地を示す矢印の下のコンパス方位）が最初と異なってくれば、カヤックが流されている証拠。あわてずに、軌跡がわかる画面を呼び出し、どのように流されているか確認しよう

ナビゲーションの前に、まずその日のコースについて、一緒に漕ぐメンバーと情報を共有しよう。リピーターがいれば、積極的に情報を出すようにしたい。目的地付近の話だけではなく、途中休憩を考えている地点や、「行くか戻るか」の判断ポイントやエスケープポイント、注意すべき場所も話し合っておく。

そして、海に出たら、自分の位置を把握するのがナビゲーションの第一歩。といっても最初から常に自分の位置を把握し続けるのは大変なので、湾の入り口や目立つ地形などがあったときに、メンバー同士で現在の場所の当てっこから始めてみるのもいいだろう。カヤックはスピードが遅いので、だいたいの位置を把握していれば、針路の修正も難しくはない。また、ハンディーGPSを使用すれば、自分の位置を把握することも、目的地への針路を探すことも簡単だ。特にカヤックフィッシングをする人は、ポイントを記録するためにGPSを購入する人も多いと思うが、機械は電池切れや故障の恐れが常にあり、すべてを頼るのは危険。ヤマダテを含めたコンパスの使い方などは習得したいところだが、最低限、特徴的な建造物や地形から現在地を予測する方法は身につけておきたい。

ハンディーGPSがあると、自分が今どこにいるのか簡単に知ることができる。最近は小型化、低価格化が進んでいるので、コースタルカヤッキングでも装備の一つとしておすすめしたい

地形図と実際の見え方との違い

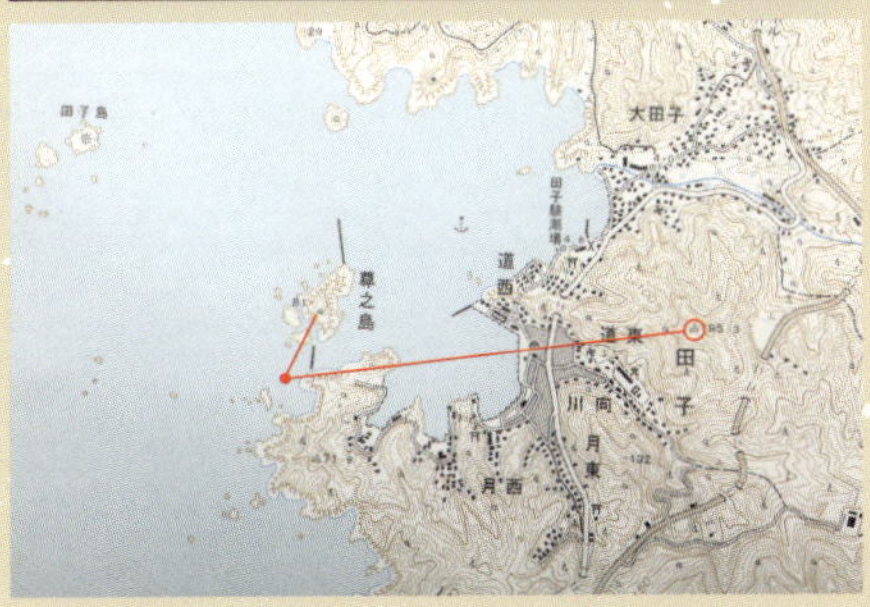

地図上でもハッキリわかるポイントをランドマークにする。コンパスを使ってカヤックの向きと地図の向きを合わせ、どの方角に何があるかで自分の位置を割り出す。ここでは、左に見える島の頂、前方の山の形（頂上の位置）がポイント。地形図のそれと、実際の見え方を見比べてみよう

通常のツーリング時も地形図や海図を携行し、自分の漕ぐシーカヤックが、地図上を時間あたりどのくらい移動しているのかを感覚的につかんでおこう。また、堤防や灯台など、地図上の記号と実際の様子を見比べておくことも大切だ。普段からこうしたことを心がけていれば、ヤマダテといわれる技術（陸上にある二つ以上の建物などを目印に、海上にいる自分の位置を把握する方法）も、なんとなく身についていくはずだ。

ハンディーGPSも、バッテリーが切れたら、ただの箱。使用前に新品のバッテリーに替えておくのはもちろんのこと、画面の明るさやバックライトの点灯時間、節電モードなどを上手に設定し、バッテリーをセーブしよう

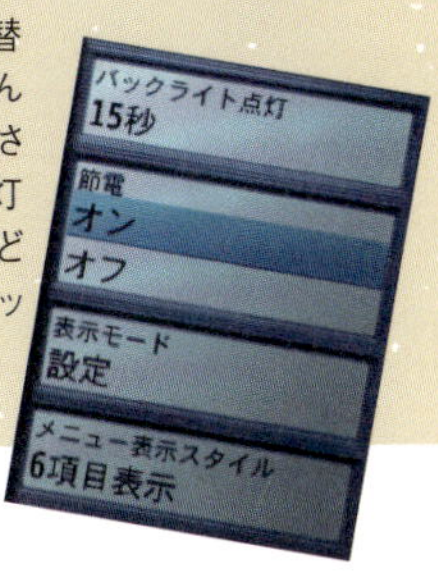

キャンプサイトの楽しいひととき。上陸してカヤックを引き上げたら、濡れた服を早めに着替えてキャンプサイトを作ってしまおう

ちょっとした工夫で楽しさ数倍！
快適ご機嫌キャンプ術

ツーリングが終わり、いざキャンプ地へ上陸！ 日常をしばし忘れ、ゆったりとした時間が始まる。不便なことも魅力の一つ。そうした事柄を楽しみながら工夫し、仲間と過ごす時間は格別だ。ここでは、キャンプ時に役立つ、ちょっとした工夫や知恵を紹介する。

07 エリアを分けて整然と キャンプサイトのレイアウト

キャンプサイトで、まず第一に考えなくてはならないのが満潮時の水位。海面がどこまで上がってくるかを判断することは重要だ。特に干潮時に上陸したときなどは、しっかりと満潮時のタイドラインを確認し、カヤックを流されない位置まで引き上げること。このとき、夜間に海が荒れる可能性も考え、できる限り余裕を取っておきたい。また、カヤック同士もレスキューロープなどでつなぎ、可能であれば立ち木などに舫っておこう。もちろんテントを張る場所や、調理場なども、同じように満潮時のラインより上に設置する。

次に、テントの設営となるわけだが、浜が砂利浜ならば、なるべく石が細かく水平な場所——要するに滞在エリアで最もいいスペースを確保する。このテント場を起点にして、調理場や食事スペース、焚き火の場所などを決めていくといい。焚き火の場所は、風向きも考慮しよう。風下にテントが来るレイアウトだと、火の粉が飛んで、テントに穴が開くことがけっこうある。

さらに、公衆トイレがない場所では、臨時のトイレの場所や、トイレセット（トイレットペーパーや使用済みペーパーを燃やすライター、スコップなど）の置き場、トイレに行くときのルールなども決めておく。「トイレの決まり事は、メンバーに女性がいるときは特に気を使うべきことの一つでしょうね」とは石田さん。そして、これら一連のことは、メンバーが集まっているときに一気にやってしまうのがコツ。面倒でも、酔ってしまう前に済ませておこう。

浜における基本的なキャンプレイアウト例。カヤックはタイドラインよりも上の位置まで上げ、夜露や雨などを考慮してひっくり返しておく。調理場とテント場は別々に。テント場は、なるべく水平で細かい石のところがいい。焚き火の位置は風向きを考えて決めること

焚き火で使用する薪は、現地で調達する流木など。焚き付けとなる小枝や新聞紙などが手に入らないことも多いので、こうしたガスボンベで使えるバーナー（トーチ）があると便利

焚き火台は、各社から出ているが、石田さんがよく使っているのは、ユニフレームの「ファイヤスタンドII」。移動時には細長く畳むことができるので、カヤックにも積みやすいスグレものだ

カヤックをひっくり返しておかないときは、PFDやパドリングシューズ、予備パドルなどをコクピットにしまい、スプレースカートをはめてしまう。こうしておけば、夜露や、フナムシなどの侵入も防ぐことができる

砂浜でペグが利かない、あるいはゴロタ石だらけでペグが打ち込みにくい場所などでは、張り綱を大きな石に結び付けて固定するといい。テントは、グラウンドシートが厚く、ある程度まで立ち上がっているタイプを選びたい

焚き火を囲んで至福のひとときゝ。
今日の出来事に大笑いし、
明日のコースに思いを馳せる

薪の燃え残りはそのまま地面に捨てるのではなく、穴を掘って埋めよう。もちろん炭以外のものは取り除いて持ち帰ること

十分な穴を掘った後、燃え残った木のうち、大きめのものは脇によけておき、灰と小さな燃え残りを穴に入れる

燃え残りを穴に勢いよく落とすと、灰が周囲に飛び散るのでなるべく外にこぼれないよう、慎重に穴に入れていこう

最後に大きめの燃え残りを上に載せる。しっかりと火が消えていることを確認する

掘った穴の石や土で、再び埋め戻していく。薪の燃えていた部分は、特にしっかりと埋めること

埋め戻した場所に注目。このように外から見てもわからないようになっていればオーケーだ

07

来たときよりもきれいに

焚き火の後始末

照明であり、暖であり、語らいのBGMにもなる焚き火は、やはりキャンプには欠かせないものの一つ。焚き火台を利用すれば、効率的に燃え、灰もほとんど残らない

特に禁止されていない海岸であれば直火での焚き火も可能だが、地表のダメージなどを考えた場合、焚き火台を利用するのも手。焚き火台は、空気をよく取り入れることができて燃焼効率が高く、薪が燃える位置が高いので暖かい。さらに薪の燃え残りも非常に少なくなる。灰を捨てるときも簡単だし、なにより海岸に黒い焼け跡をつけることがない。次にキャンプする人が気持ちよく使えるように、来たときよりもきれいにして帰るのが、焚き火のマナーだ。

いろんな工夫で気持ちよく

テント周りの快適スタイル

みんなでワイワイと夕飯を食べたら、のんびり語らいながら少々のお酒を楽しんで就寝。翌朝は爽やかに目覚め、またツーリングの準備に入る——。スムースにこうした流れをつくるには、ちょっとした工夫がものをいう。例えば寝床などは、テント設営時にマット、シュラフなども一緒にセット。こうしておけば、宴が終了した夜中にゴソゴソ準備する必要がない。また、履いていた靴は、夜露に濡れないように就寝時にはテントの前室内に。食料も、犬やカラスにねらわれることがあるので、きちんと収納するなど、アウトドアでは、ちょっとした配慮が快適さに直結する。

宴に突入する前に、テント内にシュラフやマットをセットしておく。枕は、スタッフバッグやシュラフバッグのなかに柔らかいウエア類を入れて代用できる

意外と無頓着になりがちなのが靴。外に出したままだと、夜露でビショビショになったりする。テントの前室（フライシートの内側）に入れるか、袋に入れてテント内へ

いわゆるトイレセット。シャベル、トイレットペーパー、ライターの3点。ペーパーとライターは、濡れないようにジップロックなどで完全防水する

トイレセットやパドルなどで、トイレエリアの使用状況のサインを決めておく。海外では、タイドラインよりも下でするようにとの指示がある場合も

食事と同じくらい大切

トイレのルールとマナー

野外での排泄（大）の手順としては、穴を掘って用を足し、使用済みペーパーはライターなどで燃やしてから穴を元に埋め戻す。みんなで決めたエリアであれば、エリアに通じる入り口に目印を立てておけば、鉢合わせも防ぐことができる。ただ、初心者の女性がいるツーリングであれば、計画段階で、トイレのある場所をキャンプ地に選びたい。それが無理な場合は、野外での排泄となることを事前に本人にしっかり伝えておこう。

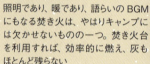

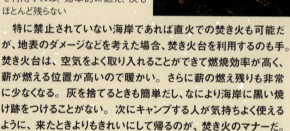

08 石田さんオススメ！ 簡単&おいしい 海ごはんレシピ

おいしい料理を素早く作るには、やはり慣れと経験がものをいう。最後に、百戦錬磨の指南役、石田さんに、キャンプ地で簡単にできて美味な料理を二品伝授してもらった。このレシピ、覚えておいて損はない！

キャンプでの料理は、最大にして最高の楽しみの一つ。気の合う仲間でワイワイ、ガヤガヤ。作る過程もまた愉快なひととき

【材料】
サケ（切り身）、ホタテ、トウモロコシ、ジャガイモ、ニンジン、タマネギ、キャベツ、シイタケ、「石狩鍋の素」（みそ、酒、みりん、しょうゆ、砂糖で作っても可）、水

多めに作って朝は雑炊に

かんたん石狩鍋

疲れた体でも食べやすく、ボリュームも満点。暑い日には冷まして、寒い日には熱々で食べるとおいしい。多めに作り、翌日の朝は雑炊にすると、また素晴らしく美味。

【作り方】❶材料をそれぞれ好みの大きさにカットする　❷鍋に水を入れ、火の通りの遅いジャガイモ、ニンジンを先に入れる　❸次にタマネギ、シイタケ、ホタテ、サケ、キャベツを入れて、少し煮込む　❹アクが出てきたら取り除き、調理みそ「石狩鍋の素」を入れる（写真は、石田さんのオリジナル）。最後にトウモロコシを入れ、ひと煮立ちしたら完成

安い食材でも料亭の味に

マツタケ風炊き込みご飯

激安のエリンギで、高級マツタケご飯と同じ味を楽しむことができる。調理方法もいたって簡単。材料をまとめて入れ、火にかけるだけ。キャンプ料理には最適だ。

【作り方】❶材料のエリンギをスライスする（マツタケっぽく切ると、なおよし）　❷炊飯用の鍋に米、水、酒、しょうゆと、マツタケのお吸い物の素を入れる　❸鍋を火にかけて、お米を炊く。炊き上がってから蒸らすところまで、そのままで　❹蒸らしの状態になったところで、エリンギを投入。エリンギもしっかりと蒸らしたら完成

【材料】
米、エリンギ、永谷園の「松茸の味 お吸いもの」、酒、しょうゆ、水

川日和《かわびより》

Welcome to downriver kayaking and camping!

漕いで浮かれて流されて 極上至福の川キャンプ

下流へと流れていくリバーツーリングは、旅の途中でキャンプをすれば、さらに長い距離を楽しむことができる。でも、ただ長い距離が漕げるというだけではなく、気に入った河原があれば焚き火をしつつ、川のように流れる時間そのものを楽しみたい。まずはウイークエンドのキャンプツーリングで、そのノウハウをつかんでいこう。

[監修]清水昭夫（クリアウォーターカヤックス）[文]西沢あつし [写真]宮崎克彦（本誌）、西沢あつし

リバーキャンプでも、食事は一大イベント。川の水温は低めのことが多いので、体が早く温まる汁物を加えたい。みんなでおしゃべりしながら作れば、すべての時間が楽しくなる

関東屈指の河川、那珂川でキャンプツーリング

「キャンプしながら川を下れば、いちいち家に帰らないで毎日漕げるし、遠くまで行ける。あと、キャンプに適したところって、たいてい流木なんかもあって、焚き火もできる。この焚き火がまたいいんですよね～。なんだか周りが特別な空間になったみたいで」

海のキャンプツーリングのあとは、舞台を栃木県・那珂川《なかがわ》へと移し、川でのキャンプツーリングの魅力とそのノウハウをお届けしよう。指南役は、これまで数多くのファルトボート旅を実践してきたベテランカヤッカー、クリアウォーターカヤックス代表の清水昭夫さん。モデル役は、普段はアドベンチャーレースやワイルドウォーター競技に出場しているバリバリのアスリート、砂田芳子さんにお願いした。冒頭は、この砂田さんのせりふ。海外遠征経験も豊富な彼女は、日本のきれいな川でのんびりパドリングし、好きなところでゆっくりキャンプするというスタイルも大好きな女性だ。この日は総勢10人（取材スタッフを入れると13人）という大所帯のキャンプツーリングをモデルケースとし、川のキャンプツーリングの実際をシミュレーションしてみた。

五感すべてを使って川を楽しむために

本邦初公開! クリアウォーターカヤックス式ファルトボート連結イモムシ移動。足元注意、一人コケたら前も後ろも総ゴケ?

川のキャンプツーリングの指南役は、ファルトボート旅の伝道師、クリアウォーターカヤックスの清水昭夫さん（右）。そして助っ人＆モデル役として参加してくれた砂田芳子さん（左）は、アドベンチャーレースの出場経験を持つアスリート（クリアウォーターカヤックス　千葉市中央区川崎町1-34 ハーバーシティー蘇我GLOBO　TEL：043-497-3951 http://www.clearwaterkayaks.com/

「キャンプしながらの川旅だったら、できるだけ都市圏から離れた遠くの川のほうがいい。例えば北海道の手塩川や釧路川、東北の北上川、中部の長良川や熊野川、四国の四万十川など、堰《せき》やダムが50キロ以上ない川だと、その土地の表情や風土、特に食や人、方言などが、川という線で結ばれていることを、より実感することができると思いますよ」

那珂川の定番のスタート地点、宮原青少年野外活動広場からツーリングを開始した清水さん。パドリングしながら、取材スタッフに川のキャンプツーリングの魅力についていろいろと語ってくれる。いわく「本当だったら3日以上をかけて地元に溶け込むようにして遊ぶといい」、「生活の場である川を漕ぐと、いろんなものが見えてくる」、「場所によっては100年前の風景がそのまま視界に映る」などなど。五感すべてを使って川を楽しむには、食・住すべてを河原で完結させるキャンプツーリングというスタイルが、やはりピッタリくる。

ただ、海でも川でも、ビギナーがいきなり数日間のキャンプツーリングを行うというのは、なかなかできるものではない。まずは近くの川で、ウイークエンドのキャンプツーリングからスタートし、ノウハウを蓄積していくのがいいだろう。

スタート地点のすぐ下流は、宮境橋跡が堰になっていて、ここでポーテージ（艇を担いで、障害物を陸路で迂回すること）のノウハウを撮影することになっていたのだが……数カ月前の台風の影響らしく、堰の大半が消滅している。まあ、取材自体がダウンリバーのシミュレーションなので、予定どおりポーテージすることにしたが、やはり川相というのは大水一つで一気に変わるものである。

なお、ポーテージであるが、キャンプ道具を満載したカヤックは非常に重いので、2人一組で艇を運んだり、場合によってはカヤックと荷物を別々に運んだりする必要がある。このあたりも、デイツーリングと違うところとなる。

また、荷物を目いっぱい積んだカヤックは、安定性こそ高まるものの、運動性能はどうしても落ちてしまう。岩や瀬をスラローム艇のごとく軽快に漕ぎ抜けるということは不可能だ、ということも頭に入れておこう。さらに、普段より吃水が深くなるので、浅瀬にハマってしまうことも、ままある。こうしたときはライニングダウン（パドラーがカヤックから下り、艇を浮かべながら流すこと）のようなテクニックも必要になってくる。このあたりのノウハウは、別

上：出発前のブリーフィング。大きな瀬や障害物など、コース上の注意点や、上陸予定地点などをメンバーみんなで共有する。海と違って、流れ着くところは一緒かもしれないが、ぜひやっておきたい

下：いよいよ川へ漕ぎ出す。キャンプ道具満載のカヤックは重いので、協力し合って。初心者はいきなり本流へ入らずにエディーへ。そして、サポート可能な上級者が漕ぎ出すまで待っていよう

2人艇の場合は、前後でパドルを回すタイミングを合わせよう。基本的には、後ろの人が前に合わせる。針路を決めて漕ぐのは、後ろのパドラーの役目だ

那珂川のカヌーツーリングに人気の区間は、通常水位であれば、少しの瀬と、ほとんど緩やかな流れで構成されている。自然に顔の筋肉が緩み、にやけてしまう

項のテクニック編の31ページも参考にしていただきたい。

疲れた体を温かい料理が癒やす

川下りに関しては、ほかにもウエアリングや、スカウティング（下見）、自分の位置の把握方法など、いろいろなノウハウがあるが、このあたりは、キャンプツーリングと普段のそれとは、さほど違いはないだろう。パッキングに関しては、キャンプツーリングでは荷物が多くなる分、それなりの技がいろいろあるが、特に防水バッグは、浮力体の役割もあるので、目いっぱい圧縮しないことが重要だ。よく、嵩《かさ》を減らそうとぺっちゃんこにしている人がいるけれど、隔壁で仕切られた気室がないファルトボートに限っては、これは間違いである。

さて、初日のツーリングは正味2時間ほどのコースだったのだが、ハウツーの撮影などもしながら下ったため、結局、倍以上の4時間半もか

左：本日進水式の人も。水に浮かべる前にお酒で清めるのは定番の儀式。このファルトボートは、カラーリングに加え、スターンデッキにボトル用のポケットを付けるなど、工夫がいっぱい

右：アドベンチャーレースにワイルドウオーター、いつもはコンペティションにばかり出ている砂田さんも、のんびりツーリングは楽しい様子。瀬も、なんなくクリアしていきます

カーブの向こう、次にどんな風景が広がっているのか。まるでスライドするスクリーンのようにワクワクする。たまに瀬があったりもするが、それは流れの音を聞いていればわかる

かってしまった。しかし、天候にも恵まれ、大所帯のグループツーリングは、終始問題なく進行。ゴール地点となる大瀬でひとまず終了することとなった。

ツーリングが終われば、あとはお待ちかねのキャンプの時間。手早くテントサイトを設営し、濡れたウエア類を素早く着替えてくつろぎたい。

ただ、河原のテントを張る場所は、くれぐれも慎重に選定すること。急な雨による増水やダムの放流など、ある意味で海より不確実性が高いともいえるのだ。そのためにも、全体のスケジュールはあらかじめ余裕を持ったものが望ましい。そうすることにより、河原でのキャンプ自体をゆっくりと楽しむことができるはずだ。

キャンプ地に着いたら、まずは焚き火の位置と調理場を決めてからテントを張る。濡れたウエアでうろうろするよりも、さっさとテントを張って着替えてしまおう

「ほどよく疲れた体に、みんなで輪になっての温かい食事。初めてのキャンプツーリングで、なにが楽しかったって、それが一番だったかな」

清水さん自慢の料理の下ごしらえを手伝いながら、砂田さんが思い出を語る。ほかの面々も、焚き火をおこしたり、秘伝の肴《さかな》を披露したりと、それぞれに手を動かしている。宴《うたげ》の準備に関しては、みんな堂に入ったもの。なかにはすでにご機嫌な人もいたりして。

今宵《こよい》のメインディッシュは、清水さんオリジナルの「なんちゃってサムゲタン」とのことだけれど、あっという間に準備完了。あとは火にかけておけばオッケーらしい。「簡単に素早くできる」、「家で作るより手間をかけない」がモットーというだけあって、さすがに手際がいい。みんなも大いに期待しているのが伝わってくる。

さあ、夜の部はまだ始まったばかり。お楽しみはこれからだ！

竹のコップで乾杯！ 前日までの大雨で竹がたくさん倒れていたので、メンバーの一人が、あっという間にコップを人数分作った。クリアウォーターカヤックスのメンバーは創意工夫が得意

清水さんは焚き火もするけど、確実に料理を作り上げるためにガスも使う。そして基本的には「椅子とテーブル」派。快適さを求める装備は、なるべく持っていくようにする

今回のツーリングに参加してくれた、クリアウォーターカヤックスに集うメンバー。みんなファルトボート旅の達人だ。一緒に下っていれば、気がついたときには達人になっているかも

左：春先の河原はまだまだ寒い。温かくて腹持ちのする食事を素早く作る。道具も水も食材も制限されるキャンプ地で効果的な食事を作るのも、重要なスキルの一つだ

下：清水さんのお得意料理の一つ、「かんたんポテトグラタン」。ガスバーナーの上で一気に作り、あとは焚き火でチーズに焦げを入れれば出来上がりというお手軽グラタンだ

川のキャンプツーリングテクニック

How to go downriver kayaking and camping

リバーカヤックでのキャンプツーリングは、海のそれとはまた少々違ったコツがある。まず川を下る際の基本的なスキルに加え、実際には、さまざまな障害をクリアしていく必要がある。また、キャンプ地の選定なども、一定の基準が存在する。指南役の清水さんに、そのあたりを伝授してもらった。

01 地形図以外の情報も 準備段階のポイント

日本に河川は数あれど、初心者がファルトボートでキャンプツーリングを楽しめる川となると、それほど多くない。また、その情報源も限られている。本誌のような専門誌やウェブサイトなどが、おもなソースとなるだろう。下る川が決まったら、国土地理院発行の地形図（できれば縮尺2万5千分の1）を入手し、専門誌やウェブの情報と合わせて川の状況をチェックする。出発地点、ゴール地点は、近くまで車を乗り入れられ、駐車スペースがあるところが便利。こうした情報は、地形図からはなかなか読み取りにくい。また、堰や難所は、その上流部に目印となる橋、あるいは地形を事前に調べておくといい。地形図をベースに、それ以外の情報を上手に活用することがポイントだ。

ウェブサイトは、公共の河川事務所などのHPのほか、個人のサイトも情報源となる。過信は禁物だが、橋の形状など、事前に知っておくと便利な情報も少なくない

本誌のフィールドガイドの記事。こうした細かい情報は地形図からは読み取れない。写真は「初心者スタート適地」とされている下野（しもつけ）大橋周辺

実際の下野大橋の「初心者スタート適地」。広い河原で、車を止めてファルトボートを組めるスペースが十分にあり、流れも緩やかなのでエントリーしやすい

02 応急修理も念頭に 忘れてはいけない装備

ファルトボート旅の必須装備、スローロープと応急修理用品。「応急修理は、ガムテープ、プライヤー、チャンネル、チャンネル用ボルト、針金、結束バンド、プラスドライバー、接着剤、細引き（ナイロンロープ）などがあればいいでしょう」とは清水さん

スローロープは、レスキューやライニングダウン（川が浅い場合、艇から下りてカヤックにロープを付け、艇を浮かべながら流すこと）など、ダウンリバーにはなくてはならない装備の一つ。初心者は、写真のように腰に巻き付けるタイプよりも、スローバッグに入ったタイプがいいだろう。また、ライニングダウンでの使用も想定し、先端に専用の大きなカラビナを付けておくと便利。

さらに必須の装備としては、応急修理セットが挙げられる。ファルトボートの場合、チャンネル（フレーム同士を組む際のCの字型の取り付けパーツ）が損傷したり、フレーム自体が曲がることも、ままある。修理ができなくてその場で終了、とならないためにも、忘れずに！

03 絶対に濡れると考える ウエアリングのイロハ

左：リバーツーリングは確実に水に濡れる、と考え、さらに水温を低めに見積もってウエアリングを考えよう。春先のこの日は、襟回りと袖口をしっかりシームできるウエアをチョイス
右：山間部でのキャンプになることが多いリバーツーリングでは、夜は、思っているよりも冷えることが多い。春や秋は、考えているよりもプラス1枚多く持って行きたい。帽子も重要だ

日本の川は、たいてい上流部にダムがある。そうしたダムは、底近くの水温の低い水を放流する。また、季節によっては源流域に雪が積もっているような川も多く、川の水温は意外と低いものである。リバーカヤッキングでは、まず、この冷たい水に濡れることを前提として考えること。そのためには、きちんとしたウエアリングが必要だ。袖口や首回りの処理がしっかりして、水の浸入を防ぐ、専用のウエアが望ましい。ただ、専用の防水ウエアは、少々気温が高くなるとけっこう汗をかく。そのため、ツーリングのときのウエアとキャンプ地でのそれとはしっかりと分け、キャンプ地に着いたら早めに着替えて、濡れたウエアは干しておこう。また、干したウエアは、寝る前にテントのなかに取り込むことを忘れずに。夜露でビショビショになってしまうゾ。

04 「沈して流される」ことを考えておく
装備とパッキングの基本形

パッキングの基本はシーカヤックと同じ。重いものはコクピット周りに、バウ、スターンには、細長くて軽いものを中心に配置する。ファルトボートの場合、荷物はコクピットから押し込むので、そこそこ大きい荷物でも大丈夫。清水さんは、バウ側に衣類やシュラフなどが入った防水バッグ、スターン側に濡れてもいいテーブルや焚き火台、鍋などを中心にパッキングしている

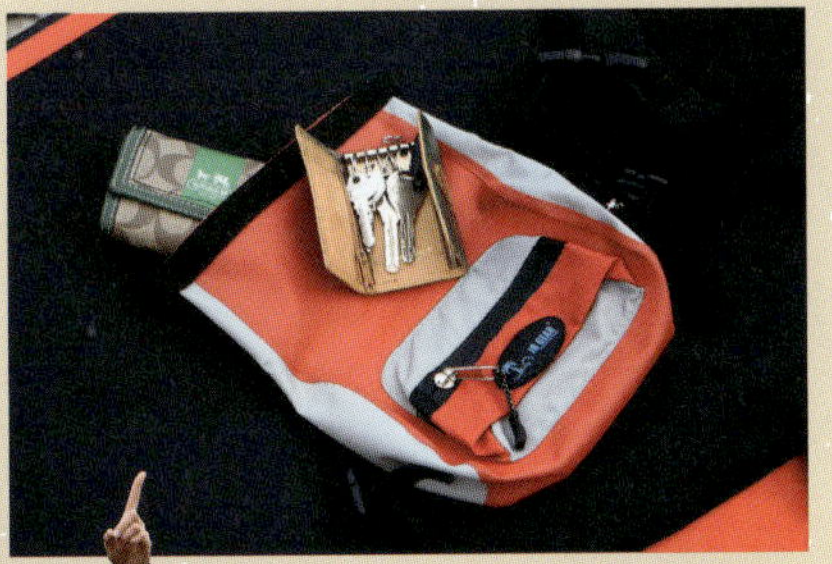

ポーチ型の防水バッグはぜひ欲しいアイテム。車の鍵や財布などの貴重品は必ず身に着けておくこと。清水さん自身、荷物と一緒に車の鍵が流されてしまい、難儀したことがあるそうだ

河原のテント泊では、マットは、なるべく分厚いもので、できればフルサイズがいい。翌日疲れを残さないためにも気を使いたい装備だ。写真のマットは、厚さ38ミリのモデル

リバーカヤックでもシーカヤックと同様、パッキング技術は、そのままキャンプツーリングの経験値となって表れる。まず、荷物はできる限り小分けにして、着替えやシュラフなど「絶対に濡らしたくないもの」を防水バッグに入れ、細心の注意をもってパッキングする。

ファルトボートは積載力があるとはいえ、荷物の重量配分は重要だ。基本は、コクピットの周囲に重いものを集め、バウとスターンには細長い棒状のものを収納する。そしてシーカヤックと大きく異なるのが、ファルトボートにはバルクヘッドと呼ばれる隔壁がないこと。隔壁で仕切られた荷室は気室の役割も担うが、ファルトボートにはこれがない。昔は、「浮力体」と呼ばれる浮袋をバウとスターンに入れるのが常識だったが（もちろん、いまも激流を下るときは必要）、かなりのスペースを占めてしまうため、最近は、荷物を入れた防水バッグで代用することも多い。つまり「防水バッグの空気は、完全に抜かないことが重要」と清水さん。さらに防水バッグは、「近年多く出回るようになった、バルブ付きの防水バッグが、使い勝手がいい」とのこと。このあたりは、シーカヤックにはない、ファルトボート特有のパッキング術といえるだろう。

防水バッグは、空気抜きの弁が装備されているものをチョイス。荷物を入れたら特にコンプレッション（圧縮）は必要ないが、しっかりと口の部分を巻いて留める

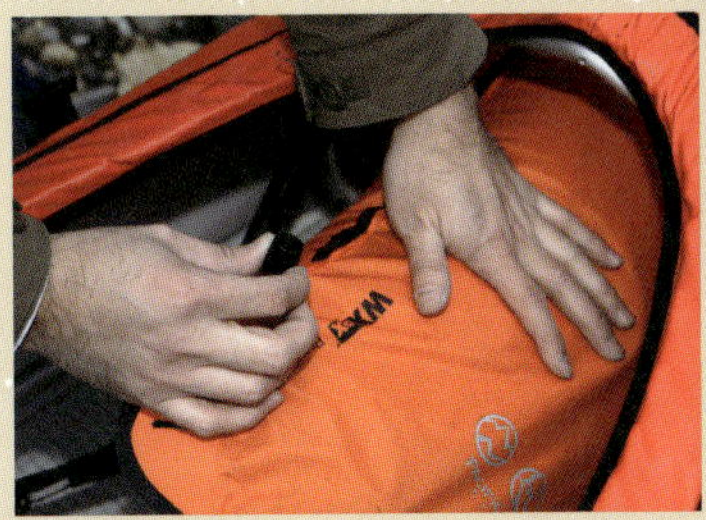

左：弁を開いて少しずつ空気を出しつつ、カヤックの形状に合わせるようにして、積む場所に押し込んでいく。無理やりコンプレッションをするわけではないので、多少の空気は残る。浮力体の役割もあるので、これでいい

右：防水バッグを奥まで押し込んだら、しっかりと弁を閉める。これで防水バッグはバウの形になってカヤックの内部で固定され、浮力体の役割も兼ねる

清水さんのキャンプツーリング用装備。テントはダンロップの登山用テントで、かなりの年代物だが、シンプルな分、頑丈で、壊れることはほとんどない。「ゴロタ石の上で寝ることが多いんだから、マットにこそ神経を使うべきですよ」と言う清水さんは、普段、厚さが38mmある全身タイプ（150cm以上）のマットを使用している。テーブルは、天板がロールタイプで、椅子と合わせて収納時に細長くなるもの。キャンプでは焚き火も使うが、ガスストーブも用意していて、火力6,000kcal/hのものを使用。7〜8人用の料理が作れそうなクッカー、大きめのまな板は、多くの食材をいっぺんに料理するため。サンダルはTevaを愛用

荷物満載ということを忘れずに

ダウンリバー時に役立つ基礎知識

キャンプ道具を積載して重量が増えたファルトボートの操作性は、やはりどうしても落ちてしまう。積載の方法によってはバランスも変わるので、より扱いにくいと感じるかもしれない。さらに空荷のときより深く沈むので、底を擦りやすくなる。長距離を漕ぐときほど、カヤックを必要以上に傷めないように注意したい。

05 難所は事前にチェック 位置の把握とスカウティング

初心者であれば、その川を何度も下ったことがある人と一緒に下るのが最も望ましいが、経験者がいたとしても、水量の増減や大水などによって、川の流れが以前と変わっている場合がある。基本的には各個人が「危険なところ」を把握し、避ける術は身につけておかなくてはいけない。まず、プランニングの段階で、リバーマップや地形図、ウェブサイトなどで堰《せき》や大きな瀬、通過するのに困難な障害物があるところをチェックしておくのは、前述したとおり。さらに、その近くの上流部に橋（道路か、鉄道か）や発電所、鉄塔、特徴的な曲がり具合など、自分の位置を特定できるランドマークを決めておき、「○○を過ぎたら難所」といった形で把握し、携行するマップに書き込んでおくといいだろう。また同時に、陸上にエスケープルートがあるのかどうかも確認しておくといい。

また、カヤックに乗っているときの視点は低く、ちょっとした落ち込みや隠れ岩などは見えない場合がある。高い位置から見ると瀬の様子が把握しやすくなるので、コーミングに手をかけて腰を上げてみたり、瀞《とろ》場《ば》で、安定性の高いカヤックであれば、スターン側のデッキに腰掛けて全体像を捉えておこう。そして、当初チェックしておいた大きな瀬が近くなったら、あるいは、予想していた瀬にしては非常に大きな音が聞こえてきた場合（怖いと思ったら、無理をせず）は、そこからかなり余裕を持った距離でいったん上陸して、歩いて瀬まで行き、スカウティング（下見）して、下れるかどうかの判断も含めてコースを確認する。とにかく無理をしないことが重要だ。

スカウティングの場合は、瀬へのアプローチルートを考えて、かなり手前で上陸してコースを確認したい。メンバー全員で行い、ルートの認識が共有できているか確認すること

マップメーターを使うと、曲線の川でも距離を測れるので、次の休憩場所までの距離などを確認できる。また、等高線の数字と距離で、川のあらかたの勾配がわかる。当然、短い距離で勾配が大きければ流れも速くなる

自分の位置を確認するには、川に架かる橋が最もわかりやすいランドマークになる。スタート地点から何本目なのか、あるいは橋の形状を事前に調べておくと、より把握しやすくなる

06 川には川の障害物がある ライニングダウンとポーテージ

カヤックから下りるときは、必ず上流側に。これは鉄則。パドラーが下りればカヤックは軽くなり、吃水が浅くなるので、浮かんで流れだすこともある

下りてからカヤックをつかむときは、コーミング部分はNG。流れに対してカヤックが横向きになり、水流をカヤック全体で受けることになってしまうからだ

浅瀬に引っ掛かったら、あまり無理をせずに下りる準備をしよう。ボトムの一部が引っ掛かると、流れに押されて横になってしまうこともある。バランスを崩さないように注意すること

カヤックを先に流し、スターン（バウでもいい）のグラブループをつかんで、後ろからついていく。足元に注意しつつ、あわてずに、深いところまで歩いて下っていく

レスキューロープをグラブループに引っ掛けて流していってもいい。その際、握っているロープは簡単にリリースできるように、腕などには巻き付けないこと

キャンプ道具を満載したファルトボートは重くなって吃水が深くなるので、川底の石にボトムを擦るような場面も普段より多くなる。川を下っていてガリガリ擦ってしまうような浅瀬に入ってしまったら、躊躇《ちゅうちょ》せずカヤックから下りること。このとき注意したいのが、必ず上流側に下りるということだ。下流側にパドラーが下りると、カヤックの重量＋川の流れが合わさって、非常に強い力でパドラーにカヤックがぶつかってくることがある。川底がなだらかであれば転倒だけで済むかもしれないが、このとき岩の間に足が引っ掛かったりすると、最悪の場合、骨折という事態もあり得る。

パドラーが下りたカヤックは吃水が浅くなり、また自然に流れだすことが多いが、必要に応じて後ろからカヤックを押したり、持ち上げたりして浅瀬を乗り越えていく。場合によってはカヤックにロープを付け、艇を浮かべながら流す（ライニングダウン）こともある。

また、ダムや堰堤《えんてい》、物理的に通過不可能な場所、技術的に越えられない瀬などは、ためらうことなくポーテージ（陸路でカヤックを担いで迂回すること）をしよう。水が上を越えている堰堤もあるが、人工的に作られた落ち込みは、たとえそれが小さくて一見乗り越えられそうでも、非常に危険だ（実際に死亡事故も起きている）。ライニングダウンやポーテージも、リバーツーリングの重要なテクニックの一つ。別に恥ずかしいことではないので、臨機応変に行いたい。

途中で堰やダムがあって流れが分断されていたり、漕いで下るには危険な瀬がある場合は、迂回して陸路でカヤックを運ぶ。カヤックとキャンプ道具は別々に運んでもいい

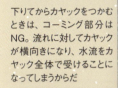

キャンプ自体もイベントの一つ
愉快で楽しいキャンプ術

いつかは釧路川や四万十川、あるいはユーコン川などの雄大な河川を、何泊もキャンプしながら下ってみたい──。こうしたスケールの大きな川旅も、詰まるところ1泊ごとのキャンプツーリングの積み重ねだ。最後に、河原キャンプの基本的なノウハウも学んでおこう。

07 不意の増水も考慮に入れて 河原キャンプのABC

河原でのキャンプの大原則は、「増水で簡単に水没してしまうような場所でのキャンプは避ける」こと。川面とほとんど変わらない高さの河原や、中州、カーブしている川の外側（本流が川岸に当たっている場所）、より高いところへのエスケープルートがない場所など、ちょっと増水すれば川の一部になってしまったり、逃げ場がないところでのキャンプは避けよう（避難場所としては、集落に近いところや車道の通っているところなどは、よほどの増水にならない限り水没はしないので、頭に入れておこう）。

また、天気予報にも注意すること。特に雨がどこにどれだけ降ったかが大事な情報。キャンプ当日も含め、前日までに上流部に大雨が降っていたら要注意だ。ダムの放水量が増えたり、臨時放流する場合もあるからだ。

そして、疲れを取るための休養という意味では、「寝る場所」についても神経を使いたい。ほとんどの場合、河原でテントを張ることになるが、まず、ゴロタ石の河原ではペグを打てない場合が多く、テントやタープの張り綱を石に結ぶことが多い。よってテント自体は、張り綱に頼るタイプではなく、自立式ものが望ましい。テントを設営する前に、大きな石はなるべく取り除き、フラットにしておくことも大事な作業だ。それでも多少の石が残るスペースに寝ることになるので、やはりマットの選択には気を使いたい。

キャンプサイトのレイアウトに関しては、海の場合と基本は同じ。最初に焚き火のポジションを決め、火の粉や煙がテントや調理場、くつろぎエリアに流れて行かないようにする。風下から焚き火場、調理場、くつろぎエリア、テントという順番がポピュラーだ。そして、ファルトボートはテントの横や、より岸近くに上げ、さらに可能であれば木々などに舫っておきたい。ただ、「初心者や女性がいるのであれば、いっそのことキャンプ場に泊まってしまうのも手ですよ」と清水さん。今回の取材場所、リバーツーリングが盛んな那珂川は、川沿いにキャンプ場もあるので、こうした施設のあるフィールドを選ぶのも手だ。テントサイトの準備ができたら、手早く着替え、濡れたウエア類は、物干しロープやテントの上に干しておく。

さて、最後に料理について。キャンプにおいて、やはり料理は大きな楽しみの一つ。凝った料理もいいが、簡単に素早く体が温まる料理は、必ずメニューに入れておきたい。また、焚き火ですべてを作ろうとせず、ガスバーナーなど「確実性」の高い道具も携行したい。

なお、翌日の川下りの前に注意点を一つ。森や木々が近いところだと、パドリングシューズ内に虫などが入っていることがある。これはカヤック内もしかり。ブーツを履いたり荷物を積み込むときには、一度内部をよく確認しよう。

キャンプサイトのレイアウト

まず、焚き火の場所は一番風下になるように。カヤックは、川から距離を取って並べておく。ひっくり返すか、舫っておくことが望ましい。テントは焚き火の風上側に若干距離を取って、河原の状態を見ながら張る。焚き火とテントとの間が調理場やくつろぎスペースとなる

キャンプに適さない場所

左：多少の増水でも消えてしまう河原もある。周りに生えている草を見れば、つい最近、水をかぶっているかどうかがわかるだろう。また、本流がぶつかっているカーブの外側の河原も、基本的にはNGエリアである

右：キャンプ地選定の基本中の基本だが、川の中州では絶対にキャンプしないこと。増水したときに逃げ場がなくなる。中州かどうかわからない場合は、いったん上陸して確認しよう

清水さんオススメ！
簡単＆おいしい川ごはんレシピ 08

清水さんが考えるキャンプ料理のコンセプトは、大人数の料理を一度に作るところから生まれている。「簡単に素早くできる」、「おなかにたまり、肴《さかな》にもなる」、「家で作るより手間をかけない」、「焚き火も使う」などである。

【材料】
鶏１羽。保冷剤としても使うので冷凍しておく。鶏スープの素（または、中華スープの素）、米、ネギ、甘栗（パックのものでOK）、クコの実、塩、こしょう

突っ込んで煮るだけ
なんちゃってサムゲタン

体がぽかぽかと温かくなる、キャンプではありがたい料理。メイン食材（鶏）を凍らせておけば、ほかの食材を冷やす保冷剤にもなって便利。

【作り方】❶凍っている鶏を解凍し内臓も洗う。 鍋に水を張り、ネギ、鶏を入れて煮込む ❷鶏スープの素（または、中華スープの素）、米を入れる。さらに細いゴボウをそのまま入れる。こうすると、朝鮮ニンジンっぽく見えるのだ ❸皮をむいた甘栗を入れる ❹クコの実を入れて１時間半ほど煮込み、最後に塩、こしょうで味を調えれば出来上がり

キャンプサイトの小技

ファルトボートとパドル、レスキューロープを使って、濡れ物を干す簡易物干し台を作ることができる。ただ、朝まで干していると、夜露に濡れてしまうので、夜にはテントのなかに取り込むか、カヤックのハッチのなかに入れよう

キャンプのときは洗濯ばさみも携行したい。洗濯ばさみがあれば、テントやタープの張り綱にも小物類を干すことができるし、派手な色の手袋などを張り綱に干しておけば、目印になって、足を引っ掛けにくくなる

SPECIAL MESSAGE 04

親愛なるビギナーへ

艇が入手しやすく、いい時代に

清水昭夫さん

（上）私が始めた30年前と比べ、カヤックの情報は簡単に手に入るし価格も3割ほど安くなった。いい時代です
（左）1980年後半、釧路川源流部の屈斜路湖・コタン温泉端の桟橋にて（今は桟橋はなく、キャンプも禁止されている）

私が初めてカヌーと出合ったのは、今から30年ほど前。友人から「カヌーを始めないか」と誘われ、同時にカヌーで下っている釧路川や、四万十川の雑誌の写真を数多く見せられて心が踊った。

さっそく次の休日、なけなしの現金を握りしめて鎌倉にあるカヌーショップを訪ねた。その店の前は、ハンマーを振り回したりペンキを塗ったりと、大工仕事をしている人で賑わっていた。あきらかにカヌーショップらしからぬ雰囲気。恐る恐る店内に入ると、そこにはいろんなカヌーがあり、ものすごく詳しいおばちゃん（おねえさん）の話を聞くことができた。

自分に合ったカヌーは、全国の海や川、湖などに持っていける折り畳み式のファルトボートだと思い、薦められるがままにそのカヌーのブルーを注文した。すると、「お渡しまで早くて6カ月ですね。色はメーカーから送られた色を順次渡しますので選べません。キットなら1〜2カ月で届きますよ」という。そう、店の前で大工仕事をしていた人たちは、キットを組み立てている〝カヌー購入者難民〟だったのだ。

途方に暮れて別のお店へ。欲しいモデルは、前の店で見て決まっていたので、「このメーカーのこのモデル、色はブルーがいいんだけど」と告げると、すぐに説教が始まった。曰く「あなたみたいなのが、わけもわからずにカヌーを買うから事故が起きるんだ」云々……たっぷり30分ほど叱られ、その店は後にした。「カヌーはいきなり買っちゃいけないんだぁ」と考えながら、とぼとぼとまた別のカヌーショップへと足を向ける。

3店目。展示されていたのは1艇だけだった。今度は怒られる前にいろいろ聞こうと思い、「完成品のカヌーはなにがあるのですか？　ファルトボートがいいんだけど」と、とりあえず切り出してみた。店員は「少しお待ちください」と言ってどこかに消え、だいぶ待たされた挙句に「当店ではカヌーは扱っていません」と、展示しているカヌーの下で言いわたされた——。

現在、カヌーを手に入れるには、書籍やインターネットなどで適切な情報が簡単に手に入る。専門ショップも数多くあり、そこに行けば適切なアドバイスももらえる。価格も当時と比べれば3割は安く、手ごろになっている。なにはともあれ完成品が手に入り、待っても2週間ぐらいで手に入る。しかも怒られない……いい時代です。

ちなみに、この話はすべてノンフィクション。当時を知る方は、ショップの固有名詞が思い浮かんでいることでしょう。えっ、結局、初めてのカヌーはどこで購入したのかって？　その話はまた別の機会に。なお、私をカヌーに誘った友人は、いまだにカヌーを買っておりません。だまされた！

清水昭夫
（しみず・あきお）

東京都生まれ。国内最大級の売り場面積を誇るカヌー専門店、クリアウォーターカヤックス代表。ユーザー目線でのカヌーの造詣が深く、特にファルトボートに関しては一家言を持つスペシャリスト。その面倒見のよさから、ショップにはビギナーも多数訪れる。また、ツアーのほか、体験試乗会も積極的に開催している。

付録

カヌー・カヤック用語の基礎知識

新しい遊びやスポーツをマスターしようとするとき、
聞きなれない専門用語というのはどうしても出てくるもの。
ここでは、ビギナーがカヌー・カヤック選びの際に
戸惑うことがないように、おもに艇体周りを中心に
よく使われる用語をセレクトして解説する。
素材用語なども網羅しているので、
その特質なども覚えておこう。

Appendix: Glossary of terms

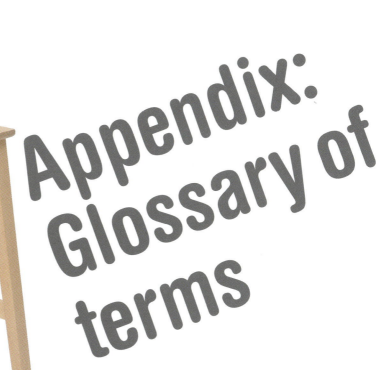

基本を押さえて賢く選択！

カヌー、カヤックの選び方

カヌー、カヤックを初めて購入しようとするとき、どんなモデルを選んだらいいのか。ここでは、その選び方の基本を解説するとともに、下段では「プチ用語解説」と題し、〝キモ〟となる用語のより詳しい意味合いを掲載。自艇選びの指標として、ぜひ参考にしていただきたい。

[文] 西沢あつし　[イラスト] 清水廣良

どこでなにをしたいのか

ひとくちにカヌー、カヤックと言っても、さまざまな種類がある。まず、「どんなところで漕ぎたいか（**フィールド**）※1」ということと、「なにをして遊びたいのか（**プレイ**）※2」を考えてみよう。

――おもなステージは海。海原を漕いでカヤックでなければ行けない砂浜に上陸して、人工の光の見えない浜でキャンプをしてみたい＝スピードが速い上に安定性が高く、キャンプ道具などが積める＝**シーカヤック**※3。

――海で大物を釣りたい。ロッドを振っても、魚を取りこんでもバランスを崩さない高い安定性があり、ロッドホルダーや魚群探知機も取り付けやすい＝**シットオントップカヤック**※4。――川の瀬で、くるくる回ったり飛び出したりするパフォーマンスを見たけど、あんなことができるなんて驚き！　自分もアクティブに川で遊びたい＝**リバーカヤック**※5。

――たくさんの荷物を積んで、のんびりと川を下ったり、朝霧の湖を漕ぎたい＝**カナディアンカヌー**※6。――川を下りながらキャンプしつつ旅をしたい。親子でカヌーをやりたいので、ひっくり返りにくいカヤックがいい。でも家には置き場所がない＝**ファルトボート**※7。――準備も片付けも簡単に済ませたいし、水の上では簡単にはひっくり返らない安定性の高いカヤックで遊びたい＝**インフレータブルカヤック**※8。

最近ではそれぞれのタイプ間を埋めるような折衷タイプも出てきているが、基本は前記のようなカテゴリーに分けられる。本誌カタログも前記カテゴリーごとに分けて、代表的なモデルを紹介している。ぜひ参考にしてほしい。

船底面積と形状

シーカヤックもリバーカヤックも、水の上を進むという意味では、同じ乗り物。要するに、〝フネ〟という概念で考えると、各モデルの性格の違いがよりわかりやすくなる。つまり一般的なフネと同様に、水と接する船底の面積の大小や、その形状の違いによって性質ががらりと変わってくるのだ。

船底の面積を**全長**※9と**全幅**※10として捉えた場合、基本的に、全長は長いほど保針性に優れてスピードに乗りやすく、全幅は広くなるほど安定性が高くなる。ただ、長くなると取り回しにくくなり、運搬も大変。また、幅が広くなると抵抗が大きくなり、ス

カヌー・カヤック用語の**基礎知識**

プチ用語解説01

※1　フィールド
海、川、湖、運河など、どれも水の上ではあるが、それぞれに特徴があり、使用するカヤックもそれぞれのフィールドに合わせて選ぶのがセオリー。ただあくまでもそれは目安であり、そのカヤックでなければ漕げない、というわけでない（たとえばシーカヤックで湖を漕ぐなど）。

※2　プレイ
一人で乗るのか家族で乗るのか＝乗艇人数、デイツーリングなのかキャンプツーリングなのか＝荷物のキャパシティ、海で釣りで使うのか川で瀬遊びしたいのか＝遊び方、艇庫に預けるのかマンションに保管するのか＝保管や運搬の仕方など、プレイスタイルは艇選びの重要なファクターだ。

※3　シーカヤック
もともとカヤックと言えばこれ。グリーンランドの先住民であるエスキモーや、アリューシャン列島の先住民であるイヌイットが、海獣の狩りをするために作られたのがオリジンだ。荒れた海でも漕いでいけるように、スピードと安定性を兼ね備えている。荷物をデッキに固定するためのショックコードや荷室、ラダーやスケグなど、さまざまな装備を備えているモデルも多い。

※4　シットオントップカヤック
上半身を大きく動かせて安定性も高いため、フィッシングカヤックとして一気に普及。もとはカヤックでしか入れないような入江にボンベなどを積んで行き、ダイビングをするためにデザインされた。

※5　リバーカヤック
最近は、ホワイトウオーターと呼ばれる瀬のなかで、サーフィンやスピン、エンダーといった技を競うフリースタイル用のカヤックが多い。これらは、パフォーマンス性を上げるため、長さがどんどん短くなり、いまは3メートル未満が主流。最近は遊びも多様化しはじめ、リバーランニングと呼ばれる、長さを伸ばしてボリュームを増し、ハッチやスケグを付け、1泊程度のキャンプ道具も詰めるようにしたジャンルや、障害物の多い上流部を下るためのクリーキングボートといったジャンルもある。

※6　カナディアンカヌー
広義では、オープンデッキにシングルパドルで漕ぐタイプを指す。大きな荷物の出し入れが楽なので、長距離、長時間の旅をしたい人に向く。湖などの静水を中心に漕ぐモデルと、川などの流水を中心に漕ぐモデルでボトムデザインが異なる。

※7　ファルトボート
フレームに船体布（スキン）を被せた構造は、カヤックのオリジンにもっとも近いとも言える。折り畳めば大きめのザックに入る程度まで小さくなり、重量もリジッドタイプに比べて軽く、日本の「旅派」カヤッカーには人気のジャンル。海外メーカーのモデルには、組み上がっている状態が通常の姿で、「折り畳むこともできる」というコンセプトのものもある。フォールディングカヤックとも言う。

※8　インフレータブルカヤック
ダッキーとも呼ばれ、これは激流を下る様子が、アヒルが尻尾を振っているように見えるから。もともとはラフティングの小型版として、安定性の高いダウンリバー用カヤックという用途で普及。本格的なものは、規定の空気圧にするとかなりの剛性となり、価格もそれなりにする。廉価な製品も数多く出回っているが、なかには十分な剛性とならないモデルも見られるので、注意しよう。

※9　全長
バウ（船首）からスターン（船尾）までの長さ。カヌー、カヤックでは水線長（フネが水に浸かっている部分の長さ）はあまり使わない。一般的に、長いほどスピードが出やすく直進性が高まるが、回転性は落ちる。

※10　全幅
もっとも幅が広い部分。ほぼ中央部になることが多い。シーカヤックのシングル（一人乗り）の場合は、デザイナーの意図により、コクピットの前、中央、あるいは後ろに最大幅が来る場合があり、それぞれ向かい波や追い波の際にカヤックの挙動が異なってくる。

※11　キール
フネの竜骨。ボトム（船底）のバウからスターンをつなぐ中心線上の盛り上がった部分で、ファルトボートではフレームがその役割を果たす。キールがしっかり出たモデルは直進性が強くなり、シーカヤックなどでは比較的よく見られ、逆にリバーカヤック、特にプレイボートと呼ばれるタイプではまったく見られない。ファルトボートでは、キールにあたるフレームが船体布の中心線上に入っていないと、まっすぐ漕いでいても曲がって進んでしまうので要注意。

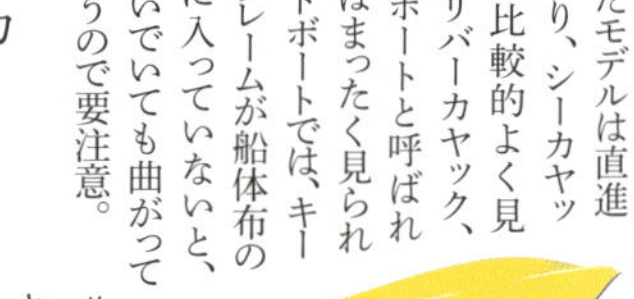

※12　ロッカー
バウとスターンの反り上がりのこと。この反りの角度が強い（きつい）と、回転性が高くなる。一般的にシーカヤックやファルトボート、16フィートクラスのカナディアンカヌーなど、ツーリング主体のモデルはこの角度が緩い。逆にフリースタイル系のリバーカヤックはこの角度がきつく、短い全長と相まって回転性が高められている。

ピードは出にくい。船底の形状に関しては、**キール**※11、**ロッカー**※12、**チャイン**※13のスタイルにそれぞれ目を向けること。さらに、リバーカヤック、特にフリースタイル系のモデルの場合は、**エッジ**※14の形も重要で、この違いがパフォーマンスに大きく影響する。

カヤックには、補助装置として**ラダー**※15や**スケグ**※16を装備するモデルもあるが、これらの意味合いもカヤックのデザインと密接に関わっている。

初心者に適したモデルに限った場合、まずひっくり返る心配が少なく、思った方向にスムーズに漕いでいける艇ということになるだろう。すなわち、横安定性に優れ、保針性と取り回しが楽なモデル。慣れてくると、全体のフォルムや船底形状を見ればおおよその見当はつくようになるが、ビギナーが最初の1艇を選ぶ際は、これらのことを念頭におきつつ、併せて試乗してみることも重要だ。

素材における長所と短所

素材に関しては、軽くて丈夫、**耐候性**※17も高く、修理も簡単、さらに安価という素材が理想だが、実際には、どの素材にも一長一短があり、カテゴリーによってもよく使われている素材というのは異なる。まずは、それらの長所・短所を理解しておくことが重要だ。

シーカヤックでは、軽さと仕上げの美しさで**FRP**※18が人気。さらに軽くしたいなら、**カーボン**※19や**ケブラー**※20を使った複合素材もある。同じ海でもシットオントップなら**ポリエチレン**※21が主流だが、最近は軽さで勝る**ABS**※22が大きく伸びている。

リバーカヤックは、頑丈なポリエチレンが主流。ポリエチレンは大きく分けて、**リニアポリエチレン**※23と**クロスリンクポリエチレン**※24とがある。

ファルトボートは、フレームの素材で悩むかもしれない。また、カナディアンカヌーに関しては、つい先ごろまで**ロイヤレックス**※25が一世を風靡していたが、現在は諸事情でロイヤレックスは生産中止。最近はFRPやポリエチレンも多くなりつつある。

インフレータブルカヤックは、空気を入れる**チューブの素材**※26と、一層式か二層式かによって、艇の性格が変わってくる。

※13 チャイン

船底部が、カヤックの側面（船側）と角度を持って交わる線。ここが丸みを帯びているか、角ばっているかなどによって、カヤックの性格も変わってくる。ハードチャインと呼ばれる断面が四角いボックスタイプは、静水時の安定性は高いが、波や流れのなかでは抵抗が大きく操作性が落ちたりする場合もある。逆にマルチチャインと呼ばれる断面が半円のラウンドタイプは、静水時は不安定だが、波や流れのなかでは安定して操作性がよい。また、全幅が狭くても、チャインのデザインによって安定性を生み出すこともできる。

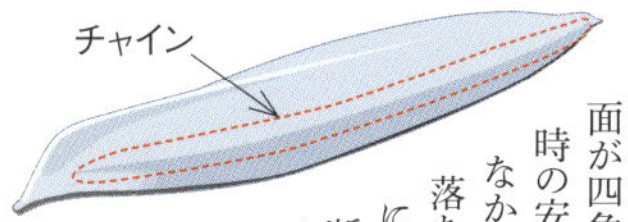

※14 エッジ

フリースタイル用のリバーカヤックは、チャイン部分のことを特にエッジと呼ぶことが多い。このジャンルのカヤックは、船底がフラットで、〝板〟に乗っているようなもの。なので、スキーやスノーボードのように、このエッジが重要な役割を持ち、エッジを上手にコントロールすることでさまざまな技を繰り出す。

※15 ラダー

舵のこと。舵というと、進路を変えるものと思われがちだが、カヤックの場合はボトムのデザインにより、その役割は異なる。すなわち、キールが強く直進性の高いカヤックであれば曲がるために使用するが、回転性の高いカヤックの場合は、むしろ直進性を高める意味合いで使用する。

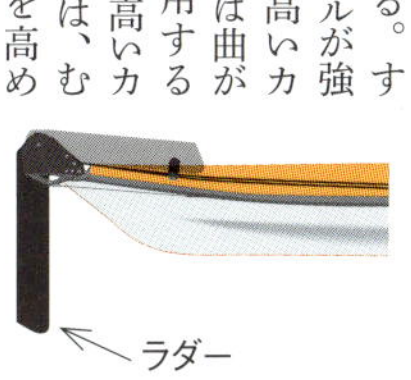

※16 スケグ

船尾やや前方のキール部分に装着された出し入れ可能なフィン。保針性を高めるために用いられる。スケッグとも表記。リバーカヤックでは、保針性を高めると同時に、スタビライザーとしても機能して安定性も生み出す。

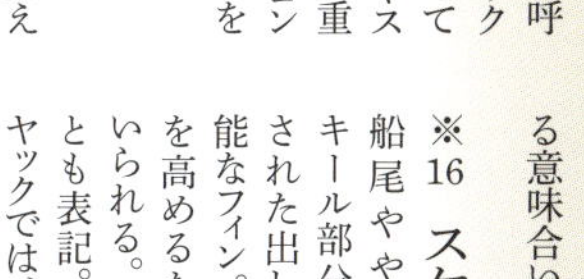

※17 耐候性

屋外で使用する際の耐久性。カヌー、カヤックの場合は、フィールドより、保管場所の環境によるところが大きい。特に紫外線の影響は耐久性に大きく影響するので、屋外保管の場合はシートで覆うなどの工夫が必要だ。

なるほど納得！ 素材用語解説

※18 FRP

Fiberglass Reinforced Plasticsの略で、ガラス繊維をプラスチックで強化した複合材料。通常は、型にゲルコートを塗り、その後、ガラスマットをのせて硬化剤を適量混ぜたポリエステル樹脂をローラーで浸透させて成形していく。カタログではコンポジットと書かれていることも。仕上げが美しく、比較的軽量。シーカヤックに多く用いられるが、ポリエチレンに比べて傷つきやすい。

※19 カーボン

FRPの説明の部分の、ガラス繊維をカーボン繊維に置き換えたもの。カーボンはレーシングカーのシャーシに使われるように剛性が高く（要するに堅い）、強度が高い（ただし、強い衝撃荷重が加わると、パキッと割れることもある）。また、剛性が上がる分、マットの厚みを減らせるので軽く仕上げることが可能。レクリエーション系では素材に粘りも重要なため、現在は、競技用以外ではそれほど多く使われていない。パドルではかなり普及している。

※20 ケブラー

ケブラーは軽く、引っ張り強度が強く、摩擦や衝撃に強いという、カヤック（特にシーカヤック）では理想的な素材だが、ガラス繊維の約10倍というコストのため、一般での普及はむずかしい。ガラス繊維にケブラーの繊維を織り込んだハイブリッドタイプもある。

※21 ポリエチレン

大量生産が可能で、比較的安価に製造できる。頑丈なこともあり、岩にぶつけることも多いリバーカヤックに使われることが多い。また安価ということから、初心者用のシットオントップ、レクリエーション系カヤックにも多く採用されている。ただ重量があるのが難点。最近は表面処理の技術も向上し、FRP並みに滑らかなものもある。

※22 ABS

アクリロニトリル（A）、ブタジエン（B）、スチレン（S）の頭文字を取って命名された強化プラスチックのひとつ。ポリエチレンに比べて軽いので、最近はフィッシングカヤックなどに使用されることが多い。

※23 リニアポリエチレン

低密度ポリエチレンとも言い、平面的な組成のため修理、リサイクルが可能。環境的な観点からも、カヤックではこちらが主流となっている。

※24 クロスリンクポリエチレン

高密度ポリエチレンともいい、立体的な組成のため強度は優れているが、修理ができず、リサイクルが困難。

※25 ロイヤレックス

浮力のあるフォーム材をコアにABS樹脂でサンドイッチ、さらに表面を磨耗に強いPVC樹脂で覆った素材。素材自体に浮力があり、強度、耐久性、メインテナンス性に優れる。1970年代に米国のユニロイヤル社で開発された材料だが、2000年に製造部門が売却され、さらにその売却先が2013年に別会社に買収されたのを機に製造中止に。いまだに惜しむ声を多く聞く素材だ。

※26 チューブの素材

2層式のチューブもコストによって素材が変わってくる。アウターチューブにはPVC（ポリ塩化ビニール）やCSM（クロロスルフォン化ポリエチレン）、ポリエステル／PVCターポリン。インナーチューブにはウレタンやビニールが使われていることが多い。

プチ用語解説02

〔共通用語〕

コーミング【coaming】
カヤックのコクピット開口部外周の縁部分。スプレースカート（後述）を引っ掛けるところ。強度が高く、カヤックの重心もたいていこの周辺にあるので、艇を持ち運ぶときはこのコーミングをつかむ。

サイブレイス【thigh-brace】
コクピット内で膝を立て、太もも（膝《ひざ》内側）が当たる位置に装着されたフィッティング用パーツ。たいていは自分の体に合わせてフォーム材を接着する。これにより足、太もも、腰の3点でしっかりカヤックを固定できるようになる。サイ（thigh）は太もものこと。

シート【seat】
パドラーが座るところ。コーミングからの吊り下げ式やフレームに載せるものなど、素材もFRPやフォーム材などさまざまある。

スターン【stern】
船尾。日本語では「艫《とも》」とも言う。

スプレースカート【spray-skirt】
スプレー（飛沫）がコクピット内に入ってくることを防ぐギア。ナイロン製やネオプレン製、双方のハイブリッドタイプなどいろいろある。コクピットに水が溜まると、カヤックの安定性が失われる。

セルフベイラー【self- bailer】
シットオントップやインフレータブルカヤックなど、オープンデッキタイプのカヤックのボトムにあいた穴。スカッパーホールとも言う。なかに入った水は、この穴から排出される。当然、重量のある人が乗ったりして穴の位置が水面より下になると水は抜けない。

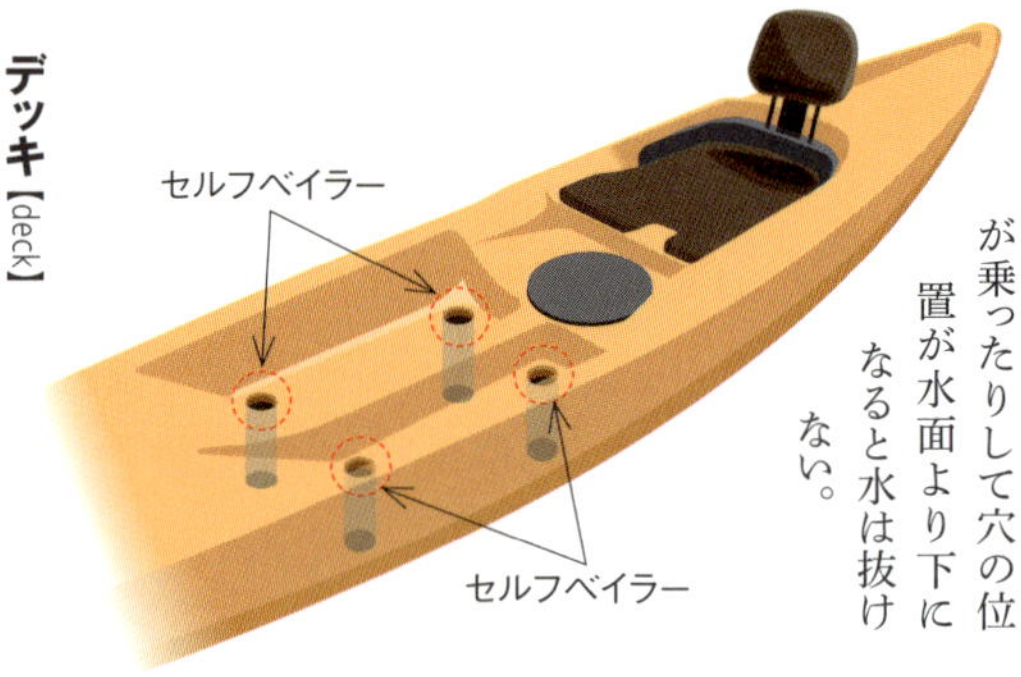

デッキ【deck】
船体（ハル）の上を覆う平面部。カナディアンカヌーにはデッキはないが、一般的なカヤックのスタイルをクローズドデッキと呼ぶのに対して、カヌーのスタイルはオープンデッキと表現される。

トグル【toggle】
バウとスターンにつけられた、カヤックを運ぶための持ち手のこと。グラブループ。重量級のカヤックは、さらにコクピットの両脇などに複数取り付けられていることもある。

バウ【bow】
船首、舳《へさき》先。バウとスターンはよく使う用語なので、覚えておこう。

ハッチ【hatch】
隔壁に仕切られた荷室の蓋。FRP製ハッチ＋ネオプレンのカバー、ゴム製の円や楕円（オーバル）形ハッチなどがある。ゴムやネオプレンは経年劣化するので、常々、切れたりヒビが入ったりしていないかチェックしよう。

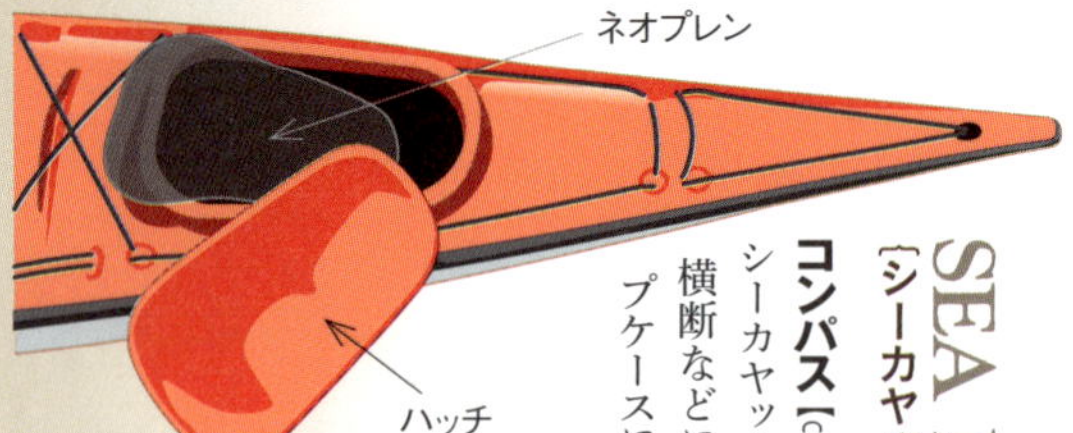

ハル【hull】
船体、船殻。おもにボトム側の艇体のことを指す場合が多い。

フットブレイス【foot-brace】
おもにダブルパドルを使うカヤックに装備されている。パドリングで踏ん張るための足置き。ラダー付きのカヤックでは舵を切るためのペダルでもある。吹っ飛ぶレイスではない。

浮力体【ふ・りょく・たい】
沈したときに、カヤックが水没することを防ぐために入れる浮力のあるもの。空気を入れるフローテーションバッグが一般的。防水バッグに空気を多めに入れても、その役割を果たす。

ボトム【bottom】
船底。チャインやキールなどの造形を表現する際、「ボトムの形状は、チャインがしっかり張り出し――」といった具合に使われることも。

SEA KAYAK 〔シーカヤック〕

コンパス【compass】
シーカヤックでの島巡りや海峡横断などには必須の装備。マップケースに地図と山岳用コンパスを入れて使うのもアリだが、シーカヤック用のコンパスも使用したい。ハンディーGPSがあっても必須の装備と思っておこう。

シームライン【seam-line】
シーカヤックなどをFRPで製作する場合、たいていはデッキ部分とボトム部分を別に造る。最後にデッキとボトムを合わせることをカップリングというが、その合わせ目（シーム）の外周ライン。

デッキライン【deck-line】
飲み物やマップ、スペアパドルなどを挟むショックコード（伸縮するコード）と、レスキューなどで使われるデッキ外周を巡る伸縮しない頑強なロープなどを指す。トゥーラインも含まれる。

トゥーライン【tow-line】
牽引用のライン。ウエストに取り付けるもの、カヤックのコーミングに取り付けるものなど様々なタイプがある。緊急時の牽引のほか、係留の際の舫いロープの代わりなど、いろいろな使われ方をする。

バルクヘッド【bulkhead】
隔壁。シーカヤックではバウとスターンに設けられることが多い。主に補強を目的とし、気室となって不沈構造となる。また、上部にハッチを設けて荷室を兼ね、キャンプツーリングではここにさまざまな荷物を積み込む。

ビルジポンプ【bilge-pump】
ビルジとは船体のなかに溜まった水のこと。アカとも言う。それを排出するためのギアがビルジポンプ。あらかじめカヤックに組み込まれたビルトインタイプもある。

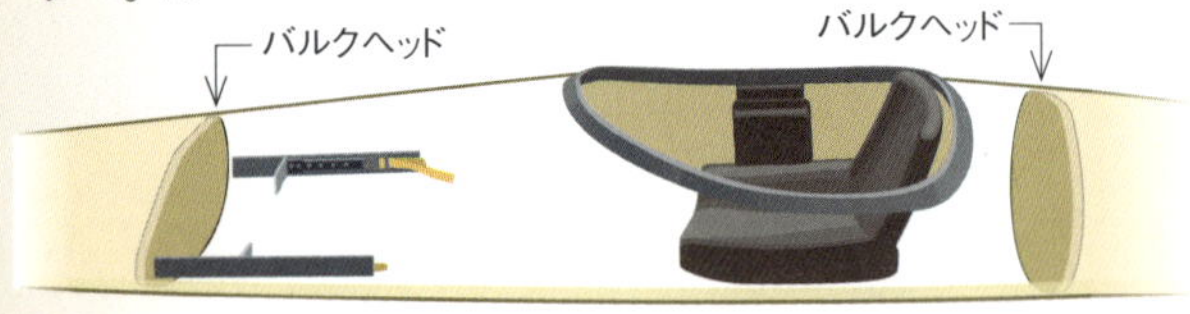

レスキューストラップ【rescue-strap】
コーミング後方のデッキにあるセルフレスキュー用のバンド。パドルフロートを装着したブレードと反対のブレードを、ここに差し込んで使用する。カヤックによっては、パドルのシャフトがはまり込む溝が切ってあるモデルも。

SIT ON TOP 〔シットオントップ〕

カーゴスペース【cargo-space】
スターン側のクーラーボックスを載せる平らな場所やバウ側の凹みなど、荷物を載せるスペース。

艤装【ぎ・そう】
カヌー、カヤック本体に取り付けた装備。ラダーやデッキラインなどがこれにあたるが、特にフィッシング用のGPS魚探、ロッドホルダー、フラッグなどの装備品を総じて呼ぶことも多い。また、取り付け作業自体を指すこともある。

バックレスト【backrest】
シートの後ろにある背当て。シート形状によってパドリング中はほとんど使わないこともあるが、長時間座って釣りをするフィッシングカヤックでは必須アイテムのひとつ。

パドルパーク【paddle-park】
ロッドを振っている間などに、パドルを固定するための装備。パドルリセス。金具とショックコードの組み合わせで、簡単にパドルを留められる仕組みになっている。

フラッグ【flag】
カヤックフィッシングでは釣りをしている間、周囲への注意が散漫になりがち。他船に視認してもらいやすいように、フラッグは必需品だ（だからといって周囲への注意を怠っていいわけではない）。

ロッドホルダー【rod-holder】
ロッドを置くための艤装。フィッシングカヤックには最初から設置されているモデルも少なくないが、使い勝手のいいように後付けで増設する人が多い。ベースとなる台座を設置すると、ロッドホルダーのほか、GPS魚探やカメラマウントなど、さまざまなパーツの取り付けが可能となるタイプもある。

RIVER KAYAK 〔リバーカヤック〕

カウテール【cowtail】
トゥーラインのひとつだが、リバーカヤックの場合はPFDに付ける短いタイプのカウテールが主流。牽引しながらパドルが使用できて便利だが、PFDに装着する場合、危険な際はすぐにリリースができるように、クイックリリースベルトを装備したモデルを選ぶこと。

クリークボート【creak-boat】
岩などの障害物が連続して現れる、難易度の非常に高い急流（ときに滝を含む）をアクティブに漕ぎ下るためにデザインされたカヤック。

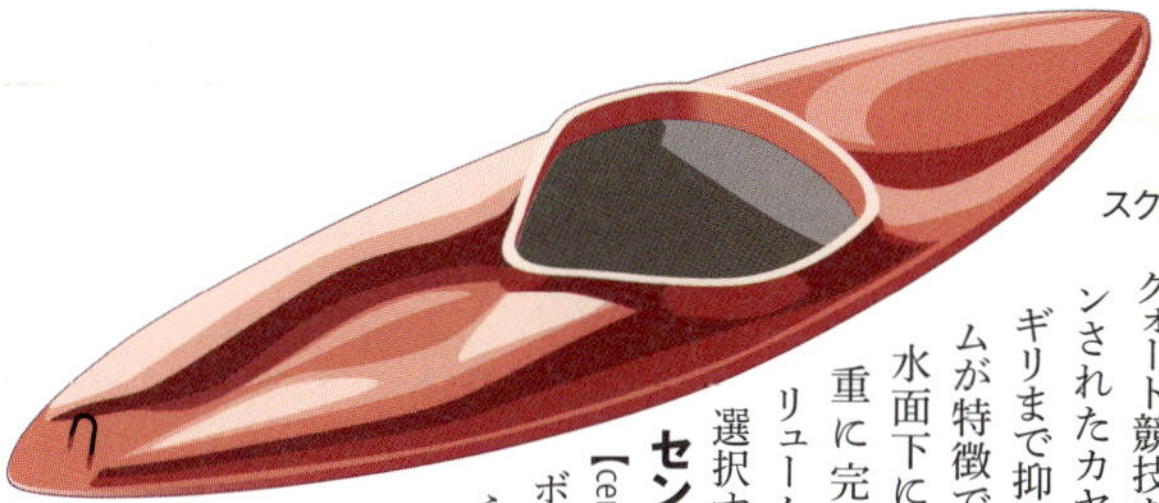

スクォートボート【squirt-boat】
水中でパフォーマンスを競うスクォート競技を行うためにデザインされたカヤック。浮力をギリギリまで抑えた平べったいフォルムが特徴で、水流を利用して水面下に潜る。競技者の体重に完全に適合したボリュームを持つカヤックを選択する必要がある。

センターウォール【center-wall】
ボトムとデッキを支える補強材。バウもしくはスターンに入る。アクシデントのとき、水圧でカヤックを潰れにくくする。

ドレンプラグ【drain-plug】
カヤックのなかに入った水を抜くための栓。リバーカヤックやシットオントップカヤックのスターン側に付いていることが多い。

フィッティングパッド【fitting-pad】
特にクイックな動きが必要なフリースタイルなどは、パドラーの下半身をカヤックと一体化させる必要があるので、オプションでフォーム材を貼り付けるが、このフォーム材をフィッティングパッドと呼ぶ。ただ、あまりきつくすると、足や腰がしびれてくるので要注意。

レスキューロープ【resque-rope】
ダウンリバーの際の必須装備。流されてくるパドラーをレスキューするときなどに使用する。浮力体の入ったスローバッグと、水に浮くフローテーションロープで構成される。PFDの背面につけるタイプもある。

CANADIAN CANOE
{カナディアンカヌー}

ガンネル【gunwale】
縁の部分。船縁。艇体の強度を保つため、おもにウッドやビニールなどの素材が使われることが多い。

スウォート【thwart】
おもに16フィート以上の長いカヌーに取り付けられる、ねじれ防止のための補強材。ヨーク（後述）とは異なり、棒状、もしくは角を落とした角材状のものが使われる。

ステッチ&グルー、ストリッププランキング【stitch & glue, Strip-planking】
カヌーの製法。ステッチ&グルー製法は、船体外板を針金などで縫い合せていき（ステッチ）、その部分をガラスクロスと接着剤で強固に接着させる（グルー）。パネルを張り合わせていくようなイメージだ。ストリッププランキング工法は、細長い板材をフレームに沿わせて積み上げていき、接着剤と釘で固定していく。その後、表面をサンディングして平らにして、ガラスクロスを貼り付ける。非常に手間と時間がかかるが美しい仕上がりになるので、カヌーでは人気の製法だ。

ペインターロープ【painter-rope】
上陸時などにカヌーを杭などに結びつけたり（舫ったり）、ライニングダウン（浅瀬でカヌーを流しながら歩く）、レスキューなどに使用するロープ。水に浮く5メートルほどのフローティングロープを、バウとスターンに結びつけておくのがポピュラー。

ヨーク【yoke】
スウォートと同じく艇体のねじれ防止の補強材ではあるが、カヌーを運搬する際、首の後ろにかけられるような形状をしているのが特徴。ほぼカヌーの重心の位置にあり、運搬するときに前側が若干持ち上がる位置に取り付けられているのが正しい。

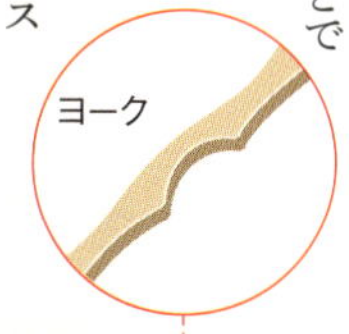

FALT BOAT
{ファルトボート}

エアスポンソン【air-sponson】
船体布の両側に装備されているエアチューブ。ちょうど舷側とボトムとの間にあり、浮力と安定性を確保するとともに、船体布をしっかり張って剛性を引き出す役目もある。パンクやエア注入口のトラブルが起こることもあるが、修理可能。

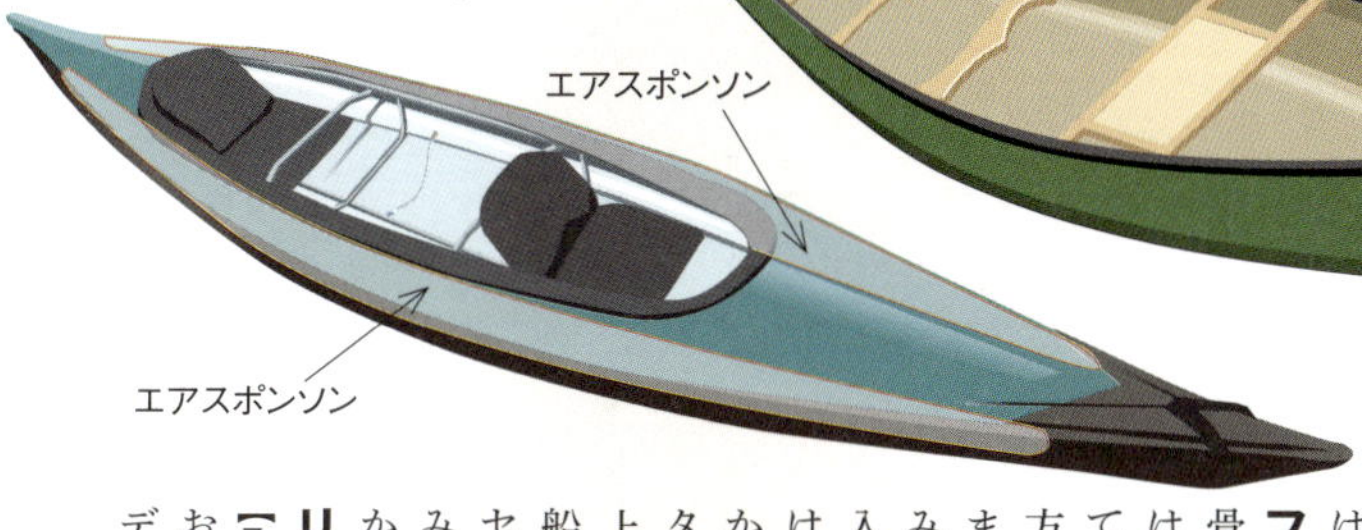

キャリングバッグ【carrying-bag】
ファルトボート運搬用のバッグ。メーカー純正のものは、船体布やフレーム、シートはもちろん、分割パドルやPFDなど、ツーリングに必要なものがきっちり入る。メーカーのコンセプトによって、ザック形状のものと、バッグ形状のものとに分かれる。なかには、運搬に便利なように車輪付きタイプも。

船体布【せん・たい・ふ】
船体となる布。スキン。水を通さず、伸びにくくテンションがかけやすいポリエステル繊維ベースが主流。これにケブラーなどの繊維を編み込んだりPVCなどでコーティングするなど、各メーカーは工夫を凝らしている。

フレーム【frame】
骨組み。ファルトボートは、これに船体布を被せて完成する。組み立て方を大きく分けると、まず全体のフレームを組み上げてから船体布に入れ、スターン側の仕掛けを使ってテンションをかける方法と、バウとスターンのフレームを組み上げ、それぞれを別々に船体布に入れて、最後にセンターのフレームを挿み合わせてテンションをかける方法とがある。

リブフレーム【rib-frame】
おもにキールやチャイン、デッキなどを構成する縦方向のフレームに対し、それらのフレームを受ける横方向のフレームの総称。より耐久性が必要となるモデルほど、数が多くなる。

溶着【よう・ちゃく】
文字通り溶かして接着させる方法。船体布は、特にボトム部分やデッキとボトムの縫い合わせ部分など、水が浸入しないようにしたい部分においては、溶着によって製作されることが多い。さらに溶着には、外部から熱を加えて溶かす方法のほか、素材の分子を高周波で振動させて溶かす高周波ウェルダー加工など、いろいろある。

INFLATABLE KAYAK
{インフレータブルカヤック}

一層式と二層式【いっ・そう・しき・と・に・そう・しき】
アウターチューブのみで構成されるのが一層式、アウターチューブのなかに、もうひとつインナーチューブがあるのが二層式。一般的には、一層式のほうが軽く、二層式のほうが耐久性が高い。二層式は、チューブの間に水や砂が溜まりやすいので、除去して仕舞おう。

二層式のインフレータブルカヤック

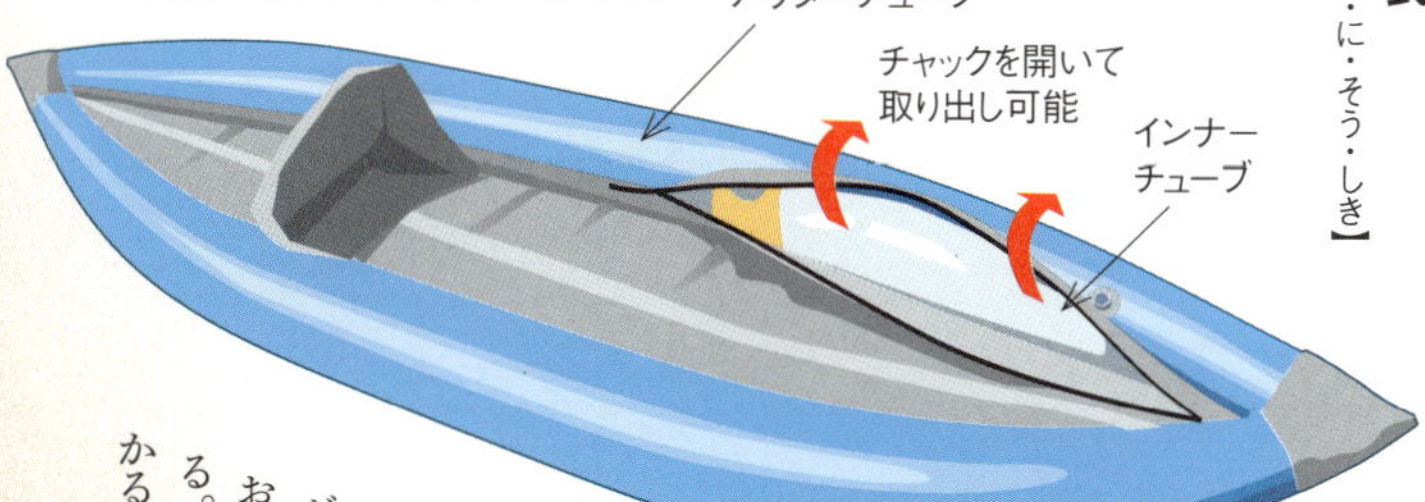

サイドチューブ【side-tube】
カヤックの両側にある空気が入る部分。浮力とともに、剛性を作り出す。岩などの障害物にぶつけてもパンクしにくい素材が使われる。

ニーベルト【knee-belt】
サイドチューブに取り付けるベルト。サイベルトとも呼ばれる。膝《ひざ》を通して太ももを固定することで下半身でカヤックをコントロールできるようになり、操作性が飛躍的に向上する。激流を下るときなどには必須装備。

バルブ【valve】
チューブに空気を入れるところ。弁状になっていて、空気を抜くときはロックを外す。

フロア【floor】
左右のサイドチューブの間の、シートを置く部分。ダウンリバーにも使えるようなモデルは気室（エアフロア）となっていることが多く、なかには高圧なエアによって板のように硬くなり、リジッド艇同様の剛性感を実現しているモデルもある。

ポンプ【pump】
チューブに空気を入れるためのギア。多くの空気を高い圧で入れなくてはならないため、押すときも引くときも空気が入るダブルアクションタイプがお勧め。電動タイプもある。どちらも、空気圧がわかるゲージ付きが必要。

CANOE WORLD 特別編集

［合本］超入門 パドリングテクニック教書

バックナンバーから、選りすぐりのハウツー記事を総まとめ!

2016年8月25日 第1版 第1刷 発行

※本書は『カヌーワールド』（舵社刊）に掲載されたハウツー記事を抜粋して1冊にまとめたもので、エッセイ以外の記事の内容は雑誌掲載時のままです。

発行人	大田川茂樹
編集	舵社『カヌーワールド』編集部
装丁	佐藤和美
モデル	永浜いりあ（株式会社 スターダストプロモーション）
衣装協力	株式会社 スクープアウト
協力	沢田哲哉（有限会社 沢田哲哉メイクアップ）
発行所	株式会社 舵社 〒105-0013 東京都港区浜松町1-2-17 ストークベル浜松町 ［代表］TEL：03-3434-5181　FAX：03-3434-5184 ［販売］TEL：03-3434-4531　FAX：03-3434-5860 CANOE WORLDサイト http://www.kazi.co.jp/canoe/
印刷所	株式会社 大丸グラフィックス

ISBN978-4-8072-5017-2